Nicht ganz koscher

Vaterjuden in Deutschland

Ruth Zeifert

Nicht ganz koscher

Vaterjuden in Deutschland

HENTRICH & HENTRICH

Inhalt

Vorwort

Prof. Dr. Micha Brumlik

Die Frage, was Judentum, wer Jüdin oder Jude ist und wer Jüdin oder Jude werden kann, ist eine Frage, die über rein religiöse Belange bei Weitem hinausgeht. So hat der Staat Israel sein Rückkehrgesetz seit Jahren den komplizierten Familienverhältnissen jüdischer Immigranten aus der Sowjetunion angepasst, so bietet etwa die Zentralwohlfahrtsststelle der Juden in Deutschland in Zusammenarbeit mit der orthodoxen Rabbinerkonferenz Kurse für konversionswillige Kinder jüdischer Väter an, so hat das Reformjudentum in den USA, in Nordamerika – anders als in Europa – schon seit Langem beschlossen, dass auch Kinder jüdischer Väter Bat- oder Bar Mizwa werden können, sofern sie von diesen ihren Vätern nicht nur gezeugt, sondern eben auch jüdisch erzogen worden sind. Gleichwohl: die Problematik der sog. Vaterjuden ist keineswegs neuesten Datums, sondern beschäftigt Menschen jüdischer Herkunft auch und gerade in Deutschland schon sehr viel länger. Von ihnen vor allem handelt das vorliegende Buch.

Auf jeden Fall ist Jüdin oder Jude, wer entweder von einer jüdischen Frau geboren wurde bzw. vor einem als legitim anerkannten Rabbinatsgericht (Bet Din) nach ausführlichem Lernen von Tora, Talmud und Halacha, langjähriger halachischer Lebensführung, mehrfach geprüfter Entscheidung und entsprechenden warnenden Vorhaltungen förmlich konvertiert ist.

Bezüglich des komplexen Verhältnisses von Ethnizität und Religion im Judentum heißt das, dass man durch eine religiöse Zeremonie zum Angehörigen eines Ethnos werden kann, während Personen, denen jede Religiosität gleichgültig oder gar verächtlich ist, im religiösen Sinne sogar dann als Juden gelten, wenn sie auch nur von einer im Extremfall ebenfalls unreligiösen Mutter geboren wurden – sofern diese ihrerseits eine nachweislich jüdische Mutter hatte.

Historisch sind daher zwei Fragen zu klären: Wann entstand das Judentum als Religion und wann und unter welchen Umständen wurde die Matrilinearität als Kriterium der Zugehörigkeit durchgesetzt? Was weiß die Religionsgeschichte? Wer waren in der Antike die „Juden“? Der amerikanische Gelehrte Shaye J. D. Cohen hat dieser Frage eine bahnbrechende Monographie unter dem Titel „The Beginnings of Jewishness. Boundaries, Varieties, Uncertainties“ (London 1999) gewidmet, in der er nachweisen konnte, dass Juden in der griechisch-römischen Antike vor dem Jahre 90 – abgesehen von ihren religiösen Bräuchen – in keiner Hinsicht von anderen Menschen zu unterscheiden waren und es zudem keine öffentlich nachprüfbaren Verfahren gab, um festzustellen, ob jemand – sieht man einmal von der männlichen Pflicht zur Beschneidung ab – zu Recht zum Judentum konvertiert ist.

Die klassischen Belegstellen für das Matrilinearitätsprinzip in seinen beiden Teilen finden sich zunächst in der Mischna – der im zweiten und dritten Jahrhundert kodifizierten und verschrifteten „mündlichen" Lehre – und dort im Traktat Kidduschin 3,12, wo es um die Legitimität von Kindern geht, die aus nicht legitimen sexuellen Verbindungen hervorgehen, bzw. im Traktat Jewamot 4,13, wo es ebenfalls um die Stellung eines Mamsers geht. Nach einer sorgfältigen Analyse von sieben möglichen Gründen für die Einrichtung des Matrilinearitätsprinzips kommt Cohen schließlich zu dem Schluss, dass die wahrscheinlichste Lösung des Problems in einer stillschweigenden Übernahme römischer Rechtsgrundsätze durch die Rabbinen lag, die Kinder ebenfalls unter allen Umständen ihren Müttern zuzuordnen.

Auf jeden Fall zeichnet sich heute ab – und das macht die brennende Aktualität von Ruth Zeiferts Arbeit aus –, dass mit Ausnahme des Staates Israel das Matrilinearitätsprinzip zu einem kontinuierlichen Schrumpfen des jüdischen Volkes führt. So leben in den USA etwa 5,3 Millionen Juden, wobei hier unter „Jude" nicht mehr verstanden wird als eine irgendwie bewusste und anerkannte verwandtschaftliche Herkunft – nicht etwa die Zugehörigkeit zu einer synagogalen Kongregation. Legt man bei der Zählung das strengere halachische Prinzip zugrunde, schrumpft die Zahl US-amerikanischer Juden auf 3,2 Millionen. Vergleichbare Anomalien herrschen in Israel, in das zwar aufgrund vieler Änderungen des Rückkehrgesetzes auch nicht im engen Sinne halachische Juden immigrieren können, sie jedoch in Israel, das ja keine Zivilehe kennt, nicht jüdisch heiraten können, sofern sie nicht zuvor eine förmliche Konversion vollzogen haben.

Vor diesem Hintergrund ist Ruth Zeifert mit ihrer hier vorgelegten Studie ein sozialwissenschaftlicher Durchbruch in mehreren Hinsichten gelungen.

Erstens schließt sie mit ihrer Arbeit eine Forschungslücke zum Themenfeld juveniler und adoleszenter Identitätsentwicklung im Blick auf ethnisch-religiöse Zugehörigkeiten und liefert zweitens einen sozialisationstheoretischen Beitrag zum neuen, interdisziplinären Feld der Jüdischen Studien sowie zur Soziologie des Judentums in der Bundesrepublik Deutschland. Dabei gelingt es ihr, dem wissenschaftlich-methodologischen, derzeit oft bemühten Begriff der „Hybridität" einen präzisen und methodologisch nachvollziehbaren Sinn zu verleihen und ihn forschungspraktisch zu bewähren.

Ruth Zeiferts Arbeit entfaltet ihre Stärke vor allem in den Kapiteln 5 und 6, in denen sie auf der Basis von elf von ihr selbst erhobenen ausführlichen biographischen Interviews die Haltung ihrer Gesprächspartner/innen zur Geschichte der Familie unter dem Verfolgungsdruck des Nationalsozialismus, zu den Staaten Israel und Deutschland sowie zu persönlichen Erfahrungen mit Antisemitismus wiedergibt und deutet.

Die Auswahl dieser Gesprächspartner/innen überzeugt vor allem deshalb, weil es sich um Angehörige verschiedener Generationen handelt – die älteste Befragte wurde 1922, die jüngste 1984 geboren.

Methodologisch hat sich Ruth Zeifert des biographisch-narrativen Interviews bedient und folgt bei der Auswertung der „Grounded Theory", ohne jedoch abschließend zu einer generalisierten Typenbildung zu gelangen– was bei der Verschiedenheit der Lebensläufe eventuell gar nicht möglich war. Provokant zur aktuellen Bestimmung jüdischer Identität im Leben heutiger jüdischer Gemeinden sind bei alledem die von Ruth Zeifert eingeflochtenen theoretischen Überlegungen in ihrem Exkurs zur „jüdischen Frage".

Auf jeden Fall: Ruth Zeiferts Studie stellt nicht nur einen weiterführenden Beitrag zu einer empirischen Judaistik dar, bietet auch nicht nur der jüdischen Gemeinschaft in Deutschland wichtige Hinweise zu ihrer Weiterentwicklung, sondern bereichert auch die qualitative Religionssoziologie um wesentliche methodologische Überlegungen.

1. Einführung

Vor wenigen Wochen erhielt ich die Mail einer Vaterjüdin, die auf meine Auseinandersetzung mit dem Thema „Vaterjuden" gestoßen war. Sie schrieb, dass sie sich bislang als allein in dieser Konstellation vermutet hatte und noch niemals jemandem begegnet sei, der wie sie einen jüdischen Vater und eine nichtjüdische Mutter hat. Ein Phänomen, das ich zu Beginn der Arbeit an diesem Buch als Regel empfand. Während meiner Forschung beobachtete ich dann, dass in Gesellschaft, Religion und Wissenschaft Prozesse angestoßen wurden und langsam eine Veränderung sichtbar wird. Dass diese Prozesse und Veränderungen den ganz privaten „Vaterjuden" bekannt sind, halte ich aber für unwahrscheinlich.

Dieses Buch soll neben seinem Beitrag für die Wissenschaft „Kindern jüdischer Väter und nicht jüdischer, deutscher Mütter" einen Einblick in die Gedankenwelt anderer „Vaterjuden" eröffnen. Und zwar auf die Frage hin, was Kinder jüdischer Väter und nichtjüdischer, deutscher Mütter mit dem Judentum und dem Jüdischsein verbindet. Die Analysen und Hintergrundinformationen bieten darüber hinaus im stets stärker brodelnden Diskurs Argumente: für Vaterjuden selbst, Rabbiner/innen, Wissenschaftler/innen, aber auch Juden, die über die religiösen Argumente hinaus an der Lebenswirklichkeit der „Mischung" immer mehr Interesse zeigen (Zeifert 2017).

2. Fragestellung

„Für Deutsche wie für Juden ist das Ergebnis der Massenvernichtung zum Ausgangspunkt ihres Selbstverständnisses geworden; einer Art gegensätzlicher Gemeinsamkeit – ob sie es wollen oder nicht. [...] Solch negative Symbiose, von den Nazis konstituiert, wird auf Generationen hinaus das Verhältnis beider zu sich selbst, vor allem aber zueinander prägen" (Diner 1988: S. 243). Kinder jüdischer Väter und nichtjüdischer, deutscher Mütter, im Folgenden „Vaterjuden" oder „Patrilineare" genannt (zum Erhalt des Leseflusses werden diese Begriffe im Folgenden im generischen Maskulinum verwendet), tragen beide Seiten dieser negativen Symbiose in sich: Sie sind gleichzeitig Nachkommen der Täter und der Opfer des Nationalsozialismus.

Der Anlass für diese Dissertation waren Begegnungen während einer Israelreise im Jahr 2005, einer politisch orientierten Gruppenreise der Heinrich-Böll-Stiftung, an der einige „Antideutsche" teilnahmen. Als „antideutsch" wird eine in etwa mit der Wiedervereinigung aufgekommene Gruppierung innerhalb der deutschen Linken bezeichnet, die – im Gegensatz zu einer im Allgemeinen eher palästinenserfreundlichen und israelkritischen Haltung der deutschen Linken – Israel meines Erachtens nahezu vorbehaltlos unterstützt. In den zahlreichen Unterhaltungen und Diskussionen während der Reise ereilte mich immer wieder Unmut, von eben jenen „Antideutschen“ als unwissend oder gar zu interessiert an der palästinensischen Seite angegangen zu werden. Mein Vater ist in diesem Land noch vor dessen Staatsgründung geboren, machte als Junge die Straßen Tel Avivs unsicher, war Kibbuznik und diente im Krieg um den Mitla-Pass unter Sharon. Meine Großeltern mussten dorthin flüchten. Mein Großvater, ein Schuster und Fabrikarbeiter, beteiligte sich am Aufbau des Landes. Mein gesamtes Leben hatte ich die politische Situation Israels in unserer Familie verfolgt und heiß diskutiert gesehen. Israel/is und Juden/tum waren ein prägender Bestandteil meines Familienlebens. Während dieser Reise sah ich mich nun plötzlich jungen Menschen gegenüber, die sich scheinbar als Expert/innen für Israel offenbarten und sich dabei besonders unnachgiebig für Israel einsetzten. Noch nie war ich in der Situation gewesen, von nichtjüdischen Deutschen als zu unwissend und unloyal gegenüber Israel und dem Judentum ermahnt zu werden.

Die Idee, diese Dissertation zu schreiben, entstammt den Erfahrungen dieser Reise. Denn *nicht* zu „den Juden“ zu gehören und gleichzeitig *doch* zu „den Juden“ zu gehören wirft Fragen auf, wie sie sich bereits durch meine damalige Reiseerfahrung andeuten. Es geht um Fragen der Familiengeschichte, der Tradierung und der Zugehörigkeit; Fragen nach der Historie und den nationalen und politischen Verhältnissen zwischen Deutschen, Juden und Israel/is und Erwartungen an die Auseinandersetzung „der Deutschen“ mit ihrer Vergangenheit. Speziell für diese Arbeit stellt sich darüber hinaus zentral die Frage: Was ist jemand mit einem jüdischen Vater (schon)?

Die Frage nach der Religion sehe ich hier übrigens nicht. Ob Kinder jüdischer Väter und nichtjüdischer Mütter Juden sind, ist aber halachisch, also formal religiös zu beantworten: Sie sind es nicht.[1] Laut dem jüdischen Gesetz, der Halacha, ist Jude, wer eine jüdische Mutter hat oder konvertiert ist. Aber ist allein das religiöse Gesetz gültig? Und entspricht dieses Gesetz den Selbst- und Fremdbildern Patrilinearer? Dass das religiöse Gesetz nicht den Selbst- und Fremdbildern Patrilinearer entsprechen muss, spricht meine Geschichte bereits an. Dass die Halacha nicht allein formal relevant ist, ist ebenfalls als Tatsache festzuhalten. Während des Nationalsozialismus beispielsweise wurden „Patrilineare“ als „Halbjuden“ bezeichnet und verfolgt. Sie erlebten, wie sie als unterschiedlich zu ihrer jüdischen Familie ggf. als Nichtjuden und gegenüber ihrer nichtjüdischen Familie als

1 Je nach Orientierung werden – in der Orthodoxie kaum, in den liberalen Gemeinden häufiger – Regeln aktuellen Bedürfnissen angepasst. So öffnen zum Beispiel progressive jüdische Gemeinden in England und Amerika ihre Synagogen bereits durch einen erleichterten Übertritt für Kinder jüdischer Väter (Glenn 2002).

„Halbjuden" vom nationalsozialistischen Recht klassifiziert wurden. Über das israelische Rückkehrgesetz wiederum wird Personen mit mindestens einem jüdischen Großelternteil – Patrilineare eingeschlossen – die israelische Staatsbürgerschaft zugesichert, wenn sie diese wollen. Dennoch gelten sie in halachischen Belangen auch in Israel als Nichtjuden. Dies ist beispielsweise bei der Eheschließung relevant, denn in Israel darf nur jüdisch-religiös geheiratet werden, nicht aber standesamtlich. Bereits diese drei formalen Aspekte zeigen die Widersprüchlichkeit der gegenläufigen Fremdzuschreibungen, die sich in nahezu allen Lebensbereichen Patrilinearer auf persönlichen und institutionellen Ebenen reproduzieren können.

In dieser Dissertation fokussiere ich Identitätskonstruktionen Patrilinearer im Spannungsfeld der differierenden Fremd- und Selbstzuschreibungen. Die zentralen Fragen dieser Arbeit sind: Wie gestalten sich die Verbindungen Patrilinearer zum (religiösen) Judentum und dem (darüber hinaus) Jüdischen? Was unterscheidet sie in ihrer Selbstwahrnehmung von Juden – aber auch: Was unterscheidet sie von Nichtjuden? Und: Was genau ist das spezifische „Dazwischen"?

Letztendlich stellt sich die Frage, ob Menschen väterlich jüdischer Herkunft halachisch generell als Juden anerkannt werden sollten bzw. schon Juden sind.

Die Ergebnisse dieser Studie sollen zur Kenntnis über Familienentwicklung unter globalisierten Bedingungen, jüdische Identität in Deutschland und der familiären wie gesellschaftlichen Tradierung der Shoah beitragen.

3. Methode

Diese Dissertation ist eine empirische, qualitative Arbeit. Es wurden Primär- und Sekundärliteratur hinzugezogen. Außerdem fließen Gespräche mit Expert/innen wie Rabbiner/innen, Betroffenen und Interessierten sowie eine durch mich verfasste Glosse ein.

Dass ich als „Betroffene" arbeite, wurde zu Beginn mit meiner Betreuerin Lena Inowlocki und meinem Betreuer Micha Brumlik thematisiert. Beide erachteten es nicht als hinderlich, gegebenenfalls sogar als hilfreich für das Verhältnis zu den Interviewpartner/innen und die Aufarbeitung der Inhalte.

Das empirische Material erhob ich durchweg mittels biographisch-narrativer Interviews nach Schütze (1978, 1981, 1983 und 1984). In der Auswertung verwende ich vornehmlich sowohl Aspekte aus der Biographieanalyse (Schütze 1981, 1984, Rosenthal 1997, 2005 und Rosenthal/Köttig 2010, Lucius-Hoene 2004) als auch Aspekte der Grounded Theory (Strauss/Corbin 1996).

Während der Auswertung musste das methodische Vorgehen mehrfach angepasst werden. Die Ursachen und Verläufe werden über Auszüge aus dem Forschungstagebuch transparent dokumentiert. Diese Form der Darstellung soll Forscher/innen, die diese Methoden anwenden, für Unvorhergesehenes sensibilisieren und hilfreiche Anregungen aus der und für die Praxis geben.

3.1 Erhebung: biographisch-narrative Interviews

Biographieforschung ermöglicht es, ein Forschungsfeld ohne oder mit geringem Vorwissen zu erschließen. Über biographisch narrative Interviews erhält man dabei einen umfassenden, ersten Blick auf das neue Themenfeld. Die Daten für diese Untersuchung wurden durchweg mittels biographisch-narrativer Interviews in der von Fritz Schütze beschriebenen Dreistufigkeit (Schütze 1983: S. 285) erhoben. Bei der Kontaktaufnahme zu den Interviewpartner/innen erklärte ich mein Forschungsvorhaben. Zumeist gab es ein telefonisches Vorgespräch, manchmal lediglich E-Mail-Kontakt. Manche fragten mich bei der Kontaktaufnahme oder zu Beginn des Interviews nach meinem persönlichen Hintergrund.

Stufe 1: Am Anfang eines jeden Interviews stand die „Erzählaufforderung". Ich bat den/die Interviewpartner/in, mir zu erzählen, was ihn/sie mit dem Jüdischsein bzw. dem Judentum verbindet. Er/sie sollte bei der frühesten Erinnerung beginnen. Während der Erzählung unterbrach ich in der Regel nicht. Auf dieses Vorgehen wies ich vor dem Interview hin. Erst nachdem der/die Interviewpartner/in seine/ihre Erzählung durch sogenannte „Erzählkoda" als abgeschlossen gekennzeichnet hatte (z.B. Max: „Das ist im Prinzip so das, was ich dazu sagen kann, glaube ich."), ging ich zu Nachfragen über.

Forschungstagebuch: Die Erzählungen variierten in ihrer Länge zwischen ca. 30 Minuten und vier Stunden. Teilweise war es schwierig, meine Reaktionen zu dem Gegenüber völlig auszuschalten. So gab es an einigen Punkten die Fragen meiner Interviewpartner/innen, ob ich zu einem bestimmten jüdischen Begriff oder einem historischen Zusammenhang eine Erklärung benötige. Der/die Interviewpartner/in forderte mich in diesem Moment zu einer Interaktion auf. Einmal beendete ein Interviewpartner meine Erzählaufforderung im ersten Wort mit der einsilbigen Antwort „Nichts". Hierbei fand ich die vorbereiteten Fragen des in Stufe 3 beschriebenen, externen Nachfrageteils als hilfreich, um nach einem kurzen, perplexen Moment das Interview weiterführen zu können. Als besonders schwierig und im methodischen Vorgehen nicht bedacht empfand ich den Umgang mit starken emotionalen Momenten meines Gegenübers. Speziell in Bezug auf den Nationalsozialismus und die Geschehnisse in der Familie fand ich mich Interviewpartner/innen gegenüber, die starke Trauer zeigten. Ich war methodisch und psychologisch unvorbereitet, wie ich mit solch einer Situation umzugehen hatte, sodass spontane Menschlichkeit vorbereitete Professionalität ersetzen musste.

Stufe 2: Im zweiten Teil der Interviewphase stellte ich „Nachfragen zu der Erzählung". Darin wird an Erzählungen angeknüpft, die der/die Interviewpartner/in ab- oder unterbricht. Dieser Nachfrageteil vertiefte und ergänzte die Erzählungen, die mein Gegenüber als Antwort auf die offene Erzählaufforderung verstand.

Forschungstagebuch: In der Regel war dieser Teil nicht sehr ausgiebig. Mein Eindruck war, dass die meisten Interviewpartner/innen mit dem Ende der Erzählung auch das Erreichen eines zeitlichen Limits des Gesprächs setzten. Dieser Nachfrageteil war meist knapp und ging relativ schnell in die dritte Stufe des biographisch-narrativen Interviews über.

Stufe 3: In diesem dritten, „externen Nachfrageteil" ging ich vornehmlich darauf ein, vier Aspekte jüdischer Identität zu bearbeiten, nach denen die Ausarbeitung erfolgen sollte (vgl. Kapitel 3.3 Auswertung: Feinanalyse und Exzerpte). Abschließend nahm ich demographische und familiengeschichtliche Daten wie Name, Geburtsjahr und das Hochzeitsjahr der Eltern auf.

Forschungstagebuch: Im Vorfeld der Dissertation waren über ein Konzept jüdischer Identität vier Aspekte jüdischer Identität herausgestellt worden: (1) das (religiöse) Judentum, (2) die Familiengeschichte und Shoah, (3) Antisemitismus, (4) Israel und das Verhältnis zu Deutschland. Über diese Kategorien konnten im Exposé Hypothesen zu den Verbindungen Patrilinearer zum Judentum und Jüdischsein aufgestellt werden. Im externen Nachfrageteil konzentrierte ich mich auf Fragen zu diesen vier Aspekten jüdischer Identität. Ein ausformulierter Fragebogen wurde hierfür nicht entworfen, sondern Erzählstränge aufgegriffen oder einfache Erzählaufforderungen zu den vier Aspekten formuliert. Außerdem wurden in diesem dritten Schritt Phänomene aus anderen Interviews abgefragt, die sich unabhängig von den vier Aspekten jüdischer Identität als spezifisch für Personen patrilinear jüdischer Herkunft herauskristallisierten – etwa die Frage, zu welchem Zeitpunkt man vom jüdischen Hintergrund erfuhr oder die Frage nach der Familiengeschichte der mütterlichen Seite. Die Frage nach der Beurteilung des Begriffs „Vaterjuden" stellte ich ab dem ersten Interview.

3.2 Sample

Die untersuchte Personengruppe in diesem Forschungsvorhaben sind Kinder jüdischer Väter und nicht-jüdischer, deutscher Mütter aus allen erwachsenen Generationen seit dem Nationalsozialismus. Ein Migrationshintergrund der Mutter wurde explizit ausgeschlossen, sodass alle Interviewpartner/innen eine, wenn auch teilweise nur potentielle, Täter/Opfer-Familiengeschichte in Bezug auf den Nationalsozialismus haben. Bis auf Frank wurden alle ausschließlich in Deutschland sozialisiert.

Das Sample der verschrifteten Interviews setzt sich wie folgt zusammen:[2]

	Geschlecht		Generation		
	Weibl.	Männl.	1922–1934	1953–1960	1973–1984
Frau Café	x		x		
Herr Falkus		x	x		
Frank		x	x		
Rebecca	x			x	
Frau Elsa	x			x	
Frau BL	x			x	
Avshalom		x		x	
Max		x			x
Hannah	x				x
Agnes	x				x
Judith	x				x

Die Interviewpartner/innen dieser Studie leben in der Regel in einer Stadt, verfügen über einen verhältnismäßig hohen Bildungsabschluss und fühlen sich – außer denjenigen aus der Kriegsgeneration – „eher jüdisch“.[3]

Es sollte ebenfalls nach Stadt/Land, Bildung und „fühlt sich jüdisch“/„fühlt sich nicht jüdisch“ differenziert werden, was aufgrund des schwierigen Zugangs verworfen wurde.

3.2.1 Kurzvorstellung der Interviewpartner/innen

Im Folgenden stelle ich die Interviewpartner/innen, deren Aussagen in diese Dissertation vornehmlich einfließen, kurz vor. Bis auf Frau BL und Frank

2 Die spannende Zusammensetzung nach Generationen ergab sich gewissermaßen zufällig aus den Kontakten zu Vaterjuden, die sich für ein Interview bereit erklärten.

3 Außerdem führte ich zwei Interviews mit Personen, die keine deutsche Mutter haben bzw. hatten, obgleich diese nicht meiner Zielgruppe entsprachen. Trotzdem Vorgespräche stattgefunden hatten, bemerkte ich das Missverständnis bedauerlicherweise jeweils erst im Interview.

wählten die Interviewpartner/innen ihre Pseudonyme selbst aus. Siezte ich sie, ergänzte ich die Anrede Frau/Herr.

Da ich keine standardisierten Fragebögen verwendete, habe ich die individuell gesetzten Schwerpunkte der Interviewpartner/innen hervorgehoben. Darüber hinaus wurden demographische Angaben aufgegriffen. Die Länge der Kurzprofile sollte nicht die tatsächlich eklatanten Unterschiede der Interviewdauer zwischen 30 Minuten und vier Stunden widerspiegeln. Dass das jeweilige Lebensalter der Interviewpartner/innen – vor allem die Lebensgeschichten der Zeitzeug/innen des Nationalsozialismus – sich in der Länge der Kurzprofile widerspiegelt, halte ich für unumgänglich.

Die Darstellungen sind dennoch lediglich grob charakterisierende Kurzportraits und geben die teilweise sehr umfangreichen, spannenden, persönlichen und inhaltsreichen Interviews und Hintergrundmaterialien nicht adäquat wieder. Ich bitte dies vor allem von den Interviewpartner/innen zu entschuldigen. Denn jede der Biographien mit ihren Familiengeschichten und persönlichen Entwicklungen hätte es meines Erachtens verdient, vollständig dargestellt und teilweise gar vertieft zu werden.

Die zitierten Stellen sind überdies „geglättet", das heißt, Dialekte oder Füllworte etwa wurden weitestgehend entfernt. Eine Interviewpartnerin bat mich nach dem Lesen eines Artikels darum. Da die dargestellte Auswertung durch das Glätten inhaltlich nicht verliert und zudem das Lesen erleichtert wird, bin ich diesem Wunsch gerne nachgegangen.

Es folgen die Interviews von Frau Café (1922), Herrn Falkus (1928), Frank (1934), Rebecca (1953), Frau BL (1954), Frau Elsa (1955), Avshalom (1960), Hannah (1973), Max (1979), Agnes (1982) und Judith (1984) in chronologischer Reihenfolge.

3.2.1.1 Frau Café

Frau Café wird 1922 in einer mitteldeutschen Großstadt geboren. Sie hat zwei Geschwister. Ihre Mutter ist evangelisch, ihr jüdischer Vater konvertierte und wurde ebenfalls evangelisch. Frau Café erinnert sich an eine unbeschwerte und schöne Kindheit. Im Vordergrund stehen sonntägliche Ausflüge mit dem Vater, bei denen sie im Wald spazierten, der Vater die Vögel erklärte, sie Museen besuchten. Sie erzählt vom Geruch des Kuchens, den die Haushälterin jeden Sonntag zum Frühstück backte, dem Klavierspiel der Mutter und dem Herausputzen zum sonntäglichen Kirchgang.

Mit der Wahl der Nationalsozialisten veränderte sich ihr Leben. Frau Café und ihre Geschwister wollen beim „Bund Deutscher Mädel" und bei der „Hitler-Jugend" Mitglieder werden. Sie möchten, wie die anderen auch, an Samstagen schulfrei haben. Die Eltern lehnen dies ab und begründen es schließlich. Erst in diesem Moment, mit 12 Jahren, wird Frau Café ihre

Verbindung zum Judentum bekannt. Sie beendet die Volksschule, darf aber keine weiterführende Schule besuchen und keine Ausbildung beginnen.

Die Eltern lassen sich auf Anraten eines befreundeten Anwalts scheiden. Damit sollten die Lebensbedingungen und Ausreisemöglichkeiten der Familie verbessert werden. Das Geschäft der Eltern erhält das Etikett „deutsches Geschäft" und wird in Folge nicht mehr mit judenfeindlichen Schmierereien verunstaltet. Sie hissen die kleinste Hakenkreuzfahne und sollen dies bei Nachfragen so erklären, dass die größeren ausverkauft gewesen seien. Der Vater zieht zu Frau Cafés jüdischen Großeltern.

Den Großvater trägt Frau Café auch heute noch „mitten in ihrem Herzen". Dieser wird am Tag der Reichspogromnacht abtransportiert. Sie sagt ihm, dass sie ihn schützen und sich vor ihn stellen will, aber er verbietet es. Frau Café schämt sich ob der Situation. Die Großeltern werden ermordet. Der Vater wird ebenfalls abtransportiert, kann aber nach Amerika ausreisen, wo er sich bis nach dem Krieg aufhält. Die Familie soll nachkommen, was aufgrund der Kriegsbedingungen ab 1939 aber nicht möglich ist.

Frau Café erhält mit ihren Geschwistern eine Vorladung der Gestapo. Heute lebt Frau Café gegenüber eben diesem Gebäude, mit dem sie eine einschneidend negative Erfahrung verbindet. Gegen Kriegsende wird sie erneut zu einer anderen Stelle der Gestapo zitiert. Sie „sollten sich bereithalten". Frau Café berichtet, dass sie daran dachte, sich durch den Freitod vor einem nochmaligen Gestapobesuch und deren Maßnahmen zu retten. Ein paar Wochen später fliegen jedoch die Flugblätter der Alliierten durch die Luft, das Kriegsende naht.

Nach dem Kriegsende kommt Frau Cafés Vater aus Amerika zurück. Die Mutter hat wieder ein Klavier und „es wurde nicht mehr viel drüber gesprochen".

Frau Cafés Mann war als Soldat im Krieg. Sie sagt, jeder habe seine Vergangenheit gehabt und sie nimmt wahr, dass er sie in diesem Punkt nicht habe verstehen können. Sie haben Kinder. Diese erfahren weder in der Schule noch im Elternhaus viel über die Geschichte des Nationalsozialismus. Frau Café sagt, dass die Kinder es nicht ertragen hätten. Die Enkel interessieren sich und lernen in der Schule über den Nationalsozialismus.

Frau Café hat viel über jüdische Geschichte und Religion gelesen. Sie war in Israel, hat aber noch nie eine Synagoge besucht. Sie schätzt die Religion, versteht sich aber als evangelisch, ebenso wie ihr Vater. Dennoch erlebt sie seit dem Krieg immer noch die „Unverschämtheiten" judenfeindlichen Verhaltens. Woher die Leute über ihren jüdischen Hintergrund wissen, frage ich die erfolgreiche Geschäftsfrau. „Ich weiß es nicht, das ist wie die Pest. Wie die Pest ist das! [wir lachen]."

3.2.1.2 Herr Falkus

Herr Falkus wird 1928 in einer mitteldeutschen Großstadt geboren. Er wird mit dem katholischen Glauben der Mutter groß.

Den Vater bezeichnet Herr Falkus als liberalen Juden und angesehenen Geschäftsmann. Obwohl der Vater im Privaten nicht nach der jüdischen Religion lebt, bleibt sein Geschäft an jüdischen Feiertagen geschlossen. Er habe so frommen Juden gezeigt, dass er diese respektierte. Der Vater pflegt darüber hinaus einen großen jüdischen Bekanntenkreis, der ihm vor allem intellektuell sehr wichtig ist. Herr Falkus' Mutter ist in diesem Bekanntenkreis ebenfalls Zuhause.

Die christlich-jüdische Familie, so beschreibt es Herr Falkus, lebt intern spannungsfrei.

Während der Zeit des Nationalsozialismus ändert sich für Herrn Falkus' Familie einiges. Dem Vater habe man „das Jude-Sein angesehen", weshalb er beispielsweise von öffentlichen Bänken fortgeschickt wird. Ihm ist das Straßenbahnfahren untersagt, er wird angepöbelt, muss sein Geschäft aufgeben. Herr Falkus beschreibt, diese Umstände bereits als kleines Kind wahrgenommen und als sehr bedrückend empfunden zu haben. Auch die christliche Mutter erfährt Restriktionen, weil sie mit einem Juden „unter einem Dach lebt". Herr Falkus' älterer Bruder erreicht für den Vater, dass dieser keinen Stern tragen muss und setzt für die Einkäufe der Mutter durch, dass das auf den Lebensmittelmarken vermerkte „J" überdeckt wird. Der nichtjüdische Bekanntenkreis zieht sich teilweise zurück. Der jüdische Bekanntenkreis wird kleiner.

Herr Falkus besucht, solange es möglich und geduldet ist, die christlichen Verbände, in denen er aktiv ist. Später muss er neben diesen auch die Schule verlassen und Hilfsarbeiten nachgehen.

Sein sieben Jahre älterer Bruder wird denunziert und mit 23 Jahren von der Gestapo auf offener Straße erschossen. Der Vater kann die Gestapoaufforderungen zum Transport nach Theresienstadt über den Verkauf von Besitz mehrfach abwenden. Er stirbt Anfang 1945 an einer Angina Pectoris.

Herr Falkus selbst bekommt sowohl den Gestellungsbefehl zur Wehrmacht als auch den Transportbefehl zum KZ, wie er sagt. Er entscheidet sich gegen die Wehrmacht und geht mit 70 weiteren „Halbjuden" ins Arbeitslager. Zwar war Arbeit und nicht Vernichtung das Ziel des Lagers, aber nach der Befreiung durch die Amerikaner wird offenbar, dass der Erschießungsbefehl für das gesamte Lager bereits vorgelegen hat.

Aufgrund der Geschehnisse während des Nationalsozialismus und der nicht zufriedenstellenden rechtlichen Aufarbeitung der NS-Verbrechen im Nachkriegsdeutschland wollen Herr Falkus und dessen Mutter nach dem Krieg nach Israel auswandern. Als die Mutter erfährt, dass sie dort in Baracken wohnen müssten, lehnt sie die Emigration ab.

Herr Falkus beendet seine Schule und zwei Ausbildungen: ein Handwerk und ein kaufmännisches Studium. Im Kaufmännischen findet er die Profession, die er bis zum Zeitpunkt des Interviews ausübt. Mit seiner ersten Frau hat er eine Tochter. Um sie und ihr Leben nicht zu belasten, erzählt er ihr erst im Alter von 17 Jahren von der väterlichen Herkunft und dem Familienschicksal. Seine erste Frau stirbt in den 1970er Jahren. Er lebte lange mit seiner zweiten Frau und verstarb bedauerlicherweise im Jahr 2015.

Herr Falkus formuliert, dass sein Leben bedrängt begann, er sich danach aber frei entfalten konnte. Es sei „gut gelaufen", sagt er. So sei er voller Überzeugung Jäger und Flieger, was für ihn der „Inbegriff von Schönheit und Erlebbaren" sei.

Herr Falkus versteht sich als Christ - mit Blick auf die jüdische Seite. Sein Leben lang ist er allerdings immer wieder mit (ehemaligen) Nazis oder antisemitischen Bildern konfrontiert.

Herr Falkus ist ebenfalls Interviewpartner in Bryan Mark Riggs (2002) „Hitlers jüdische Soldaten", in dem „jüdische Mischlinge" und ihre Sonderstellung eindrucksvoll bearbeitet werden.

3.2.1.3 Frank

Frank wird 1934 in einer westdeutschen Großstadt geboren. Seine Mutter ist Protestantin. Sein Vater konvertiert ebenfalls zum Protestantismus. Wann dies geschieht, weiß Frank nicht. Franks jüdischer Großvater allerdings tritt formal bereits um 1900 aus der jüdischen Gemeinde aus, die Großmutter konvertiert 1922/23 zum Protestantismus.

Aufgrund der Nürnberger Rassengesetze wird Franks Vater in einem Konzentrationslager inhaftiert. Die Familie beschließt, zu emigrieren. Sie bekommen die Möglichkeit, nach Panama auszureisen. Dort leben sie, bis sie in die USA reisen können. Nachdem sie einige Jahre in New York gelebt haben, ziehen sie in die Südstaaten. Frank sieht gelebte Rassentrennung und verinnerlicht die Ungerechtigkeit in seinem politischen und moralischen Bewusstsein. Er besucht mehrere christliche Gemeinden, merkt aber, keinen positiven Bezug zu Religion und Glauben aufbauen zu können. 1944 stirbt der Vater in den USA. Die Mutter findet keine Anstellung, die es ermöglichen würde, den Lebensunterhalt der Familie zu sichern. 1950 können sie zur Großmutter mütterlicherseits in die westdeutsche Heimatstadt ausreisen. Frank leistet seinen Armeedienst und kehrt 1952 in die USA zum Studium zurück. Erst 1963, als er ein Studium in einer mitteldeutschen Großstadt aufnimmt, entscheidet er sich aufgrund seiner heutigen Ehefrau, in Deutschland zu bleiben. Er ist in die Studentenbewegung involviert. Parallel beginnt er sich mit der Geschichte des Nationalsozialismus auseinanderzusetzen. In Amerika habe es während des Krieges wenig Berichte darüber gegeben. Der Krieg gegen Japan beispielsweise hatte dort im Mittelpunkt der Berichterstattung gestanden. Nun beginnt er sich über die Nazizeit zu informieren. Die Ideologie der 1960er und 1970er Jahre in Deutschland und seine Erfahrungen in den USA prägen ihn, was sich beispielsweise in einer israelkritischen Haltung ausdrückt. Diesbezüglich hat er immer wieder Dispute mit seinen jüdischen Verwandten.

Frank sagt, nur indirekt eine Verbindung zum Judentum zu haben. Diese Verbindung gäbe es lediglich über die Nazizeit, die Familie und über die Zuschreibungen aufgrund seines teilweise jüdisch assoziierten Namens. Und diese Verbindung gibt es für Frank auch erst, seitdem er nicht mehr in den USA lebt. In den USA gilt er, wenn seine Abstammung überhaupt thematisiert wird, als Deutscher. Sein Zwillingsbruder aber beginnt sich für das Judentum zu interessieren. Wie weit dieses Interesse geht, ob es in eine Konversion mündet, weiß Frank nicht.

Ihren Kindern geben Frank und seine Frau keine religiöse Richtung mit. Sie sollen für sich selbst entscheiden, sagt Frank. Er erwähnt aber, dass sich die religiöse Orientierung bei zweien seiner erwachsenen Söhne, die bereits in einer Partnerschaft leben, nach der Freundin richtet: Die Freundin des einen ist (christliche) Koptin und die des anderen Jüdin.

Frank verfasste ein Buch (leider nur) für den Privatgebrauch, in dem er die Zeitzeugnisse seiner deutsch-jüdischen Familiengeschichte festhält. Er betrieb hierfür Recherchen und ließ Dokumente, die ihm zur Verfügung stehen, einfließen.

Frank stellt sich nach diesem Interview für ein Interview innerhalb einer Studie über Personen, die während des Nationalsozialismus als „Halbjuden" galten, zur Verfügung. Da die Forscherin dieses Projekts und ich zeitweise zusammen an und mit den Interviews arbeiteten, verwendeten wir für Frank dasselbe, in diesem Fall von der anderen Forscherin erdachte Pseudonym.

3.2.1.4 Rebecca

Rebeccas Großeltern väterlicherseits leben bis kurz vor Ende des Zweiten Weltkriegs in einer mitteldeutschen Kleinstadt. Im Alter von 16 Jahren, 1936, wandert Rebeccas Vater mit der sogenannten Jugend-Alija nach Israel aus. Rebeccas Vater überlebt als Einziger seiner Geschwister und Eltern den Holocaust. Möglicherweise überlebte der Bruder des Vaters ebenfalls. Die Suche ist noch nicht abgeschlossen. Ungefähr 1950 remigriert der Vater nach Deutschland. Während seiner Zeit in einem Displaced Persons (DP) Camp lernt er Rebeccas Mutter kennen. Warum er bei seiner Rückkehr 1950 in ein DP Camp kommt und ob es tatsächlich ein DP Camp oder eine Nachfolgeeinrichtung war, bleibt im Interview offen.

Rebeccas Mutter wird 1923 nahe einer mitteldeutschen Großstadt geboren. Als sie sechs Jahre alt ist ertrinkt ihr Vater in einem Fluss. Als sie

13 Jahre alt ist, erschießt sich ihr Bruder. Die genauen Umstände der Todesfälle sind bis heute dubios.

Rebecca beschreibt diese Familienhintergründe ihrer Eltern als ausschlaggebend dafür, dass sich beide Elternteile intensiv mit der Psychologie C. G. Jungs und Sigmund Freuds beschäftigen. Beide wenden ihr Wissen in der Familie als eine Art „Hausmanns- und Selfmade-Therapie“ an: „Alles und jedes wurde interpretiert.“ Rebecca beschreibt die Ehe der Eltern bis heute als sehr glücklich.

Rebecca selbst ist 1953 geboren. Mit ihrem Ehemann, einem Psychologen und der zum Zeitpunkt des Interviews 18-jährigen Tochter lebt sie in einer deutschen Großstadt. Der gemeinsame Sohn, 22 Jahre, ist bereits ausgezogen. Nach einer Kinderpause arbeitet Rebecca heute wieder als Lehrerin.

Im Privaten hat sie eine Leidenschaft für israelische Tänze und jiddische Lieder. Sie hat eine große Sammlung belletristischer und wissenschaftlicher Literatur über das Judentum und Israel. Darüber hinaus sammelt sie Unterlagen über die eigene Familiengeschichte, wie beispielsweise einer vom Bruder initiierten autobiographischen Darstellung des Vaters, von der es nur wenige Exemplare im Familienbesitz gibt, oder Auszüge der Listen des Roten Kreuzes, auf welchen die „verlorene Familie“ des Vaters als „f.t.e.“ (für „für tot erklärt“) aufgeführt ist.

3.2.1.5 Frau BL

Frau BL wird 1954 in der ehemaligen DDR geboren. Seit ihrer Geburt weiß sie, dass „sie Juden sind“. Seit sie zwei Jahre alt ist, sucht sie nach Erklärungen, diese Information zu füllen. Der Vater reagiert auf das Informationsbedürfnis ausweichend und ablehnend. Jahrzehnte später verdeutlicht sich an seinem Sterbebett sein Wunsch und Ideal eines gesellschaftlichen Verständnisses der Gleichheit der Menschen. Die aktive Vermittlung einer exponierten Zugehörigkeit hätte der Weltanschauung des Vaters widersprochen.

Der Vater ist Mitte der 1910er Jahre geboren. Bereits als Teenager wird er Kommunist. Er ist ein in der ehemaligen DDR, aber auch der ehemaligen Bundesrepublik bekannter Künstler, weshalb zahlreiche Personen, z.B. Journalisten, Frau BLs Elternhaus besuchen. Während dieser Besuche lauscht Frau BL den Erzählungen des Vaters.

In der 9. Klasse stellt Frau BL fest, dass die Mitschüler/innen ohne jüdischen Hintergrund sich als Nachfahren von Gegnern des Nationalsozialismus verstehen. Gleichzeitig wird sie mit Unterrichtsmaterialien, z.B. dem Gedicht von Johannes M. Becher über Kinderschuhe in Lublin, konfrontiert, die sie als Nachfahrin der Opfer des Nationalsozialismus nur schwer ertragen kann.

Die Eltern trennen sich. Frau BL zieht zu ihrer Mutter und dem neuen

Stiefvater. Sie versteht sich nicht mit dem Stiefvater und verlässt unmittelbar nach Erlangen ihrer Volljährigkeit das zweite Elternhaus. Zeitnah wird Frau BL schwanger, der Kindsvater entzieht sich der Verantwortung. 1977 reist sie nach Westdeutschland aus.

Mehrere Jahre beschäftigt sie sich zunächst nicht mehr mit „dem Thema". Sie heiratet zu Beginn der 1980er Jahre und bekommt eine Tochter. Als der Ehemann äußert, Frau BLs Großvater habe Deutschland doch verlassen können, er sei selbst schuld, dass er hier geblieben sei, lässt sich Frau BL scheiden. Den zweiten Ehemann bezeichnet Frau BL als Philosemiten, von dem sie sich schließlich ebenfalls abwendet und trennt.

Ihrer Tochter vermittelt sie in dieser Zeit rückblickend „zu viel" der Geschichte des Nationalsozialismus. Frau BL nimmt wahr, ihre Tochter zu dieser Zeit überfordert zu haben.

Nach der Trennung vom zweiten Ehemann beginnt Frau BL intensiv über ihre Familie, die Umstände und das Judentum zu recherchieren. Es wird auch beruflich zu einem inhaltlichen Schwerpunkt. Offene Fragen, die sie im Beruf, in privaten Recherchen und psychoanalytisch zu bearbeiten sucht, lösen sich zwar, bleiben aber auch und öffnen sich stets neu.

3.2.1.6 Frau Elsa

Frau Elsa wird 1955 geboren. Sie erfährt erst mit 12 Jahren, dass ihr Vater Jude ist. Dies geschieht bei einem Familienstreit, bei dem eine Verwandte das scheinbar doch für alle offensichtliche „jüdische Äußere" von Frau Elsa den Anwesenden vor Augen führt. Frau Elsa spürt Erleichterung über die Enthüllung.

Zu diesem Zeitpunkt lebt Frau Elsa bereits bei ihrer Mutter. Ihre Eltern trennen sich, als Frau Elsa neun Jahre alt ist. Im Leben der Mutter und somit auch in Frau Elsas Leben spielen nach der elterlichen Trennung zwei jüdische Männer eine prägende Rolle. Zum einen ein Freund der Mutter, der ein Konzentrationslager überlebt hat, zum anderen ein jüngerer Israeli, mit dem die Mutter eine Beziehung eingeht.

Frau Elsas Vater hat wenig Bezug zum religiösen Judentum. Er stammt aus einer weitgehend assimilierten Familie. Mitte der 1920er Jahre in Deutschland geboren, überlebt er mit seiner Familie in für Frau Elsa nicht ganz geklärten Umständen den Nationalsozialismus. Der Vater ist Agnostiker, lebt ein eher unkonventionelles Leben. Sein Bezug zum Judentum ändert sich erst über die Auseinandersetzung mit Frau Elsa. Sie sprechen viel, unter anderem von Erinnerungsräumen, die sich tradieren.

Frau Elsa verlässt bereits als Teenagerin ihr Zuhause. Mit 17 Jahren zieht sie aus dem Norden Deutschlands in eine süddeutsche Großstadt. Sie übernimmt eine leitende Funktion in der Jugendorganisation der Gemeinde. Übertreten will sie nicht, weil sie sich bereits jüdisch fühlt und als solches versteht. Später bereut sie, ihr jüdisches Selbstverständnis nicht legalisiert zu haben.

In der Familie steht Frau Elsa hinter der Beschneidung ihrer Söhne, muss aber feststellen, dass der Einfluss eines nichtjüdischen Partners die eigenen Vorstellungen vereiteln kann. Sie tradiert ihren Kindern „Jüdisches". Ihre Söhne formulieren, dass sie ihre Mutter als Jüdin wahrnehmen. Beruflich ist Frau Elsa heute thematisch auf Judentum und Israel spezialisiert und auch heute noch wie selbstverständlich in der Gemeinde bekannt.

3.2.1.7 Avshalom

Avshalom wird 1960 in eine christliche Familie geboren. Er erinnert sich, sich immer etwas fremd im Elternhaus gefühlt zu haben. So trägt er seiner Erinnerung nach immer schon eine kippa-ähnliche Kopfbedeckung, was bereits in der Schulzeit bei anderen Fragen aufwirft.

Als er zum ersten Mal mit dem Flugzeug in Israel landet, fühlt er sich Zuhause. Er entdeckt, dass sich die jüdischen Bräuche und Riten, die Sprache vertraut anfühlen und macht eine Ausbildung in Israel. Er arbeitet als nicht jüdischer Religionslehrer und besucht später für ein Jahr eine Jeschiwa in Jerusalem. Glauben spielt in seinem Leben eine zentrale Rolle.

Die Umstände der Geburt von Avshaloms Vater bleiben für beide ungeklärt. Er wuchs in Prag auf und wusste wenig über seine Familie. Er erzählt, er sei „mitgebracht" worden. Avshaloms Vater ist nicht getauft und spricht in Andeutungen. Er sei im Krieg „auf der falschen Seite gewesen" und bittet Avshalom, mit nach seinen Verwandten zu suchen. Auf des Vaters Sterbebett erkennt Avshalom, dass der Vater beschnitten ist. Ihm wird in diesem Moment die jüdische Herkunft des Vaters bewusst. In Avshalom lösen sich viele Fragen.

Obwohl Avshalom in seiner nichtjüdischen Religion nicht unglücklich ist, hat er den Übertritt zum Judentum zum Zeitpunkt des Gesprächs weitestgehend abgeschlossen. Da eine nichtjüdische, religiöse Institution sein Arbeitgeber ist und diese ihn entlassen müsste, wäre er nicht ihrer Religion angehörig, sieht er derzeit noch vom letzten Schritt der „Statusklärung", wie er den Gijur nennt, ab.

Avshalom will als Jude sterben und deshalb auch als Jude gelebt haben. Warum dazu auch die Formalie nötig ist? „Weil ich merke, wenn [...] ich in die Steuererklärung eintragen [...] muss [aktuelle Religion] [...] das geht nicht! [lacht]."

3.2.1.8 Hannah

Hannah wird 1973 in Bayern geboren. Als Hannah ca. zehn Jahre alt ist, zieht sie mit ihren Eltern und der jüngeren Schwester nach Baden-Württemberg. Hannahs Mutter stirbt, als Hannah ein Teenager ist.

Hannah beschreibt, als Kind bereits ein jüdisches Selbstverständnis gehabt zu haben. Im Elternhaus werden jüdische und christliche Feste wie Pessach und Ostern, Chanukka und Weihnachten gefeiert. Der Schabbat wird gehalten, die Synagoge besucht und mit etwa zehn Jahren nimmt Hannah am Vorbereitungsunterricht zur Bat Mizwa teil. Maßgeblich waren diese Aktivitäten von ihrer Mutter initiiert.

Im Kindergarten und während der ersten schulischen Erfahrungen geht sie davon aus, Jüdin zu sein. Sie ist dort sowohl als Jüdin identifizierbar, weil sie zu jüdischen Feiertagen von der Schule freigestellt ist, als auch dadurch exponiert, dass sie dazu aufgefordert ist, über das Jüdische in ihrem Familienleben und das Judentum generell vor der Klasse zu berichten.

Erst als sie mit 18 Jahren einen Hebräischsprachkurs in einer Gemeinde besuchen will und dafür Mitglied werden soll, erfährt Hannah, dass ihre zwischenzeitlich verstorbene Mutter keine Jüdin war, sondern ebenfalls patrilinear jüdischer Herkunft. Sie erfährt Ablehnung, entscheidet sich aber gegen einen Übertritt.

Ihren Vater beschreibt Hannah als Kommunisten, der vornehmlich der Mutter zuliebe der religiösen Praxis offen gegenüberstand. Zentral ist für Hannah, dass nahezu die gesamte väterliche Familie während des Holocaust umgekommen ist. Des Vaters Schmerz und Verschweigen sind mit die wichtigsten Erinnerungen an das Judentum ihrer Kindheit und die fehlende Familie einer der größten Abgrenzungsaspekte zur nichtjüdischen Umgebung.

Hannah selbst heiratet später einen christlichen Mann in einer Zeremonie mit jüdischen und christlichen Elementen. Die zwei Töchter werden nicht getauft, obwohl es dem christlichen Ehemann wichtig gewesen wäre. Für Hannahs Mann ist und bleibt essenziell, den Kindern eine Alternative zu geben. Sie sollen nicht wie Hannah „zwischen den Stühlen“ sitzen.

Hannah sieht sich als Jüdin. Ein Problem für Hannah ist, dass sie weder in einer Gemeinde noch in einem Freundeskreis „Jüdischsein“ leben kann. Die Gemeinschaft für die Praxis fehlt, so dass das Jüdische für sie vor allem Kindheitserinnerung bleibt.

3.2.1.9 Max

Max wird 1979 geboren. Max' Eltern leben getrennt. Die Mutter hat keine weiteren Beziehungen zu jüdischen oder israelischen Männern. Über den Vater hat Max mehrere Halbgeschwister.

Erst etwa von seinem zwölften Lebensjahr an hat Max Kontakt zu seinem jüdisch-israelischen Vater. Zwar weiß Max von seinem Hintergrund, er entwickelt aber erst durch den Kontakt zum Vater Interesse an seinen jüdischen Wurzeln. Wiederholt betont Max, dass er es besonders „spannend“ fand, Wurzeln in einem anderen Land zu haben. Israel und die

Familiengeschichte sind zentral in seinem Interesse und seiner späteren Auseinandersetzung, erst dann kommt das (religiöse) Judentum.

Max' Großeltern sind assimilierte Juden. Sie wandern frühzeitig nach Israel aus. Dort leben sie zunächst in einem Kibbuz nördlich von Tel Aviv, ziehen aber in den 1940er Jahren nach Jerusalem, wo 1950 Max' Vater geboren wird. Dieser lebt zum Zeitpunkt des Interviews bereits seit ca. 25 Jahren in Deutschland. Er kommt nach Deutschland, um von den kostenfreien Studienmöglichkeiten zu profitieren. Er wollte nach Kanada weiterziehen, bleibt aber in Deutschland.

Max ist häufig zu Urlauben bei seiner Familie in Jerusalem. Seinen Zivildienst will er ebenfalls in Israel absolvieren. Er erfährt von einem Anwalt, dass dies aufgrund seiner jüdischen Wurzeln nicht nötig ist.[4] Max entscheidet sich dennoch für einen Israelaufenthalt. Er besucht Sprachkurse und verdient sein Geld als Kellner in Tel Aviver Hotels. Er studiert Jura. In seiner Promotion bearbeitet er deutsch-israelisches Anwaltsrecht. Heute gilt er als Anwalt auch auf Fragestellungen des Israelischen spezialisiert.

3.2.1.10 Agnes

Agnes wird 1982 in einer mitteldeutschen Stadt geboren. Sie ist die Schwester von Judith. Als erste Verbindung mit dem Judentum erinnert sie rituelle Gegenstände in einer Vitrine im Elternhaus. Eine spätere Erinnerung sind die israelischen Verwandten.

Im Vordergrund der Verbindung zum Jüdischen und Judentum sieht Agnes die Familie, vor allem die Abwesenheit der Familie des Vaters. Die Eltern des Vaters sind gestorben, bevor sie geboren wird. Die Halbschwester des Vaters geht mit ca. 18 Jahren, in den 1950er Jahren, nach Israel. Die andere Schwester lebt in Berlin. Die meisten Verwandten emigrieren und leben mit ihren Nachkommen in den USA. Der Vater hält wenig Kontakt.

Da Jüdischsein für sie zur Frage wird, besucht sie bereits im Alter von ca. sechs bis sieben Jahren mit ihrer Schwester eine 18 km entfernte Jüdische Gemeinde. Was ihr Vater „wusste" und „konnte", findet sie spannend. Sie geht davon aus, dies später selbst alles zu wissen und zu können. An einer Gruppenreise der Gemeinde, bei der ihr Vater als Kind und Jugendlicher regelmäßig mitgefahren ist, darf sie nicht teilnehmen, weil sie nichtjüdisch

4 „Angehörige jüdischen Glaubens müssen nach § 12 Absatz 4 Satz 1 des Wehrpflichtgesetzes keinen Wehrdienst leisten. Ein Wehrpflichtiger wird auf Antrag vom Wehrdienst zurückgestellt, wenn dieser für ihn aus persönlichen Gründen eine besondere Härte bedeutet. Das trifft zu, wenn nahe Angehörige – wie die Großeltern – Opfer der Verfolgung durch das Nationalsozialismus-Regime waren. Dennoch gibt es einige jüdische Bundeswehrsoldaten." (http://www.bundeswehr.de/portal/a/bwde/!ut/p/c4/NYqxDoJAEET_6JajkGAHGBM-ptEToFljJRrgjyyoNH-9d4UzyinkDHYQ6_PKEyt7hDE9oBz73u-n3kcymQqxvQXopQRPfY-R28l41UcsqBk6B6MasXnaP5iARjelQ2sZfSZsk_9jjVWdXleZre7tcHrMtS_AAjjgok/ Honerlage, Simone: Einheit im Einsatz – Vielfalt im Glauben, Stand 03.12.2013)

ist. Hinzu kommt, dass sie kein Hebräisch kann. Sie beschließt, nicht mehr in die Gemeinde zu gehen. Ihr ist nun klar, dass sie nicht jüdisch ist. „Das Thema“ beschäftigt sie lange Jahre nicht mehr.

Nach einem längeren Auslandsaufenthalt kommt sie schwanger in die Nähe ihrer Heimatstadt zurück. Sie trifft sich häufig mit ihrer Schwester Judith, die sich „mit dem Thema“ zwischenzeitlich sehr auseinandergesetzt und viele Kontakte geknüpft hat.

Agnes sagt, dass sie nicht jüdisch sei. Auch nicht „irgendwie“. Mit dem Judentum verbindet sie ihre Familie, sagt sie; aber auch ihre Einstellung, Israel zu unterstützen und Zuschreibungen, über welche sie als „halbjüdisch“ klassifiziert und von Nichtjuden zur jüdischen Insiderin gemacht wird.

Obwohl sie sich als nichtjüdisch versteht, studiert Agnes wissenschaftlich und privat immer wieder jüdische Themen. Sie gibt ihrem Sohn als zweiten Vornamen den des jüdischen Großvaters und engagiert sich wissenschaftlich und privat für Zusammenkünfte unter Patrilinearen und für Wissenschaftstransfer.

3.2.1.11 Judith

Judith wird 1984 in einer mitteldeutschen Stadt geboren. Sie ist die Schwester von Agnes. Sie weiß immer schon, dass ihr Vater Jude ist und ihre Mutter nicht. Religion spielt in der Familie keine große Rolle. Zwar wird Weihnachten gefeiert, aber im Sinne eines Familien- und nicht eines religiösen Events.

Ihren Vater nimmt sie als nicht religiös wahr. Zuletzt besucht dieser ihrem Wissen nach mit 16 oder 17 Jahren die Gemeinde. Judith ist überrascht, als sie erfährt, dass er während der Schwangerschaften der Mutter jeweils den Wunsch äußert, würde es ein Sohn werden, diesen beschneiden zu lassen. Alle Kinder werden jedoch Mädchen.

Im Alter von fünf Jahren besucht Judith mit ihrer zwei Jahre älteren Schwester für ca. ein Jahr eine jüdische Gemeinde. Sie genießen es und sind auch außerhalb des Unterrichts oft da. Die Schwestern dürfen an einer Reise, an der bereits der Vater in seiner Jugend regelmäßig teilgenommen hatte, nicht teilnehmen, weil sie nicht jüdisch sind. Es kommt zu einem Konflikt, in dessen Folge die Schwestern die Gemeinde nicht mehr besuchen.

In der Pubertät fängt Judith erneut an, sich für ihren jüdischen Hintergrund zu interessieren. Aber die Atmosphäre im Elternhaus ermöglicht ihr nicht, Fragen zu stellen. Sie weiß z.B. nicht, wo ihre jüdischen Großeltern, die sich zu dieser Zeit noch nicht kannten, während des Krieges waren. Judith hat diese nie kennengelernt, da sie bereits in den 1960er und Beginn der 1980er Jahre verstarben.

Viele Gegebenheiten kennt sie dennoch, aber sie weiß nicht, woher.

Später beginnt sie die in Berlin lebende Schwester des Vaters zu fragen. Auch hat sie Familie in Israel, aber der Kontakt zu ihren Verwandten ist aufgrund des großen Altersunterschieds und der Sprachbarriere nicht intensiv.

Ein Auslöser für ihr aufkommendes Interesse ist ein Schulaustausch nach Polen, bei dem sie 16 Jahre alt ist. Bei dem Besuch von Auschwitz fühlt sie sich, als falle sie sowohl aus der Gruppe der deutschen Jugendlichen als auch aus der der israelischen Besuchergruppen heraus. Im Jahr 2001 besucht sie Auschwitz ein weiteres Mal und beschließt, das „Dazwischensein" zu akzeptieren.

Judith fühlt sich unabhängig vom religiösen Aspekt ins Jüdische involviert. Sie würde nicht konvertieren, weil „das [Religiöse] auch nicht (...) [ihre] Welt" ist. Außerdem dachte sie immer, sie würde irgendwann Deutschland verlassen, stellte aber schließlich fest, dass sie sich trotz und aufgrund ihrer persönlichen Geschichte hier doch sehr Zuhause fühlt.

Heute hat Judith einen Beruf mit jüdischem Schwerpunkt und engagiert sich für den wissenschaftlichen und privaten Austausch Patrilinearer. Ihr Lebenspartner hat einen ähnlichen Familienhintergrund, sie fühlt gegenseitiges Verständnis. Die gemeinsame Tochter erhielt liebevoll den Namen einer jüdischen Ahnin.

3.2.2 Arbeitsbündnis mit Interviewpartner/innen

Narrative Interviews sind mehr als objektive Datenerhebungen. Sie sind immer auch eine soziale Interaktion zwischen Forscher und Interviewpartner/in, die in der Vorbereitung, Durchführung, Auswertung und Nachbereitung berücksichtigt, vertrauensvoll behandelt und reflektiert werden muss. Das Ziel des Forschungsvorhabens entbindet dabei nicht von moralischen Verpflichtungen.

Das Setting des (biographisch) narrativen Interviews selbst ist bereits eine Besonderheit. Der Fokus beispielsweise liegt alleinig auf der Erzählung des Interviewten. Der Forscher eröffnet dem Interviewten einen Raum für seine Erzählung, ist aber oftmals für den untersuchten Themenbereich selbst Experte. Eine Situation, die in der alltäglichen Kommunikation eher selten auftritt. In der Vor- und Nachbereitung treten ebensolche Asymmetrien zu alltäglicher Kommunikation und „Machtverhältnissen" auf (von Unger 2014: S. 2), deren Entdeckung und Benennung Teil des Forschungsprozesses ist.

Der Forscher hat darüber hinaus immer Einfluss auf den Interviewten und somit auf dessen/deren Erzählung. Etwa durch die – beeinflussbare – Selbstpräsentation, durch Kleidung oder unbeeinflusste Gegebenheiten, auch durch Sympathie löst der Forscher im Interviewpartner Gefühle, Gedanken und Aspekte der Erzählungen aus (Sekuler 2014: S. 77 ff.). Im günstigsten Fall animiert der Forscher den Interviewten möglichst neutral zu dessen Kooperation und Erzählung und blendet dafür so umfangreich wie möglich hinderliche Faktoren aus oder bemüht sich, strategisch die freie Narration des Interviewten zu lenken.

Die besondere Situation, Teil einer Untersuchung zu werden und zu sein, erfordert vom Interviewten Vertrauen in den Forscher, die Interviewsituation und den Umgang mit den erhobenen Daten, um persönliche Erfahrungen und Einschätzungen offenzulegen (Deppermann 2004: S. 83). Bereits im Vorgespräch ist es daher üblich, dem Interviewpartner möglichst viel Sicherheit zu bieten. So kann das Reden über den Rahmen, also die zu erwartende (oder nicht zu erwartende) Länge des Gesprächs etwa, dem Interviewten etwas Planbares an die Hand geben. In den von mir geführten Interviews bemerkte ich, dass es vielen Interviewpartner/innen eine emotionale oder auch inhaltliche Ruhe gab, dass auch ich potentiell der Untersuchtengruppe angehöre. Es vermittelte den Interviewpartner/innen häufig Vertrauen in mein Ziel und darin, sie zu verstehen.

Die jeweilige spezifische Situation eines Interviews ist schließlich immer einzigartig und muss daher für sich selbst reflektiert und auch mit anderen Interviews der Studie verglichen werden.

In den Methodenkapiteln wird im Einzelnen aus dem Forschungstagebuch reflektiert, welche Fragen der Forschungsethik und der Arbeitsbündnisse in dieser Studie relevant wurden und wie teilweise Konsequenzen für die weitere Forschung daraus abgeleitet wurden. Besonders augenfällig war hierbei, dass die Durchführung von Interviews mit Personen, die als Teil jüdischer Familien den Nationalsozialismus erlebt haben oder Nachfahren derer sind, immer eine höchst sensible Geschichte zu erzählen haben, die es – teilweise – emotional im Interview aufzufangen galt. Außerdem hätte die Präsentation der Ergebnisse für einige Interviewpartner/innen schneller erfolgen müssen: Es gab in Einzelfällen eine Erwartung an die Zeit nach dem Interview, die nicht kommuniziert wurde. Letztendlich überraschte mich, dass einige Interviewpartner/innnen Wert darauf legten, bestimmte biographische Fakten nicht zu nennen, um die Anonymität zu gewährleisten, andere hingegen lieber nicht anonym aufgetreten wären.

Das Ziel dieser Arbeit war es, eine für Patrilineare gewinnbringende Untersuchung auszuarbeiten. Dass der Sinn der Erzählungen in größtmöglicher Weise in der Intention der Interviewten interpretiert und wiedergegeben wurde, war und ist ein maßgeblicher Teil der Erfüllung des Arbeitsbündnisses zwischen den Interviewpartner/innen dieser Studie und mir.

3.2.3 Kontaktsuche und neue Wege zu Patrilinearen

Zu den Interviewpartner/innen ergab sich der Kontakt auf unterschiedlichen Wegen. Über persönliche und wissenschaftliche Kontakte hatte ich

Zugang zu einigen Interviewpartner/innen. Weitere Möglichkeiten eröffneten sich über Jüdische Gemeinden und über Reaktionen auf meine Präsentationen auf Tagungen, im Internet und einem Zeitungsartikel in der Jüdischen Allgemeinen (Zeifert 2006). Seitdem ich über diese Zugänge an die Öffentlichkeit trat, nahmen und nehmen gesprächsbereite Patrilineare immer wieder Kontakt zu mir auf. Seit Abschluss meines Samples 2009 waren dies ungefähr zehn weitere Personen.

Es war schwierig, mit Patrilinearen in Kontakt zu treten. Denn Patrilineare bilden derzeit keine „fassbare" Gruppe. Sie sind weder in den jüdischen Gemeinden verortet noch als Gruppe vernetzt oder gar statistisch erfasst. Als ein Ergebnis meiner Arbeit lässt sich aber festhalten, dass Patrilineare über Orte und Zusammenhänge, die sie in ihrer Kindheit und Jugend als „jüdisch" kennenlernten, oft im Erwachsenenleben „Bezug" nehmen. So griffen einige Interviewpartner/innen, die über die Kultur (Tänze, Sprache etc.) in ihrer Kindheit das „Jüdische" erlebten, diesen Bezug im Erwachsenenleben beispielsweise über entsprechende Kurse (Tänze, Sprache etc.) wieder auf. Außerdem zeigte sich, dass einige Patrilineare „das Judentum" zum Beruf mach(t)en, beispielsweise als Lektorin mit dem Schwerpunkt Israel oder als Dissertationsthema mit jüdischem Schwerpunkt (vgl. Kapitel 5.2.1 Religion: Konfessionslos bleiben, sich jüdisch fühlen). Für neue Forschungszusammenhänge, in denen auch Patrilineare, die sich jüdisch fühlen, untersucht werden sollen, empfehle ich aufgrund dieser Forschung sowohl an „jüdischen Orten", an Arbeitsplätzen mit jüdischem Schwerpunkt innerhalb von nichtjüdischen Arbeitszusammenhängen, als auch an Orten, wo Nichtjuden der Zugang zum Jüdischen eröffnet wird, zu recherchieren und/oder in einem solchen Umfeld Suchanzeigen zu platzieren.

3.3 Auswertung: Feinanalyse und Exzerpte

Die Auswertung der Interviews erfolgte gemäß zweier Methoden. Zum einen über die Analyse einzelner Sequenzen und teilweise der anschließenden Formulierung von Handlungskonzepten zu den jeweils herausgearbeiteten Phänomenen, zum anderen über das Exzerpieren aller Interviews in Hinblick auf den Untersuchungsgegenstand spezifizierende Zusammenhänge und die systematische Ordnung der Exzerpte.

Die Interviews wurden durchweg in einem ersten Schritt transkribiert. Personen- und Ortsnamen sowie andere Daten, die eine Identifizierung möglich machen könnten, wurden anonymisiert.[5]

5 Einzige Ausnahme war Olga Mannheimer, die keine Anonymisierung wünschte. Da ihr Interview nur in exponierter Weise verwendet wurde, stellt die Aufhebung der Anonymisierung kein Problem dar.

3.3.1 Ankersequenzen

Im ersten Interview wurde das verschriftete Interview zunächst sequentiell unterteilt. Die Segmente wurden thematisch gegliedert (Schulze 1997: S. 330) und inhaltliche Schwerpunkte des Interviews über „offenes Kodieren" herausgearbeitet (Strauss/Corbin 1996), um so für die Auswertung der anderen Interviews vergleichbar zu werden. Hierfür wurden die „vier Aspekte jüdischer Identität" mittels der Feinanalyse von „Ankersequenzen" bearbeitet (vgl. Kapitel 5.2 Jüdische Identität).

Als „Ankersequenz" werden im Folgenden jene Sequenzen bezeichnet, die exemplarisch für einen der vier Aspekte jüdischer Identität analysiert wurden. Bei der Auswahl der Ankersequenzen wurde darauf geachtet, dass das jeweilige Phänomen in anderen Interviews wiederkehrt oder besonders treffend für ein spezifisches Phänomen Patrilinearer jüdischer Herkunft ist.

In der Feinanalyse der Ankersequenzen wurden zunächst Entwicklungen, Reflexionen und Argumentationen wie auch deren Einbettung in Zusammenhänge interpretiert. Hierfür wurde innerhalb der jeweiligen Sequenz jeweils jedes Wort, jeder Satz und schließlich jeder Absatz zueinander in Bezug gesetzt und analysiert (Strauss/Corbin 1996: S. 61). Dieses Verfahren beachtet, dass die Intentionen von Sprecher und Zuhörer möglicherweise differieren und dies durch ein genaueres Hinhören jedoch deutlich wird. Auch wird darauf geachtet, dass Bedeutungen, mit denen Wörter belegt werden, variieren. Auf diese Weise sollen möglichst viele Bedeutungen aufgeschlüsselt werden und schließlich die wahrscheinlichste/n eingegrenzt werden.

Forschungstagebuch: Unumgänglich für dieses Verfahren war, sowohl eigene Analysen zu überprüfen als auch die Analysen nicht ausschließlich alleine durchzuführen, denn der Blick einer Person allein konzentriert sich auf deren Erfahrungshintergrund und Bedeutungsportefeuille. Für die Dissertation arbeitete ich daher in zwei Interpretationsgruppen mit empirisch arbeitenden Doktorand/innen sowie der interdisziplinären Arbeitsgruppe *Psychosoziale Spätfolgen der Shoah.*[6] Die Sequenzen oder deren Analysen stellte ich in einer der Gruppen regelmäßig zur Diskussion. Die methodischen Herangehensweisen der anderen Gruppenteilnehmer/innen fließen daher ebenso mit ein wie deren korrigierende und/oder anreichernde Interpretationen und Bedeutungshintergründe. Auf die Analyse einer jeweiligen Sequenz folgte für zwei Identitätsaspekte die Neuordnung der

6 Die geistige Arbeit der beteiligten Wissenschaftler/innen fließt maßgeblich in meine Arbeit mit ein. Deren Einfluss ist teilweise ebenso wichtig, wie die zitierte Literatur, weshalb ich an dieser Stelle die Kolleg/innen der Gruppen nennen möchte. Der Empirieworkshop an der Uni Frankfurt: Nils Kölbl und Meron Mendel. Interpretationsgruppe: Andrea Neugebauer, Maja Ferber und Sonja Grabowsky. Psychosoziale Spätfolgen der Shoah: Lena Inowlocki, Angela More, Jan Lohl, Nadine Teuber, Julia Vogel, Michael Vollrath, Markus Brunner, Maja Ferber, Andrea Neugebauer, Katharina Rothe und Nele Reuleaux.

individuellen Spezifika des Individuellen in übergeordnete, phänomeneigene Spezifika, teilweise mit Modellcharakter. Unter der Annahme, dass eine Erzählung nicht aus der Aneinanderreihung unzusammenhängender Themen, sondern aus Sequenzen in einem „Verweisungszusammenhang" (Rosenthal 1997: S. 15) steht, wird die Ankersequenz zu einem Drehpunkt der gesamten Lebensgeschichte. Das Aufbrechen der Feinanalyse zu einem verallgemeinerbaren (Handlungs-)Konzept[7] (das „paradigmatische Modell" nach Strauss und Corbin (1996)) ermöglicht demnach nicht nur, über die gewonnenen Daten strukturiert nachzudenken und diese sinnhaft in Beziehung zueinander zu setzen, sondern auch, sie so dicht wie möglich zu beschreiben (Strauss/Corbin 1996: S. 78ff), die Ankersequenz für weitere Zusammenhänge Patrilinearer zu öffnen.

Paradigmatisches Modell (Strauss/Corbin 1996: S. 78):
(A) Ursächliche Bedingungen → (B) Phänomen → (C) Kontext → (D) Intervenierende Bedingungen → (E) Handlungs- und interaktionale Strategien → (F) Konsequenzen.

Zu diesem Punkt der Analyse erfolgte eine Öffnung des Arbeitens von der Ankersequenz weg. Die erkannten Phänomene innerhalb des betrachteten Aspekts jüdischer Identität wurden nun zu in Fachliteratur und anderen Interviews beschriebenen Phänomenen in Bezug gesetzt (Strauss/Corbin 1996: S. 33). Dabei wurden Phänomene fallübergreifend im Sinne des theoretischen Samplings über den kontrastierenden Vergleich entfaltet (Strauss/Corbin 1996: S. 148 ff.) und teilweise Konzepte in den Konklusionen formuliert. Es entstanden Redundanzen, da die „ursächlichen Bedingungen", der „Kontext" und die „Strategien" sich oft bei der Ausarbeitung einzelner Aspekte des großen Zusammenhangs überschneiden. So sind an einigen Stellen dieser Arbeit Zitate mehrfach angeführt oder Sachverhalte bzw. Konklusionen in einem neuen Zusammenhang erneut erwähnt.

7 Wie Schütze sehe ich, dass „die meisten biographisch relevanten Handlungsschemata keineswegs der Modellvorstellung zweckrationalen Handelns entsprechen" (Schütze 1981: S. 86). Ich gehe dennoch davon aus, dass Handlung per se zunächst zweckgerichtet ist. Durch die Ausarbeitung einzelner Stationen (Gelenke) des Phänomens im Prozess (dessen Bedingungen, Intentionen, Konsequenzen etc.) werden Diskrepanzen zwischen den einzelnen Stationen nachvollziehbar. Denn die einzelne Handlung ist intentional, d.h. zweckgerichtet und zielorientiert, der gesamte Prozess aber wird meines Erachtens lediglich unter dem Gestaltschließungszwang im Rückblick so formuliert. Auch äußere Einflüsse, die Schütze als Verlaufskurven immanent benennt bzw. beschreibt, werden durch diese Bearbeitungsform berücksichtigt.

3.3.2 Exzerpte

Patrilineare stehen nicht nur in Bezug zu jüdischer Identität, sondern zeigen Merkmale als eigene Gruppe bzw. als Individuen mit gleicher Herkunftskonstellation. Im Anschluss an die Analyse der vier Aspekte jüdischer Identität wurden daher eigene Spezifika der Untersuchtengruppe benannt und bearbeitet. Während der ersten Analyse der Interviews wurden dafür zunächst stets wiederkehrende und augenfällige, typische oder kennzeichnende Zitate über die besondere Konstellation der Kinder jüdischer Väter und nicht-jüdischer deutscher Mütter in Stichpunkten notiert. Im zweiten Schritt wurden alle Interviews erneut angehört. Aus jedem Interview wurden jene Daten „exzerpiert", die nach dem erarbeiteten Kenntnisstand kennzeichnend und/oder relevant für die spezifische Untersuchtengruppe sind.

Die Exzerpte der einzelnen Interviews wurden verschlagwortet. Daraus ergaben sich Kategorien wie z.B. zur „Rolle des Vaters" oder der „spezifischen kulturellen Tradition" innerhalb der Familien. Diese Kategorien wurden fallübergreifend zusammengestellt und schließlich wichtige Argumente, Gedankengänge und Literaturhinweise gesammelt und um eigene Ideen und Querverweise ergänzt.

Das Ausarbeiten der Exzerpte erfolgte in der Regel im Sinne der – im Wissenschaftsdiskurs nicht unumstrittenen – Induktion, in dem aus der vorliegenden Primärerhebung verallgemeinerbare Hypothesen aufgestellt wurden. Teilweise wurden Hypothesen zu Einstellungen, teilweise zu biographisch wiederkehrenden Zusammenhängen herausgearbeitet; manche Kapitel sind wiederum vornehmlich deskriptiv. Die einzelnen Ausarbeitungen wurden in der Regel ebenfalls in den oben genannten Arbeitsgruppen, auf wissenschaftlichen Tagungen oder mit meinen Betreuern Lena Inowlocki und Micha Brumlik besprochen, korrigiert und weiterentwickelt.

4. Hintergrund

4.1 Statistik: Warum Patrilineare berücksichtigen?

Betrachtet man, dass in Deutschland ca. die Hälfte der Kinder, die einen jüdischen Vater haben, nicht von einer jüdischen Mutter geboren wird, so scheint dies zunächst eine quantitativ drastische Aussage zu sein. Dass dies tatsächlich aber eine geringe Größe ist, zeigt die Gesamtzahl der Lebendgeborenen, hier am Beispiel 2011, mit mindestens einem jüdischen Elternteil: Insgesamt wurden 2011 593 Kinder geboren, die mindestens einen jüdischen Elternteil hatten.[8] Lediglich 196 „Vaterjuden" waren darunter, bei

8 Vgl. Tabelle 2.18 der Fachserie des Statistischen Bundesamts 1/Reihe 1.1: Bevölkerung und Erwerbstätigkeit, natürliche Bevölkerungsbewegung 2011. Zu berücksichtigen ist bei

welchen wiederum heute noch unklar ist, wie viele davon sich als jüdisch bzw. nichtjüdisch identifizieren werden.
Woher also die Relevanz? In den USA lag 1991 die geschätzte Zahl von Kindern mit einem jüdischen Vater und einer nichtjüdischen Mutter bei ca. 200.000, Tendenz steigend. Dies wird als Resultat einer zunehmenden Säkularisierung und der vermehrt eingegangenen „Mischehen“ seit den 1960er Jahren interpretiert (Telushkin 1991). In Deutschland stellen Patrilineare nach obiger Statistik aktuell ca. ein Drittel aller in Deutschland Geborenen mit direkter jüdischer Herkunft im Sinne zumindest eines jüdischen Elternteils. Dieses Verhältnis bestätigt sich in den Statistiken seit Beginn der 2000er Jahre. Ein quantitativ relevanter Faktor sind darüber hinaus die jüdischen Kontingentflüchtlinge aus der ehemaligen Sowjetunion. Bei gut 200.000 Kontingentflüchtlingen, die zwischen 1990 und 2003 nach Deutschland eingewandert sind, ist in den Gemeinden lediglich ein Zuwachs von ca. 70.000 Mitgliedern verzeichnet worden.[9] Zahlreiche derer, die keine Gemeindemitglieder wurden, sind patrilinearer jüdischer Herkunft.

In dieser Arbeit wird die Identität jener betrachtet, die patrilinear jüdischer und matrilinear nichtjüdischer, deutscher Herkunft sind. Trotz der Vielzahl Patrilinearer russischer Herkunft schließe ich diese hier aus, da diese Personengruppe – im Gegensatz zur Untersuchtengruppe – zunächst häufig identitäre Aufgaben im Zusammenhang einer Migration zu lösen hatte (Bernstein 2010).[10]

4.2 Forschungsstand

Zu Beginn des Forschungsvorhabens 2006 fanden sich in Deutschland fast keine Arbeiten, in denen die Spezifika Kinder jüdischer Väter und nicht-jüdischer Mütter bearbeitet oder problematisiert wurden. Dass dieses Thema bislang lediglich wenig Beachtung fand, liegt mit darin begründet, dass „mixed marriages“ erst in der jüngeren Geschichte zu einer relativ breiten Normalität werden sowie an der Tatsache, dass es als schwierig gilt, die eigenen Eltern in den Mittelpunkt wissenschaftlicher Forschung zu stellen.

Sowohl der zurückgehende Einfluss der Religion in der westlichen Welt als auch die zunehmende internationale Mobilität durch die Globalisierung

den Angaben des Statistischen Bundesamts, dass es sich um freiwillige Angaben zur Religionszugehörigkeit handelt. Die Statistik erfasst folglich all jene Juden nicht, die ihre Religionszugehörigkeit bei der Geburt ihres jüdischen oder nichtjüdischen Kindes nicht erfasst haben möchten.

9 Vgl. Bundesamt für Migration und Flüchtlinge: Jüdische Zuwanderer in Deutschland 2005. http://www.bamf.de/cln_118/SharedDocs/Anlagen/DE/Publikationen/WorkingPapers/wp3-juedische-zuwanderer.html (Stand 20.9.2011).

10 Dimitrij Kapitelman („Das Lächeln meines unsichtbaren Vaters“) verfasste 2016 als Vaterjude ein m.E. sehr empfehlenswertes autobiographisches Werk über die Identitätsfindung jüdisch-russischer Kontingentflüchtlinge in Deutschland.

führten seit Mitte des 20. Jahrhunderts zur Zunahme national und konfessionell gemischter Ehen und Partnerschaften. Ehen zwischen Juden und Christen waren Ende des 19. Jahrhunderts in Deutschland bereits zur gesellschaftlichen Normalität geworden. Wurden „mixed marriages" ab den 1970er Jahren auch Gegenstand wissenschaftlichen Interesses, schlussfolgert meine Doktormutter Lena Inowlocki in unserem Erstgespräch, sei es nur naheliegend, dass jetzt Arbeiten über Kinder aus „mixed marriages" folgten. Dass diese Thematik trotz der Vielzahl an Kindern aus „mixed marriages" wiederum bislang wenig erforscht wurde, liegt möglicherweise an einem sensiblen Eltern-Kinder-Verhältnis der Shoah-Nachgeborenen. Denn die Tradierung der Traumata des Nationalsozialismus konnte bei Kindern dazu führen, zu schweigen, nicht zu hinterfragen (vgl. Kapitel 5.2.2 Familiengeschichte und Shoah: Nichtfragen/Frageverbot) und somit auch nicht zu erforschen. Innerhalb dieser Dissertation werden nun teilweise diese Traumata aufgedeckt und analysiert. Die mittlerweile größere Zahl von Kindern aus „gemischten Ehen" befördert einen zunehmenden innerjüdischen Diskurs und somit folgelogisch die wissenschaftliche Auseinandersetzung.

Den größten Einfluss auf diese Dissertation hatte ein Seminar über „Vaterjuden" in Holland, bei dem ca. 200 Wissenschaftler/innen, Vertreter/innen jüdischer Organisationen und Betroffene ihre Erkenntnisse und Erfahrungen diskutierten. Das Seminar fand im April 2006 in Amsterdam statt und wurde von den Instituten *Menassah ben Israel* und *Levisson* organisiert. Im Folgenden stelle ich die Inhalte kurz dar, um diesen für diese Arbeit so maßgeblichen theoretischen Hintergrund zu beleuchten, da die Tagungsbeiträge lediglich über Mitschnitte und Abschriften in holländischer Sprache über das Internet verfügbar sind.[11]

Den Kontext schilderte die Kolumnistin und damals angehende Rabbinerin Tamarah Benima. Zunächst ging sie auf den in den Niederlanden verwendeten Terminus „Vaterjude" ein. Erstmals sei dieser 1995, fast beiläufig, von Andreas Burnier verwendet worden. Laut Benima schlug der Begriff sofort „wie eine Bombe" ein. „Vaterjude" umschreibe sowohl die Selbstwahrnehmung vieler Patrilinearer und impliziere gleichzeitig eine Anerkennung der patrilinearen Abstammung.

Menschen mit einem jüdischen Vater und einer nichtjüdischen Mutter gelten halachisch als eindeutig nichtjüdisch. Spätestens seit dem Zweiten Weltkrieg aber sei für sie die Frage nach dem jüdischen Teil ihrer Herkunft akut und real. Denn die Traumata der Überlebenden und deren Nachkommen fragten nicht nach der Halacha. Wollten „Vaterjuden" Juden sein, wie

11 Die Vorträge finden sich auf der Website des Levisson Instituts: Voordrachten „Vader-Joden". een seminar om te leren, te luisteren en na te denken: http://www.levisson.nl/nl/archief/seminars/qvader-jodenq-dag/voordrachten-vader-joden.html Stand 16.4.2014.

ihre häufig säkularen Väter, bliebe ihnen dieser Wunsch verwehrt. Sie fühlten sich, als gehörten sie nicht zur jüdischen und nicht zur nichtjüdischen Seite.

Benima führte weiter aus, dass die liberalen Gemeinden der Niederlande Menschen mit jüdischem Vater bis zum Zeitpunkt der Tagung nicht ohne weiteres aufnähmen. Sie erklärte, dass es in Amerika 1983 einen ersten Beschluss des Komitees für patrilineare Abstammung gegeben habe. Der jüdische Status von Kindern mit nur einem jüdischen Elternteil würde darin, wie in Holland auch, anerkannt.[12] Um offiziell Jude zu sein, bedarf es diesem Beschluss nach aber Erziehung, Unterricht und eines formellen Aktes. Somit, so schlussfolgert Benima, gibt es für „Vaterjuden“, die in Amerika, Holland und liberalen Gemeinden anderer Länder, die den Beschluss des Komitees befolgen, als Juden anerkannt werden wollen, nur den einen Weg: Den religiösen. Und das, obwohl das Judentum mehr sei als eine reine Glaubensgemeinschaft.

Auf die religiöse Grundlage des matrilinearen Prinzips ging der Theologieprofessor Piet van der Horst ein. Er führte zunächst auf, dass das matrilineare Prinzip nicht, wie so häufig zitiert, bereits im Tanach, bei Ezra, begründet liegt. Wie sonst sei es zu erklären, dass man nach Ezra ca. 600 Jahre nichts mehr von diesem Prinzip gehört hatte? Vielmehr erscheine die matrilineare Vererbung zum ersten Mal in der Mischna, den ersten Dokumenten also, die durch Rabbiner niedergeschrieben wurden. Einen Beleg dafür sieht van der Horst in der Tatsache, dass die nicht-rabbinischen Formen des Judentums nur das patrilineare Prinzip kennen.

Zu biblischen Zeiten, so war sich van der Horst sicher, wurde das matrilineare Prinzip nicht begründet. Denn in der Bibel sei durchgängig die patrilineare Abstammung ausschlaggebend.[13] Dennoch führt er unterschiedliche Vermutungen über die Umstände auf, die zum matrilinearen Prinzip geführt haben könnten: Es könne dem römischen Recht entlehnt sein oder aber ein Akt, die Stellung der Frau zu festigen.[14] Van der Horst schloss die Ausführungen mit einer Antwort auf die Frage, warum die Rabbiner mit den biblischen Regeln brachen. Darauf gäbe es aus Sicht der Wissenschaft nur eine richtige Antwort: „Wir wissen es nicht!“

12 Vgl. Kapitel 4.3.6 Zugehörigkeit Patrilinearer zu jüdischen Institutionen in der Praxis. Kindern jüdischer Väter, die jüdisch erzogen werden und am Gemeindeleben teilnehmen, wird nach dem Beschluss der Eintritt ohne Gijur gewährt.

13 Vgl. Kapitel: 4.3.3 Woher stammt das matrilineare Prinzip? Rabbiner Folger weist darauf hin, dass das matrilineare Prinzip mit dem Bund zwischen Gott und dem israelischen Volk eingeführt wurde.

14 Auch ein Vater der betrachteten „Vaterjuden“ meldete sich aus dem Publikum mit einer Begründung zu Wort. Für die ältere Generation könnte der oft genannte Grund, die jüdische Mutter überliefere die jüdische Tradition, wichtig und richtig gewesen sein. Da Väter aber heute ebenso an der Erziehung beteiligt wären, wäre auch dieser Grund hinfällig.

Die These, dass Kinder jüdischer Väter nur ein schwaches Band zum Judentum hätten, vertrat Marlene de Vries (2001) in der Studie „De Joden in Nederland 2000". Ca. 29 Prozent der 43.000 in Holland lebenden Juden seien Vaterjuden. Kinder jüdischer Väter fühlen sich nach dieser Studie, wenn überhaupt, entweder über eine sozial-kulturelle (religiöse) Ebene oder über die Shoah und erlebten Antisemitismus als mit dem Judentum verbunden.

In der Selbstdefinition sehen sich „Vaterjuden" überwiegend (zu 61 Prozent) als „nicht so sehr jüdisch, aber als Person mit einem jüdischen Hintergrund". 18 Prozent sehen sich als Juden, 14 Prozent sehen sich abhängig von der jeweiligen Situation als Juden und 7 Prozent sehen sich nicht als Juden. De Vries belegt hier, was in anderen Studien nicht deutlich wird: Nicht alle Patrilinearen fühlen sich jüdisch (de Vries 2010: S. 218).

Die Mehrheit der „Vaterjuden" bezeichne sich laut de Vries als nicht-praktizierend. De Vries vermutet, dass dies nicht darin begründet liegt, dass sie aus dem Leben in einer Gemeinde ausgeschlossen werden. Denn eigene Möglichkeiten, z.B. jüdische Festtage im privaten Rahmen zu feiern oder sich Hebräischkenntnisse anzueignen, würden nicht wahrgenommen. Das schwache Band käme wahrscheinlich daher, dass sie selten jüdisch erzogen wurden oder mit anderen Juden in Kontakt kommen.

In Bezug auf die Shoah sei jedoch laut de Vries die Verbundenheit besonders stark. Sie vermutet, dass dies mit einer „unsicheren Position" von „Vaterjuden" zusammenhängt. Als Vergleich zieht de Vries andere Gruppen heran, die sich in ihrer ethnischen Identität unsicher sind. Denn auch bei diesen Gruppen sei festgestellt worden, dass sie besonders sensibel auf Rassismus und Diskriminierung reagierten.

Den Tag rundeten persönliche Berichte von „Vaterjuden" ab. Häufiger wurde beschrieben, wie sie als „Nichts" bezeichnet wurden. Besonders eindrucksvoll stellt sich dies bei Aatje Huyser-Frijda dar, die als Kind während des Nationalsozialismus untertauchte. Sie berichtet darüber, wie verwirrend es für sie war, dass ihr Existenzrecht von den Nazis aufgrund ihres jüdischen Hintergrunds aberkannt wurde und im nächsten Schritt von der Jüdischen Gemeinde zu erfahren, dass man sie dort auch nicht wollte. Im Anschluss an das Seminar sprach ich Huyser-Frijda an und erhielt von ihr ein Exemplar ihrer nicht veröffentlichten Studie: „Ik Joods?!" Diese Studie wurde nicht veröffentlicht, da die Projekt-Partnerin, mit der sie sie durchführte, absprang und lediglich die Erlaubnis erteilte, die Ergebnisse den Teilnehmer/innen zu senden.

Huyser-Frijda schaltete mit ihrer damaligen Kollegin Anzeigen, woraufhin sie etwa 100 Teilnehmer/innen zwischen 20 und 82 Jahren für ihre Studie gewinnen konnten. Die Interviews wurden als Leitfadeninterviews postalisch versendet und die Antworten in dem Band zusammengeführt.

Viele Inhalte und die meisten inhaltlichen Kategorien lassen sich in den in dieser Dissertation geführten Interviews ebenfalls finden. Es ist bedauerlich, dass diese Grundlagenarbeit nicht der Öffentlichkeit zugänglich ist. Dadurch, dass auch ich mich auf Huyser-Frijdas theoretische Grundlagen in Hinblick auf die Kategorien jüdischer Identität beziehe (vgl. Kapitel 5.2 Jüdische Identität), wäre ein Vergleich der Ergebnisse besonders gut möglich und sinnvoll.

Die intensivste Auseinandersetzung über Patrilineare findet in Amerika statt. Durch die Quantität der dortigen patrilinearen Kinder und ein etabliertes liberales Judentum ist die Auseinandersetzung mit der Problematik von Kindern aus „gemischten“ Elternhäusern präsenter als etwa in Deutschland.[15] Susan A. Glenn und Naomi B. Sokoloff (2010) beschreiben in einer historisch-soziologischen Betrachtung die (amerikanischen) Grenzen jüdischer Identität („Bounderies of Jewish Identity“). Sie leiten her, wie jüdische Autoritäten beginnend im frühen 20. Jahrhundert Assimilation predigten, was die Zahl der „intermarriages“ beförderte. Auf die Rückbesinnung, wieder verstärkt innerhalb der jüdischen Gemeinschaft zu heiraten, folgte das Problem, dass aufgrund des hohen Grades an Assimilation und Säkularisierung der ansässigen Juden wenig jüdische Erziehung stattfand. Die größten Bemühungen jüdischer Autoritäten lagen dann ab etwa den 1960er Jahren auch darin, jüdische Erziehung in die Familien zurückzubringen. Eine Verbesserung konnte über integrierende Kurse und einladendere Gemeindeangebote erzielt werden. Diese Inklusion ermöglichte, auch in den wieder zunehmenden „intermarriages“ eine jüdische Erziehung und darüber hinaus auch innerhalb der „mixed marriages“ ein jüdisches Leben zu gestalten. Hierdurch entwickelt sich in Amerika nun eine jüdische Gemeinschaft neuer Prägung, deren Nachkommen wiederum eine stärker innerfamiliäre jüdische Sozialisation, auch jenseits der Institutionen, leben und weitergeben könnten und können.

Zwei weitere wesentliche Ausarbeitungen aus den USA möchte ich hier explizit erwähnen. Zum einen die hervorragende Arbeit von Leslie Goodman-Malamuth und Robin Margolis (1992). Sie beschreiben anhand zahlreicher qualitativer Interviews mit erwachsenen Kindern jüdisch-christlicher Eltern deren Lebenswirklichkeiten und arbeiten in dieser ersten amerikanischen Studie aus der Sicht von Personen teiljüdischer Herkunft Handlungsvorschläge heraus. Anhand dreier Lebensabschnitte, nämlich der Kindheit, dem Erwachsenenalter und dem eigenen Elternsein, zeigen

15 Dass es Interesse auf dem Markt gibt, zeigt sich etwa über Erziehungsratgeber. Beispielsweise Gruzen, Lee (1990): Raising Your Jewish/Christian Child: How Interfaith Parents Can Give the Best of Both Their Heritages. Newmarket Press, New York. Oder Reuben, Rabbi Steven Carr (1987): But How Will You Raise the Children?: A Guide to Interfaith Marriage. New York, Pocket Books.

Goodman-Malamuth und Margolis, welche Einflüsse zu inneren und äußeren Auseinandersetzungen führen und wie sich in verschiedene Lebensphasen christliches, jüdisches oder auch atheistisches Leben verdichten kann, was meist in Eindeutigkeit mündet. Erstaunlich deutlich ist in Goodman-Malamuths und Margolis' Bericht in dem Umstand, dass die Interviewten oft von einem „Mehr" sprechen, also davon, beide Seiten in sich zu tragen. Zwar führt dies offensichtlich auch häufig zu positionierenden Entscheidungen und Konflikten, aber die Beschreibungen wirken deutlich anders als die von hybriden Zwischenpositionen, „zwischen den Stühlen" zu sitzen oder weder „Fisch noch Fleisch" zu sein.

Durch die Untersuchung wird auch der massive quantitative Unterschied zwischen Amerika und Deutschland deutlich. Goodman-Malamuth und Margolis schreiben über hunderte Kinder aus „intermarriages", mit denen sie für dieses Buch gesprochen hatten. Sie vermuten, dass es Millionen Kinder aus „Jewish-Gentile intermarriages" in Amerika und Peru gibt (1992). All diese Kinder müssten aufgrund ihrer heterogenen Herkunft einen „kulturellen Balanceakt" vollführen, um ihre Identitäten zu formen.

Auch Emma Klein (1996) zeichnet die innere und äußere Auseinandersetzung teiljüdischer Herkunft nach. Sie beachtet dabei sowohl Teiljüdische patrilinearer wie auch matrilinearer Herkunft und zeigt, wie die Auseinandersetzungen in den Personen selbst und wie die Positionen einzelner Rabbiner und anderer Personen für und wider die Integration und die halachische Striktheit wirken.

Patrilineare Juden sind in Amerika in (manchen) Reformgemeinden willkommen. Teilweise genügt der Wunsch dazuzugehören, teilweise wird ein religiöses Leben erwartet. Demgegenüber stehen natürlich auch zahlreiche Konservative, die lediglich halachische Juden als Juden akzeptieren. Dennoch wird deutlich, dass in Amerika Patrilineare, die einen Bezugspunkt zur Gemeinschaft suchen, auch Institutionen und jüdische Autoritäten finden, die sie annehmen. Klein betont dabei ebenfalls eine statistische Notwendigkeit, sich bislang nicht-halachischen Juden zu öffnen. So gäbe es beispielsweise sowohl zahlreiche Austritte aus den Gemeinden als auch wenige, die hinzukommen oder die statistische Tatsache der Vielzahl an „intermarriages". „Lost Jew" zu sein bedeutet also nicht allein, dass sich diese in ihrer Selbstverortung als verloren, zweifelnd, nicht anerkannt, ambivalent usw. wahrnehmen können, sondern auch, dass es für „die Gemeinschaft der Juden" viele „verlorene (ethnische) Juden" gäbe und gibt, die sie aufnehmen könnten. So bleibt heute schlussendlich eine zentrale Frage für Personen jüdischer Herkunft in Amerika: Welche Anreize gibt es eigentlich, zum einen aus ihnen selbst und zum anderen aus der „Gemeinschaft der Juden" heraus jüdisch sein zu wollen?

In vier Aspekten ist die amerikanische Ausgangslage wesentlich von den Ergebnissen deutscher Forschung zu unterscheiden. Zum einen ist in den amerikanischen Studien, wenn überhaupt, die Shoah nur am Rande erwähnt. Was in deutschen Studien mit am zentralsten für die Identifikation über die Familiengeschichte oder die Schicksalsgemeinschaft der Juden gilt, fällt somit in den amerikanischen Analysen weitestgehend weg. Dennoch bestätigt sich der innere Zwiespalt in der Identitätsfindung von Kindern jüdisch/nichtjüdischer Beziehungen. Außerdem ist die deutlich größere Quantität von Kindern aus intermarriages augenfällig, ebenso wie die Angebote und Bemühungen von jüdischer Seite, diese Personen zu integrieren. Nicht zuletzt wird der Begriff der „ethnischen Juden" (im Vergleich zu „religiösen Juden") in den Studien über amerikanische Juden aus heterogenen Elternhäusern häufig verwendet. Er ermöglicht offenbar Kindern aus „intermarriages", sich ohne die halachische Grundlage als jüdisch zu legitimieren. Dieser Terminus bezieht sich also auf die kulturelle, nationale usw. jüdische Herkunft, die Kinder aus „intermarriages" nachweisen können. Neben den zahlreichen wissenschaftlichen Arbeiten über Patrilineare in Amerika gibt es auch eine Vielzahl Romane und Praxisratgeber, die das Phänomen aufgreifen. Ein amerikanisches Grundlagenwerk in Bezug auf die Herleitung des matrilinearen Prinzips, das in diese Arbeit mit einfließt, ist Shaye J. D. Cohens (1999) Bearbeitung der „Beginnings of Jewishness", indem er gesellschaftliche und religiöse Hintergründe darstellt, diskutiert und hinterfragt.

In Deutschland hingegen fokussiert sich bis dato der zentrale Schwerpunkt im Bereich der Forschung über jüdisch-nichtjüdische Kinder auf die sogenannten „Halbjuden" nach der nationalsozialistischen Definition. Beate Meyer (1999) legte hierüber eine umfangreiche Studie vor, in der sie sowohl die historischen Grundlagen und Gegebenheiten herausarbeitet als auch qualitativ mit Betroffenen arbeitet. Neben diesem Standardwerk gibt es verschiedene Arbeiten über den Nationalsozialismus, zumeist über die jüdische Seite, in denen Patrilineare behandelt werden. Befasst sich der Amerikaner Bryan Mark Rigg (2002) etwa in „Hitlers jüdische Soldaten" noch explizit mit „jüdischen Mischlingen" und deren speziellem Schicksal, dass sie als „Halbjuden" Teil der deutschen Kriegsmaschinerie wurden, tauchen „Halbjuden" in anderen Studien oft lediglich am Rande auf. In diesen Arbeiten über Täter oder Opfer und deren Nachfahren wirken die Interviews mit ‚Halbjuden' bzw. Patrilinearen der Nachkriegsgenerationen meist so, als seien sie eher zufällig geführt. Die Auswertungen fokussieren dann in der Regel das jeweilige Forschungsinteresse, das durchweg nicht spezifisch den Patrilinearen gilt.[16]

Jüngst legte nun Sonja Grabowsky (2012) eine neue qualitative Arbeit

16 Gabriele Rosenthal (1997), Kurt Grünberg (1999) oder Gerd Sebald (2010) sind hierzu relevante Beispiele.

über „Halbjuden" des Nationalsozialismus vor, die aufgrund der schwindenden Zeitzeugen wahrscheinlich in ihrer Form die letzte sein wird. Über narrative Interviews rekonstruiert sie sowohl die Lebenswirklichkeit als auch die Verarbeitung der Erfahrungen in deren Leben nach dem Ende des Nationalsozialismus.

Der Nationalsozialismus liegt teilweise auch im Fokus des Forschungsinteresses dieser Dissertation. Im Gesamtzusammenhang ist dieser aber eine zwar grundlegende, aber dennoch eigene Themeninsel. Denn die rechtlichen und bedrohlichen Auswirkungen etwa, die die Lebenswirklichkeit der „Halbjuden" während des Nationalsozialismus bestimmten, sind nur für jene Generationen spezifisch, die ihn auch selbst erlebten. Spezifisch bis in die Generation junger erwachsener Patrilinearer heute hingegen ist es, „Nachgeborener" zu sein. Dies beeinflusst in der Regel die Familiengeschichte maßgeblich, macht Patrilineare zum Teil der Schicksalsgemeinschaft und fließt somit auch in die Identitätskonstruktion Patrilinearer mit ein.

Franklin A. Oberländer (1996) bearbeitete als erster die Thematik der Nachgeborenen. Im Gegensatz zu aller in dieser Dissertation verwendeten Literatur über Patrilineare nähert er sich der Identitätsfrage von christlicher Seite.[17] Oberländers Ausarbeitung über Kinder aus gemischten Beziehungen mündet allerdings ebenfalls in der Erkenntnis, dass diese sich stärker „jüdisch" identifizieren. Vier Aspekte seien bezeichnend:

(1) Oberländer arbeitet heraus, dass Kinder aus jüdisch-christlichen Beziehungen nach dem Nationalsozialismus ein starkes *Bekenntnisbedürfnis zur Opferseite* haben (Oberländer 1996: S. 341).

(2) Über Oberländers Interviews zeigt sich, *dass sich als jüdisch wahrnimmt, wer den Nürnberger Rassengesetzen nach als Jude gegolten hat* (ebd.: S. 342).

(3) Oberländer stellt fest, dass sich „gemischte" Nachgeborene sowohl von der christlichen Religion als auch von Deutschland abzuwenden suchten, im Gegensatz zu der Kriegsgeneration, die oft über die Wiedererlangung alter Zugehörigkeiten ihren Halt hätte wiederfinden können (ebd.: S. 345).

(4) Schließlich zeige sich durch die Partnerwahl, dass die Nachgeborenen vermehrt uneheliche Beziehungen eingingen, wobei die Partner/innen entweder Ausländer/innen waren oder einer ethno-religiösen Minderheit angehörten (ebd.: S. 347).[18]

17 Tatsächlich gibt es einige Arbeiten über Christen jüdischer Herkunft und auch zum Teil wiederum über deren Nachkommen. Beispiele wären Düringer, Hermann/Schmidt, Hartmut (2004): Kirche und ihr Umgang mit Christen jüdischer Herkunft während der NS-Zeit – dem Vergessen ein Ende machen; und Büttner, Ursula/Greschat, Martin (1998): Die verlassenen Kinder der Kirche. Der Umgang mit Christen jüdischer Herkunft im „Dritten Reich".

18 Auch Grünberg (1999) beschäftigt sich in seiner Studie „Liebe nach Auschwitz" mit Paarbeziehungen – von Juden im Nachkriegsdeutschland. Er arbeitet dabei anhand eines

Die wohl einzige Arbeit, die sich umfassend und übergreifend mit Patrilinearen außerhalb des Kontexts des Nationalsozialismus in Deutschland beschäftigt, ist die Dissertation von Andrea Zielinski (2002) über „Die anderen Juden". In den 1990er Jahren führte Zielinski für ihre Studie 64 Interviews mit Patrilinearen, aber auch anders involvierten Personen durch. Ziel der Untersuchung war es zu eruieren, wie sich die Zuschreibung „Jude zu sein" auf die Identitätsbildung auswirkte und ob es eine „Corporate Identity", dieser „anderen Juden" gibt. Beide Forschungsfragen kann Zielinski am Ende ihrer Arbeit bejahen. Eine Differenzierung in „matrilinear Gemischte" und „patrilinear Gemischte" ermöglicht dabei den Vergleich. Patrilineare zeigten sich in ihrer Identifikation homogener und begründen in ihrem Selbstverständnis vermehrt eine ethnische Zugehörigkeit. Obschon Zielinskis Arbeit die einzige in Deutschland vorliegende war, finden weder ihre theoretischen Überlegungen noch ihre empirischen Ausarbeitungen einen zentralen Platz in dieser Dissertation.

Christa Wohl legte 2012 eine Bachelorarbeit vor, in der sie über Leitfadeninterviews versuchte, die Identitätskonstruktion Patrilinearer zu ergründen. Sie stellt darin acht Interviews von männlichen und weiblichen Patrilinearen im Alter zwischen 23 und 34 vor. Die zusammengefassten Fälle bilden damit die einzig verfügbare Studie im wissenschaftlichen Umfeld, die vergleichbare Interviews Patrilinearer beinhaltet. In ihrer Analyse arbeitet sie vor allem das Fremdheitsgefühl bzw. das Gefühl des „Anders-seins" Patrilinearer als kennzeichnend für deren Identitätsgefühl heraus. Da diese

Beispiels, in dem er einen Patrilinearen interviewt, heraus, dass interreligiöse Paarbeziehungen, die nach dem Nationalismus geknüpft wurden, wahrscheinlich immer auch die Täter-Opfer-Problematik bearbeiteten. Dabei zeigte sich in Grünbergs Beispiel über jüdisch-nichtjüdische Paarbeziehungen, dass die Nazi-Herrschaft in ihrem Täter-Opfer-Verhältnis unbewusst verleugnet werden konnte (Grünberg 1999: S. 203); aber auch, dass in solchen Paarbeziehungen „die [durch die] nationalsozialistische Judenverfolgung entstandene und fortdauernde Differenz zwischen Juden und nicht-jüdischen Deutschen", die er auch als „Kluft" bezeichnet, ausgelöscht werden sollte (ebd.: S. 205). Über die Beweggründe und Aufgaben für jüdisch-nichtjüdische Beziehungen schreibt neuerlich unter anderem Madeleine Dreyfus (2014). Zwar bezieht sie sich im Gegensatz zu Oberländer in ihrer Studie weniger auf die Nachwirkungen der Shoah, so zeigt sich über ihre Untersuchung dennoch ein für diese Studie erstaunliches Sample: Denn in den „gemischten" Partnerschaften ihrer Untersuchung lag die Tendenz zur Konversion des nichtjüdischen Partners, bzw. dies zu wollen, im Gegensatz zu meiner Studie, ausgesprochen hoch. Dreyfus begründet dies mit dem Wunsch des jüdischen Vaters etwa, das „gemischte" Kind jüdisch aufwachsen zu lassen. Auch eine solche Aussage ist in meiner Untersuchung nicht zu finden – schon gar nicht als Regelfall. Diese Unterschiedlichkeit in den Untersuchungsergebnissen bei Oberländer, Grünberg und Dreyfus verdeutlicht, dass möglicherweise eine Studie geschichtliche Einflüsse und Auswirkung als gegensätzliche Praktiken und Einstellungen jüdisch/nichtjüdischer Partnerschaften untersuchen müsste, um neue Hypothesen für diese Untersuchtengruppe zu formulieren, was wiederum eine der Grundlagen für die Erforschung Patrilinearer ist.

Studie im begrenzten Rahmen einer Bachelorarbeit entstand, konnte die differenzierte Problematik darin meines Erachtens nur angerissen werden.

Eine neue Studie wurde Anfang der 2010er Jahre in Berlin begonnen und von Julia Bernstein und Katja Nudelman bearbeitet. Die Ergebnisse standen jedoch zum Zeitpunkt der Fertigstellung der vorliegenden Arbeit noch nicht zur Verfügung.

Gegenüber den beiden geisteswissenschaftlich orientierten Studien stellt Heinrich Olmer (2010) in seiner religionswissenschaftlichen Dissertation eine bahnbrechende Analyse der religiösen Quellen bezüglich ihrer patrilinearen Strukturen vor. Vornehmlich in Kapitel 4.3 beziehe ich mich ausführlich auf seine wichtigen Herleitungen und Aussagen. Olmers Arbeit hat über den wissenschaftlichen Diskurs hinaus einen zentralen Stellenwert im Diskurs unter Juden eingenommen – mit Argumenten, die wohl einige liberalere Juden überzeugten und in der Orthodoxie zum Nacharbeiten in der Argumentation der strikten Matrilinearität führten und führen.

Auch in Frankreich wurde über Patrilineare geforscht. Zunächst wurde ich auf Séverine Mathieu (2009) aufmerksam, die aus Interviews fünf zentrale Schwerpunkte herausarbeitete. Der erste Schwerpunkt beschreibt die Sicht des nichtjüdischen Partners, aus der sich ableiten würde, wie die Kinder erzogen würden. Es folgen die Kapitel Beschneidung, Küche, Shoah und Israel, in der Mathieu der Frage nachgeht, was jüdisch/nichtjüdische Eltern ihren Kindern weitergeben, auch über die religiöse Ebene hinaus.

Zudem forscht Catherine Grandsard (2005) über Kinder aus jüdisch/nichtjüdischen Beziehungen, wobei auch verschiedene Nationalitäten betrachtet werden. So werden sowohl afrikanisch-französisch als auch französisch-französische Beziehungen untersucht. Auffallend ist Grandsards Annahme – im Gegensatz zu Mathieu –, dass diesen „gemischten“ Kindern von klein auf Normalität vermittelt werde, sie aber später im eigenen Erwachsensein immer vor Entscheidungen aufgrund ihrer doppelten Herkunft stehen würden: bezüglich Heirat, Geburt und Sterbefällen. Dabei werde das Problem nicht unbedingt aus der betroffenen Person selbst hervorgebracht, aber über die herangetragenen Erwartungen unausweichlich gespiegelt.

Auch in weiteren europäischen Ländern finden sich Forschungen über Patrilineare. Aufgrund der sprachlichen Barrieren können diese nur in Teilen in diese Arbeit eingehen. Erwähnen möchte ich an dieser Stelle die Arbeit des dänischen Psychologie- und Pädagogikprofessors Lars Dencik. Dieser forschte zu jüdisch/nichtjüdischen „mixed marriages“ in Schweden, Finnland und Norwegen.[19] Dabei beschreibt er unter anderem, welche Aus-

19 Vgl. Dencik, Lars (2009): Kosher and Christmas Tree: On marriages between Jews and non-Jews in Sweden, Finland and Norway. In: Shulamit Reinharz, Sergio Dellapergola (Hrsg.): Jewish Intermarriage Around the World. Transaction Publ.; Auflage: New.

richtungen die Gemeinden der Länder jeweils haben und wie sich diese auf „mixed marriages“ und die aus ihnen hervorgegangenen Kinder auswirken. Auch die Forschung aus anderen Ländern beschreibt die jeweilig differierenden Ausrichtungen der Gemeinden. Diese innerstaatlichen Unterschiede der Gemeinden sind ein Ausgangspunkt, der allen hier beachteten Forschungen zu Kindern jüdisch/nichtjüdischer Herkunft innewohnt.

Zuletzt muss an dieser Stelle noch erwähnt werden, dass aus Israel keine geisteswissenschaftliche Forschung, etwa über die Identität Patrilinearer, zu finden ist. Möglicherweise wurde „das Thema“ in Israel lange ausgespart, um die Ideologie eines quasi homogenen jüdischen Staates nicht infrage zu stellen. Mit den mehreren hunderttausend russischen Einwanderern in den 1990er Jahren veränderte sich diese Haltung laut den Angaben des israelischen Soziologen, Philosophie- und Geschichtsprofessors Moshe Zuckermann nicht wesentlich, aber eine Handhabung wurde notwendig. Es wurde versucht, jene, die halachisch nichtjüdisch waren, teilweise einzubinden – aber möglichst ohne gesellschaftliche oder wissenschaftliche Thematisierung der Problematik Patrilinearer. In den Medien werden Patrilineare ab und an dennoch thematisiert. Zum Beispiel, „wenn ein israelischer Soldat russischer Abstammung (mit einer nichtjüdischen Mutter) gefallen war, und er nach dem religiösen Gesetz nicht innerhalb der Mauern des jüdischen (Soldaten)Friedhofs begraben werden durfte“[20]. Generell erwächst im jüdischen Staat selbst offensichtlich weder aus religiöser noch aus soziologischer Sicht ein Forschungsinteresse über Personen alleinig väterlich jüdischer Herkunft. Ein breiteres Interesse hingegen eröffnet sich in Israel an der Thematik der Konversion, unter dem Patrilineare schließlich auch Beachtung finden. Eine Vielzahl in Israel lebender Nichtjuden, die sich jüdisch verorten, macht dabei das Forschungsfeld der Konversion unumgänglich. Netanel Fisher, der in Israel zu moderner jüdischer Identität und „neuen Wegen, der jüdischen Gemeinschaft beizuwohnen“, forscht, beschreibt dies in einem Gespräch als eine „politische Auseinandersetzung“. Zu der Frage der Konversion und der Einführung neuer Gesetze gebe es in Israel einen regen Diskurs (vgl. Kapitel 5.2.1.1 Hintergrund: Konversion).

4.3 Herleitung und Handhabe des matrilinearen Prinzips und Patrilinearer von Moses bis zur Gegenwart

Nach dem jüdischen Religionsgesetz, der Halacha, ist – wie bereits erläutert – Jude, wer eine jüdische Mutter hat oder konvertiert ist. „Vaterjuden“ sind nach dieser Definition keine Juden.

Obgleich Professor/innen und Kommiliton/innen immer wieder infrage stellten, ob ich diese Definition als „wahre“ verwenden könnte und sollte,

20 Aus einer E-Mail von Moshe Zuckermann, der mir freundlicherweise oben beschriebenen Einblick in den israelischen Forschungsstand ermöglichte.

stellte ich sie in meinen Veröffentlichungen über „Vaterjuden“ stets als Grundlage voran. Es erwies sich für diese Arbeit als zutreffend, den formalen „Status Jude“ als religionsgesetzlich gesetzt zu begreifen, denn die religiös-gesetzliche Bestimmung ist auch von den Subjekten der Untersuchung, den Gesprächspartner/innen also, zumeist als formal maßgeblich verinnerlicht dargestellt worden. Im Folgenden führe ich in den religiösen, historischen und gesellschaftlichen Hintergrund ein und beschreibe die Praxis des matrilinearen Prinzips, um mit einem Ausblick zu schließen.[21]

4.3.1 Was ist die Halacha?

Was also ist das jüdische Gesetz, die Halacha, nach dem Patrilineare keine Juden sind? Die Halacha ist kein Buch bzw. kein eigenes Schriftwerk. Die Halacha ist die Summe der jüdischen Gesetze, aber auch ihre Interpretation und Anwendung. Die Grundlage des jüdischen Gesetzes bilden sowohl die schriftlichen Gesetze in Form der Tora als auch das „mündliche Gesetz“, das eigentlich nicht niedergeschrieben werden durfte – und nach mancher Praxis noch immer nicht niedergeschrieben werden darf. Die Tora gilt als von Gott gegeben und wurde dieser Überlieferung nach Moses am Berg Sinai offenbart. Die „Bücher der Propheten“ (hebr. Neviim) und die „Schriften“ (hebr. Ketuvim), die neben der Tora den Tanach bilden, sind ebenfalls grundlegend für das jüdische Recht, obgleich sie weniger Gewicht haben, da sie nicht als direkt durch Gott „diktiert“ verstanden werden.[22]

Innerhalb des Tanach war Esra *eine*, vielleicht neben Moses gar *die* zentrale Person für die Durchsetzung des jüdischen Rechts. Gleichzeitig wird Esra als Quelle teilweise infrage gestellt. Zum einen, weil von ihm ausgerufene Gesetze in den folgenden Jahrhunderten teilweise keine Beachtung fanden, wie auch, da der tatsächlich historische Wert anzuzweifeln ist (Olmer 2010: S. 92). Das Buch Esra ist im Judentum den Ketuvim des Tanach zugeordnet. Esra wurde unter persischer Herrschaft circa im Jahre 458 v.u.Z. nach Jerusalem gesandt, um Juden und jüdisches Recht in Israel wieder zu etablieren. Bis zu dieser Zeit oblag das heilige Wissen den Propheten und Priestern. Der Überlieferung nach kanonisierte Esra die Tora. Durch die Kanonisierung und die Umsetzung des Rechts der Tora gilt Esra vielfach als „Begründer der jüdischen Religion“ (Liss 2005, 2008, 2011: S. 372). Auf ihn

21 Um den religiösen Kontext, die matrilineare Bestimmtheit und den Stellenwert Patrilinearer im Judentum zu beschreiben, fließen hier neben der Literaturrecherche auch Gespräche mit den Münchner Rabbinern Arie Folger und Tom Kučera sowie dem Düsseldorfer Rabbiner Aharon Ran Vernikovsky ein. Die Frage nach der religiösen Betrachtung ist, wie im Folgenden beschrieben, nicht allein durch Textquellen zu bewältigen, sondern bedarf darüber hinaus eines tieferen rabbinischen Studiums des Judentums und Praxiswissens.

22 Der Tanach (auch: Hebräische Bibel) entspricht weitestgehend dem christlichen Alten Testament, ist aber in seinem Aufbau von diesem unterschiedlich.

gehen zahlreiche zentrale Anordnungen zurück, so auch das Verbot von „Mischehen“.

Liest man die Tora, wird deutlich, dass zu ihrem Verständnis ein tieferes Wissen notwendig ist: das Wissen um die Ausübung der Gebote (Mizwot). Dieses Wissen gilt als die „mündliche Tora“ (hebr. *Tora shebe'alpe*). Etwa zwischen 70 bis 200 u.Z. wurde das mündliche Gesetz erstmals in der Mischna niedergeschrieben. Die Mischna ist die bis dahin verbotene Niederschrift des mündlichen Rechts. Rabbinen schrieben sie trotz des Verbotes nieder, da die Verstreuung des jüdischen Volkes und damit der Verlust des Wissens befürchtet wurden (Figueiredo Notário, Sónia Maria 2001). Zugrunde liegen den in der Mischna niedergeschriebenen Gesetzen vielfache Diskussionen und Deutungen von Rabbinen. So mussten etwa Bräuche und Interpretationen des geschriebenen Rechts ebenso in der Niederschrift beachtet werden wie Einzelfallentscheidungen und neuerliche Festschreibungen (Meyer o. J.). Es entstand das sogenannte rabbinische Recht; ein Recht, das die Juden im Exil anwenden konnten. Darin fanden Juden sich nicht lediglich als religiöse Gemeinschaft, sondern auch als Gesellschaft und nationale Einheit betrachtet.

Mit der Mischna endeten allerdings weder die Niederschrift noch die Weiterentwicklung des jüdischen Rechts. So überarbeitete Maimonides im 12. Jahrhundert in der *Mischne Tora* das bis dahin niedergeschriebene jüdische Gesetz, und auch der im 16. Jahrhundert verfasste *Schulchan Aruch*, eine überarbeitete Zusammenfassung der religiösen Vorschriften, ist seit Jahrhunderten ein zentrales Werk für jüdische Gelehrte. Diese zwei Quellen stehen hier beispielhaft für Werke, die bis heute Teile des jüdischen Rechtssystems sind. Nach manch jüdischer Tradition bleiben die Tora und die mündliche Überlieferung dennoch das ausschließlich maßgebliche jüdische Recht, denn sie gelten als durch einen einmaligen Schöpfungsakt von Gott festgeschrieben und somit als unveränderbar (Meyer o. J.).

In dieser Tradition steht ebenfalls, dass lediglich der Sanhedrion das Recht - und die Pflicht - hat, die ursprünglichen Gesetze zu interpretieren. Der Sanhedrion ist der Hohe Rat aus Gelehrten, der zuletzt zur Zeit des Zweiten Tempels zusammentrat. Nach den ausschlaggebenden Autoritäten des Judentums kann er erst mit einem dritten Tempel wieder einberufen werden. Demnach gelten die jüdischen Gesetze exakt so, wie sie vor knapp zweitausend Jahren verfasst wurden. Eine aktuelle Anpassung, nicht aber die Veränderung des göttlichen Rechts, ist allerdings dennoch durch jüdische Gelehrte jeder Generation vorzunehmen (Olmer 2010: S. 22). So ist das Gesetz zwar einerseits feststehend niedergeschrieben und lediglich durch den Sanhedrion veränderbar, andererseits ist es aber auch akzeptiert und gewollt, dass jüdische Autoritäten das Gesetz stets vor dem Hintergrund der aktuellen Situation diskutieren und auslegen.

Bereits aufgrund der unterschiedlichen Traditionen und Diskussionen ist deutlich, dass es keine einheitliche Halacha, kein starres „Gesetzbuch des jüdischen Rechts“, gibt, das wörtlich, und somit auch inhaltlich, identisch wäre. Aber es gibt viele relevante, einige zwingende Grundlagen und eine lange Tradition in deren Deutung und Ausübung. Damit wird nachvollziehbar, dass Reformjudentum und Orthodoxie aus den gleichen Grundlagen unterschiedliche Handhabungen ableiten.

4.3.2 Patrilineare im Judentum

Geht es um die Anerkennung Patrilinearer, wird häufig angeführt, dass die väterliche und nicht die mütterliche Linie im Judentum die ursprüngliche sei. Olmer (2010: S. 57 ff.) beispielsweise weist die Patrilinearität in der niedergeschriebenen jüdischen Geschichte als grundlegende und lange Tradition nach. Er belegt in seinem Buch eindrucksvoll, wie die patrilineare Vererbung sich durch die gesamte Tora zieht und eine Konversion fundamental anders stattfand, als sie hier in Kapitel 5.2.1.1 *Hintergrund: Konversion* beschrieben wird. So zeigt Olmers beispielsweise, dass zahlreiche wichtige jüdische Männer der Tora nichtjüdische Ehefrauen hatten. Moses selbst, mit der midianitischen Zippora verheiratet, ist ein zentrales Beispiel hierfür. Oder Rut, die nicht nur selbst eine wichtige Funktion hatte, sondern auch Ahnin von König David war. Olmer weist eine lange Reihe biblischer „Lichtgestalten“ (Olmer 2010: S. 58) nach, die gemischte Beziehungen eingingen oder solchen entstammten. Der Status der Frauen änderte sich dabei häufig schlicht durch die Heirat, ohne weiteres oder lediglich geringfügiges Zutun. Auch der Status der Kinder aus diesen Ehen stand in der Regel offensichtlich nicht infrage.

Rabbiner Folger gab eine Erklärung für diesen scheinbaren Widerspruch zwischen der ursprünglichen patrilinearen Tradition der Bibel und dem späteren Gesetz der Matrilinearität ab. Folger sieht den ausschlaggebenden Wendepunkt in dem Moment, in dem die Israeliten am Berg Sinai den Bund mit Gott eingehen (vgl. 2. Buch Mose Kapitel 19). Moses erhält dieser Erzählung nach durch Gott die Gesetze. Gott lässt durch Moses die Israeliten fragen, ob sie diese annehmen und dadurch den Status seines (auserwählten) Volkes erlangen möchten. Die darauffolgende Bestätigung der Israeliten, sich an die Gesetze Gottes halten zu wollen, wird laut Rabbi Folger Teil des Prozesses der Konversion. Von diesem Moment an, an dem Gott seine Gesetze offenbart und das Volk diese gemeinschaftlich annimmt, tritt die Halacha, so Rabbi Folger, in Kraft. Gott trägt der Geschichte nach den Israeliten auf, sich zu reinigen, die Gesetze zu akzeptieren, Opfer zu bringen und ggf. beschnitten zu werden. Und so, durch diesen gemeinsamen Übertritt, gehen die Israeliten den Bund mit Gott ein. Auch heute ist dies der Weg, der einen Nichtjuden zu einem Juden macht: die Reinigung in der

Mikwe, die Akzeptanz der Gesetze und die Beschneidung der Männer – nur die Opfergabe entfällt seit der Zerstörung des Tempels. Am Berg Sinai also wurden die Israeliten zum Volk Israel. Davor, so Rabbi Folger, gab es lediglich eine „Familie Israel" – und darin auch eine akzeptierte patrilineare Abstammung.[23]

Die talmudische Tradition besagt tatsächlich:

> „Die Familie des Vaters wird als die Familie des Kindes angesehen, die Familie der Mutter nicht." (bT Baba Batra 109b)

Über den Vater wird – auch noch nach heutiger Tradition – die Familienzugehörigkeit zu einem der zwölf Stämme Israels weitergegeben, und über die Mutter, wie im Folgenden näher erläutert, die für den jüdischen Status relevante Zugehörigkeit, der Status der „Volkszugehörigkeit".

4.3.3 Woher stammt das matrilineare Prinzip?

Als Herleitung für die halachische Regel, den jüdischen Status matrilinear zu vererben, gibt es mehrere religiöse Quellen. Jene, die mir am zentralsten erscheinen, möchte ich hier nennen. Die erste Quelle, im Folgenden zum Vergleich sowohl aus einer Bibel als auch aus einer Tora zitiert, setzt direkt bei obigen Ausführungen an. Moses erhält noch am Berg Sinai folgendes Gesetz, das er an das Volk Israel übermitteln soll:

> Tora: „Wenn du nun einen Bund machst mit dem Bewohner des Landes und sie dann mit ihren Göttern Unzucht treiben und ihren Göttern Opfer schlachten, so mancher könnte dich einladen und du von seinem Opfer essen. Du würdest auch von seinen Töchtern für deine Söhne aussuchen, und wenn dann seine Töchter mit ihren Göttern Unzucht treiben, so würden sie auch deine Söhne zur Unzucht mit ihren Göttern verführen." (Ki Tissa 34,15 S. 348)
>
> Bibel: „Hüte dich, einen Bund zu schließen mit den Bewohnern des Landes, damit sie, wenn sie ihren Göttern nachlaufen und ihnen opfern, dich nicht einladen und du von ihrem Opfer essest und damit du für deine Söhne ihre Töchter nicht zu Frauen nehmest und diese dann ihren Göttern nachlaufen und machen, daß deine Söhne auch ihren Göttern nachlaufen." (2. Buch Mose 34,15, in: Stuttgarter Erklärungsbibel 1992: S. 124)

Gleichwohl bis zu Esras Wiederholung des Gesetzes (ca. 1000 Jahre später) zahlreiche Übertretungen des Gesetzes nachzuweisen sind, ist dies die erste Stelle, aus der sowohl das Verbot der „Mischehen" als auch der

23 Rabbiner Kučera interpretiert diese Herleitung als eine, die nach dem Nationalsozialismus eingeführt wurde, um Patrilinearen eine gewisse Akzeptanz in ihrer Herkunft zu ermöglichen. Auch in der für diese Arbeit verwendeten Literatur gehen die Autoren, Cohen (1999) und Olmer (2010) davon aus, dass das matrilineare Prinzip erst in der rabbinischen Zeit eingeführt wurde.

nichtjüdische Status der Kinder abgeleitet werden kann. Es gilt als direkte Anweisung Gottes.

Im Buch Esra wiederholt Esra, dass es Gottes direkter Wille sei, die nichtjüdischen Frauen und deren Kinder fortzuschicken. Esras Anweisung gilt als eine der zentralen Stellen für das matrilineare Prinzip im Judentum. Darin heißt es:

> „So lasst uns nun mit unsrem Gott einen Bund schließen, dass wir alle fremden Frauen und Kinder, die von ihnen geboren sind, hinaustun nach dem Rat des Herrn" (Esra 10,3 in: Stuttgarter Erklärungsbibel 1992: S. 595).

Dabei konzentriert sich Esras Anweisung nicht in diesem einen Satz. Dieser ist vielmehr Teil eines größeren Zusammenhangs. Das jüdische Volk bekennt sich, wie zuvor bei Moses, zunächst zu Gott und seinen Gesetzen, also auch dazu, keine nichtjüdischen Frauen zu ehelichen. Es folgt die Prüfung der bestehenden Ehen. Möglicherweise, so Rabbi Folger, wurde hier auch geprüft, welche Frau zur Konversion geeignet war. Eine Liste von Familien, durch die die fortzusendenden nichtjüdischen Frauen identifiziert werden, schließt den Abschnitt im Buch Esra ab. Und auch hier endet die Thematik nicht, sondern wird von Nechamja direkt im Anschluss weitergeführt. Esra, demjenigen, der jüdisches Recht unter den wenigen Juden im Israel dieser Zeit verkörpert, ist es ein wichtiges Anliegen, dass das jüdische Volk sich nicht zerstreut – zumindest nicht durch nichtjüdische Frauen.[24]

In der Mischna wird das matrilineare Prinzip noch einmal ausdrücklich als Gesetz formuliert. Es heißt:

> „In allen Fällen, da sowohl seine als auch die Antrauung eines anderen ungültig ist, ist das Kind so wie sie. Wo ist dies der Fall? Beim Kind einer Sklavin oder einer Nichtjüdin." (Mischnajot 1968: S. 424 [Kidduschin III,12; 64])

Auch in der Mischna ist der Kontext dieses Zitats relevant. In diesem Abschnitt wird das Familienrecht besprochen. Es geht um gültige Ehen zwischen Juden, ungültige, verbotene Ehen zwischen Juden untereinander[25]

24 Über den Umgang mit Ehen und Kindern von Juden mit nichtjüdischen Männern werden in diesen Abschnitten keine Angaben gemacht.

25 Eine Quelle für das göttliche Verbot von „Mischehen" ist die Geschichte von der ersten Hochzeit Samsons (Stuttgarter Erklärungsbibel, Buch Richter 14, S. 325 f.). Samson findet Gefallen an einer Philisterin. Seine Eltern sind mit seiner Wahl uneins: „Ist denn nun kein Mädchen unter den Töchtern deiner Brüder und in deinem ganzen Volk, dass du hingehst und willst eine Frau nehmen von den Philistern, die unbeschnitten sind?" (Stuttgarter Erklärungsbibel, Buch Richter 14,4, S. 325) „Aber sein Vater und seine Mutter wussten nicht, daß es von dem HERRN kam; denn er suchte einen Anlaß gegen die Philister." (Stuttgarter Erklärungsbibel, Buch Richter 14,5, S. 325) Diese Stellen verweisen auf die direkte Anweisung Gottes, keine Frauen außerhalb des eigenen Volkes zu nehmen und beinhalten somit das grundsätzliche Verbot der „Mischehe" zwischen einem jüdischen Mann und einer nichtjüdischen Frau. Der Status der Kinder aus solchen Beziehungen wird nicht deutlich.

und Ehen zwischen Juden und Nichtjuden. Nach diesen Möglichkeiten sind die Kinder aus gültigen Ehen Juden, jene aus nicht erlaubten Ehen zwischen Juden sogenannte Mamserim und jene zwischen Juden und Nichtjuden - so wie die Mutter im Falle Patrilinearer - Nichtjuden.[26]

In Ex. 34,15 erhält Moses Gottes direkte Anweisung, Esra bestätigt diese und die Rabbinen schreiben sie erneut nieder.

4.3.4 Auslegungen religiöser Stellen

Liest man oben zitierte Stellen, scheint es eine simple Begründung dafür zu geben, dass Patrilineare Nichtjuden sein sollen: Sie könnten von ihren Müttern im falschen Glauben erzogen werden und die Kinder könnten, wie ihre nichtjüdischen Mütter auch, die (jüdischen) Väter (und möglicherweise das Volk) vom jüdischen Glauben abbringen. Betrachtet man die Begründung vor dem Hintergrund der heutigen Gesellschaft, ist davon auszugehen, dass Väter heute maßgeblich an der Erziehung ihrer Kinder beteiligt sind bzw. sein können. Die zu biblischen Zeiten gerechtfertigte Sicherstellung der Tradierung der Tradition über die Mutter entspricht demnach nicht (unbedingt) der heutigen Erziehungstradition.

Zwei Gesichtspunkte, die die Schwierigkeit einer solchen Argumentation verdeutlichen, sind die beiden Lesarten der Tora, die Exegese und die Eisegese. Während man in der Exegese die Schrift liest und aus ihr das Gesetz ableitet, legt man der Eisegese das Verständnis zugrunde, das mündliche Gesetz erhalten zu haben, und nach diesem werden die schriftlichen Anknüpfungspunkte gesucht. Angewandt auf obiges Gesetz zeigt sich, dass jene Lesart, nach der die nichtjüdische Mutter und ihr nichtjüdisches Kind sich vom jüdischen Mann abwenden könnten (und das Kind dieses Mannes gemäß des Glaubens der Mutter erzogen wird) der Exegese entspräche. Bedient man sich hingegen des Denkens der Eisegese, ist das Gesetz die Voraussetzung: „Dein Sohn wird nicht dein Sohn genannt“(Rabbiner Folger, März 2013, persönliches Gespräch), schlicht, weil dies das Gesetz ist. Die zitierten Stellen in Moses und Esra sind demnach entweder als Teile des Narrativs oder aber als undiskutierbare Anweisung Gottes interpretierbar.

Rabbiner Folger weist darüber hinaus darauf hin, dass, wird auch ein Grund genannt, dies nicht bedeuten müsse, dass es der einzige Grund ist. Die Bibel sei ein zu dünnes Buch, um tatsächlich alles niedergeschrieben vorzufinden. Die Tora könne interpretiert, recherchiert und diskutiert werden. Geht es aber um Gesetze, befolge man diese primär - im Sinne der Eisegese -, da man sich als Diener Gottes verstehe. Rabbiner Folger erzählt, was ein Gelehrter auf die Frage nach der Interpretation einer Stelle sagte: „Was sagst Du? Warum wir das Shofar blasen? Der liebe G'tt hat gesagt

26 In der mir vorliegenden Mischna wurden solche Kinder auch als „Bastard“ bezeichnet.

man bläst, also bläst man!“ (Rabbiner Folger, März 2013, persönliches Gespräch). Nun mag diese Erklärung wenig wissenschaftlich anmuten, aber sie trifft den Kern des Problems: Möchte man argumentieren, gibt es einen scheinbar unerschöpflichen Fundus von Argumenten, Vorgehensweisen und Traditionen, die solche Argumente entkräften bzw. sie als für eine Veränderung nicht relevant erscheinen lassen.

4.3.5 Historische Erklärungen

Aus heutiger Sicht kann angenommen werden, dass es historische Notwendigkeiten für die Einführung des matrilinearen Prinzip gab. Zu Esras Zeiten ist es beispielsweise möglich, dass die während Kriegen stattgefundenen Vergewaltigungen und Verschleppungen und die Sklaverei von Jüdinnen dazu führten, das matrilineare Prinzip zum Fortbestand des jüdischen Volkes anzuwenden (vgl. z.B. Olmer 2010: S. 104). Die Mischna wiederum wurde während des Bar-Kochba-Aufstands geschrieben. Die letzten jüdischen Siedlungsgebiete waren verloren und die jüdische Diaspora neuerlich, manchem Verständnis nach bis zur Staatsgründung Israels im Jahre 1948, ausgelöst. Zahlreiche jüdische Männer waren im Krieg gegen das Römische Reich gefallen. In dieser Zeit mussten nun „Mischbeziehungen“ eingegangen und schließlich legalisiert werden, um das Überleben des jüdischen Volkes zu sichern. In diesen Situationen den jüdischen Frauen zu vermitteln, ihre Kinder würden Mamserim oder Nichtjuden, wäre wenig tröstlich gewesen (Cohen 1999: S. 306).

Die Rabbinen formulierten die Gesetze der matrilinearen Abstammung darüber hinaus unter römischer Besatzung. „Im jüdischen Recht richtet sich der Status des Kindes aus einer gemischt-konfessionellen Ehe nach dem Status der Mutter – wie im römischen Recht, wenn die Eltern aufgrund ihres Status keine rechtlich anerkannte Ehe (conubium) eingehen konnten“ (Modrzejewski o. J.). Auch vor diesem Hintergrund ließe sich Jüdisches Recht erklären. Das matrilineare Prinzip würde diesen Auslegungen nach den historischen Situationen, in denen es jeweils formuliert wurde, Rechnung tragen.

Zeitzeugnisse wie die von Paulus, Flavius Josephus oder Herodes belegen überdies, dass eine jüdische Mutter zu der jeweiligen Zeit offensichtlich nicht ausreichend für den jüdischen Status des Kindes war. Es wird von notwendigen Übertritten nichtjüdischer Väter berichtet, um das jeweilige Kind jüdisch zu legitimieren (Olmer 2010: S. 123 ff.). Das Gesetz der matrilinearen Vererbung ist diesen Zeugnissen zufolge offensichtlich unbekannt. Allerdings wird in diesen Beispielen nicht erwähnt, dass die bereits geborenen Kinder sich ebenfalls einer Konversion hätten unterziehen müssen, was wiederum nahelegt, dass diese Kinder im Grunde bereits als jüdisch galten.

Ab und an werden auch Gründe innerhalb des Judentums für die Entstehung des matrilinearen Prinzips aufgeführt. So könnte – hier nur als kurz angerissene Thesen vorgestellt – das matrilineare Prinzip als Abgrenzung vom aufkommenden Christentum verstanden werden oder, diese Spekulation erlaubt sich Micha Brumlik, von Rabbinen „inszeniert" worden sein, um die unliebsame Vorherrschaft der Kohanim abzulösen, die patrilinear bestimmt war.

Die historischen Erklärungsansätze gehen überwiegend sowohl von einer situativen Notwendigkeit für den Erhalt des jüdischen Volkes aus – Olmer (2010: S. 40) spricht von „Zukunftssicherung" – als auch davon, dass das patrilineare Prinzip zu anderen Momenten im Judentum vorherrschend war. Darüber hinaus zeigen sie, was bei dem Nachvollziehen der religiösen Hintergründe nicht immer präsent sein mag: Die in der Diaspora lebenden Juden lebten in Ländern, die eine eigene Gesetzgebung hatten, welche faktisch Einfluss auf die Lebenswirklichkeit und somit auf die Tradition der Diaspora-Juden hatten (vgl. das Prinzip *Dina deMalchuta Dina*).

Offen bleibt die Frage, warum manche rabbinischen Gesetze heute noch gelten und andere nicht mehr praktiziert werden. In Bezug auf die Frage nach dem Status von Kindern muss beispielsweise gefragt werden, warum Kinder einer jüdischen Mutter heute durchweg den jüdischen Status erhalten, die Kategorie des *Mamsers* hingegen, einem Kind aus einer „ungültigen" Ehe, heute weitestgehend verschwunden ist. Nicht der Sanhedrion also (vgl. Kapitel 4.3.1 Was ist die Halacha?), sondern die jüdische Gemeinschaft und Praxis haben augenscheinlich eine Anpassung des Gesetzes vollziehen können.

Dass situative gesellschaftliche Bedingungen einen Einfluss auf das matrilineare Prinzip im religiösen Gesetz haben, ist dennoch meines Erachtens unter anderem durch die jüngere Geschichte bereits als widerlegt zu betrachten. So wäre beispielsweise die Shoah als Lebenswirklichkeit zu verstehen, die eine Veränderung des Gesetzes mit sich hätte bringen müssen. Patrilineare wurden zu dieser Zeit als („Halb"-)Juden persönlich verfolgt, ihre Familien bedroht, auseinandergerissen und ermordet. Rabbiner Kučera verweist hier allerdings in unserem Gespräch darauf, dass diesem Gedanken sein symmetrisches Gegenüber fehle. So müsse man zumindest auch mitdenken, dass gerade durch die Überstülpung dieses Gedankens durch Hitler über Juden und Patrilineare diese Zuschreibung abgelehnt werden könnte. Sicher ist, dass das säkulare, deutsche Selbstbild Patrilinearer durch die Shoah unwiderruflich in seinen Grundfesten erschüttert wurde. Patrilineare wurden, ob als Zeitzeugen oder Nachfahren, zum unverrückbaren Teil der jüdischen Schicksalsgemeinschaft. Darüber hinaus war die Zahl der Juden, ähnlich der oben beschriebenen historischen Situation, maßgeblich dezimiert worden, so dass „Mischehen" vermehrt eingegangen werden mussten.[27] Und dennoch fand ich lediglich einen konkreten Bericht, der die Akzeptanz Patrilinearer in jüdischen Gemeinden aufgrund der Erlebnisse durch die Verfolgung im Nationalsozialismus beschreibt. Rabbiner Jaap Soetendorp setzte sich in den Niederlanden 1955 dafür ein, Patrilineare in die jüdischen Gemeinden aufzunehmen (Benima 2007). 1971 wurde dieser Weg durch David Lilienthal versperrt – nicht zuletzt, weil nur wenige Patrilineare von dem Angebot Gebrauch machten. Auch die spezielle Situation russischer Juden, deren jüdischer Status vom russischen Staat als vom Vater determiniert gehandhabt wird, belegt, dass eine historische Notwendigkeit die religiösen Gesetze (bislang) nicht (maßgeblich) ins Wanken bringt. Zwar diskutieren religiöse Autoritäten vielfach und es werden auch kleinere Ausweichmöglichkeiten zur Teilnahme am Gemeindeleben gesucht, im Großen aber ist der Status russischer Patrilinearer auch hier religiös eindeutig ein nichtjüdischer.

4.3.6 Zugehörigkeit Patrilinearer zu jüdischen Institutionen in der Praxis

Vielfältig sind die Ansatzpunkte, die matrilineare Abstammung herzuleiten oder deren Erhalt zu begründen. Ob bereits durch Moses angesprochen oder historisch bedingt und von Rabbinen niedergeschrieben, ob unveränderbar, weil – dem religiösen Verständnis nach – direkt von Gott diktiert oder aber – wenn überhaupt – nur vom Sanhedrion veränderbar: die mütterliche Abstammung ist, wie die väterliche auch, im Judentum unwiderlegbar tief verwurzelt und (noch) ausschlaggebend für den jüdischen Status.

Die Rückmeldungen der relevanten jüdischen Institutionen sind hierin zwar ebenfalls eindeutig, werden aber langsam offener. Gibt Chabad auf meine Anfrage die eindeutige und konservative Antwort, dass „Juden sind: 1. die von einer jüdischen Mutter geboren wurden 2. oder zum Judentum übergetreten sind.“, teilt mir Daniel Bormann vom Zentralrat der Juden in Deutschland am 22. Mai 2015 Folgendes mit:

> „Der Zentralrat der Juden in Deutschland ist der jüdische Spitzenverband mit 23 Landesverbänden und über 100 Mitgliedsgemeinden. Die Gemeinden sind autonom – und das gilt auch hinsichtlich ihrer Mitgliederverwaltung. Als Entscheidungsgrundlage dient die Halacha, das jüdische Religionsgesetz.
> Statusanerkennungsfragen können ausschließlich von Rabbinern

27 Nach religiösem Verständnis könnte man hier die von Gott gewollte Einbindung Patrilinearer vermuten. Zum einen, weil Patrilineare als Juden behandelt wurden und so das Schicksal der Juden als Juden teilten, zum anderen, weil durch Patrilineare die Möglichkeit wahrgenommen werden konnte, das Judentum sowohl über die ethnische Herkunft als auch über tradierte Kultur zu erhalten.

> beschieden werden. Unter dem Dach des Zentralrats gibt es zwei Rabbinerkonferenzen: die Allgemeine Rabbinerkonferenz (ARK) und die Orthodoxe Rabbinerkonferenz (ORD).
> Die Angebote des Zentralrats richten sich in der Regel an die jüdischen Gemeinden bzw. Gemeindemitglieder. Einige Veranstaltungen des Zentralrats richten sich im Sinne eines Outreach nicht nur an Gemeindemitglieder. Auch an der Basis – also innerhalb der Gemeinden – gibt es in den vergangenen Jahren neben dem klassischen Religionsunterricht verstärkt kreative Umgänge für Kinder jüdischer Väter, z.B. Angebote für Familien mit Kleinkindern.
> Dem Zentralrat der Juden sind die Identitäts- und Anerkennungsprobleme von Kindern jüdischer Väter/nichtjüdischer Mütter bekannt. Der Zentralrat setzt auf Bildungsprogramme für alle Kinder sowie auf die Vermittlung von jüdischem Wissen für beide Elternteile. Damit soll die jüdische Kultur in Deutschland gestärkt und Kindern jüdischer Väter die Tür zur Gemeinschaft gehalten werden."

Je nach jüdischer Strömung und Land differiert die religiöse Handhabe heute. In der Orthodoxie – und zumeist generell – bleibt das Dogma, dass Jude ist, wer eine jüdische Mutter hat oder konvertiert ist. „Mischehen" sind nach orthodoxem Glauben nicht einzugehen. In Israel beispielsweise hat dieses Dogma zur Konsequenz, dass „Mischehen" außerhalb des Landes geschlossen werden müssen, da Ehen innerhalb des säkularen Staates nur auf religiöser, orthodox religiöser Grundlage geschlossen werden. Leben Juden außerhalb Israels, gilt wiederum vornehmlich das jeweilige staatliche Recht zur Eheschließung. Nach diesem steht es Juden zumeist frei, Nichtjuden zu heiraten. Denn Judesein ist in der Regel religiös definiert und die Halacha als Religionsgesetz den Gesetzen der nichtjüdischen Staaten untergeordnet.

Generell muss ein Übertritt auch heute der Tradition gemäß religiös erfolgen. Gleich, ob von einem nichtjüdischen Partner oder einem/einer Patrilinearen. Das Leben religiöser Praxis ist dabei – in unterschiedlicher Ausprägung – das Ziel. Dabei können sowohl konservativere als auch liberalere Rabbiner den Übertritt erleichtern. Rabbiner Folger, ein traditioneller Vertreter des Judentums, berichtet in diesem Zusammenhang beispielsweise, dass er die Anfrage von Nichtjuden (zunächst) der Tradition gemäß zurückweist, Personen jüdischer Herkunft wiederum von Beginn an willkommen heißt. Diese Praxis erwähnt er als eine, die unter Rabbiner/innen aller Strömungen immer mehr zum Usus wird. Er erwähnt in diesem Zusammenhang auch, dass manche die Konversion Patrilinearer so verstünden, dass „die Kette wieder angeknüpft" würde.

Hier arbeiteten halachische Autoritäten auch am Begriff „Sera Israel" (dt. „Samen Israels"). Sera Israel ist laut dem Düsseldorfer Rabbiner

Vernikovsky ein Verständnis patrilinearer Zugehörigkeit neben der Halacha. Die religionsgesetzliche Bestimmung sei die Matrilinearität, über Sera Israel käme eine quasi nationale (im Gegensatz zur religiösen) Deutung hinzu. Diese sei auch bei orthodoxen Autoritäten als Idee insofern anerkannt, als dass Rabbiner vor diesem Hintergrund Übertritte erleichterten.

Patrilineare Gesprächspartner/innen berichten im Zusammenhang mit dieser Arbeit hingegen davon, dass ihre Übertrittsgesuche in einer Form abgelehnt wurden, die wenig ermutigend war. So berichtet Frau BL, „einen Brief geschrieben [zu] habe[n], an die Rabbinerin in [...] Berlin, dass [sie] um einen Termin bitte[t], um mit ihr über diese Dinge zu sprechen. Die hat mir nicht geantwortet." Frau BL versuchte es nicht wieder. Oder Hannah, deren Begegnung ebenfalls zeigt, dass es keine Bereitschaft gab, sich auf die patrilineare Person in ihrem Dilemma einzulassen:

> „Die haben mir dann vorgeschlagen, zum Judentum überzutreten, was ich echt als absolut lächerlich empfand, demütigend und auch völlig gegen meinen Stolz, sowas hab ich nie gemacht, auch nie in Erwägung gezogen, weil ich finde, ich brauch nicht zu meinem eigenen Glauben überzutreten."

Nimmt man Rabbiner Folgers Handhabe und die Erzählungen der „Betroffenen" wird deutlich, wie individuell das Verhalten von Rabbiner/innen und/oder der Gemeinden ist. In vielen liberalen Gemeinden Deutschlands sind Patrilineare auch ohne Übertritt willkommen. Zwar gelten sie durchweg nicht als Vollmitglieder, können aber beispielsweise als „assoziiert" bezeichnet werden oder als „Fördermitglieder" dazugehören, wie es laut Rabbiner Kučera in der liberalen Münchner Gemeinde *Beth Shalom* gehandhabt wird. Was ihnen in diesem Status versagt bleibt, ist die Lesung aus der Tora und die Teilnahme an den Wahlen des Gemeindevorstands. Rabbiner Kučera betont aber, dass Patrilineare mit einem jüdischen Selbstverständnis auch von den Mitgliedern der liberalen Gemeinde als Juden angesehen werden und dass es sich bei deren „Statusklärung" lediglich um einen bürokratischen Akt handelt. Die Vorsitzende der „Union progressiver Juden in Deutschland", Sonja Guentner, berichtete mir darüber hinaus, dass Kinder, die jüdisch erzogen werden und am Gemeindeleben teilnehmen, durch ihre Bat bzw. Bar Mizwa ohne weitere Schritte eines Übertritts als vollwertige Juden akzeptiert und aufgenommen werden. Dies entspricht der Handhabung in der progressiven Union Amerikas, wonach Kinder jüdischer Herkunft – gleich, ob über die Mutter oder über den Vater –, die jüdisch erzogen werden, auch mit Vollzug ihrer Bat bzw. Bar Mizwa als Juden akzeptiert werden. Für die Aufnahme Patrilinearer ohne den Weg des Übertritts gibt es bereits relevante Stimmen. So appellierte Stephan Kramer, Generalsekretär des Zentralrats der Juden in Deutschland, jüngst in einem Interview an die jüdischen Gemeinden, langfristig ihre Aufnahmebestimmungen so zu gestalten, dass Patrilineare aufgenommen werden können. Jene, so Kramer, die von einer jüdischen Mutter geboren werden, sollten genau wie jene, die einen jüdischen Vater haben, gleichwertig von jüdischen Gemeinden aufgenommen werden. Kramer sagte, er wolle dabei keine Revolution ausrufen, sondern erreichen, dass die Halacha, die von und für Menschen geschaffen sei, den Realitäten gerecht werde (Avidan 2012). In Prag etwa oder einigen englischen Reformgemeinden gilt diese Handhabung bereits.

Parallel zu den Gemeinden gibt es zahlreiche jüdische Zusammenhänge mit nicht religiösem Fokus, die Patrilinearen eher offen gegenüberstehen. Der Verein „Jung und Jüdisch" ist ein Beispiel hierfür, ebenso wie jüdische Kindergärten oder Schulen. In diesen Zusammenhängen spielt zumeist eher ein sozialer oder kultureller, weniger ein religiöser Gruppengedanke eine Rolle.

Grundlegend ist festzustellen, dass sich in der Frage, ob Personen mit einem jüdischen Vater und einer nichtjüdischen Mutter Juden sind oder sein sollen, etwas bewegt. Die Öffentlichkeit innerhalb jüdischer Zusammenhänge ist aber (wahrscheinlich) lediglich der Tatsache geschuldet, dass die Gemeinden vor einer demographischen Lebenswirklichkeit stehen, die schlicht nicht ignoriert werden kann: Zum einen der Rückgang der jüdischen Bevölkerung in Deutschland, zum anderen aufgrund der zahlreichen russischen Einwanderer, die zwar jüdischer Herkunft, aber halachisch nicht jüdisch sind. Der Situation wird daher möglicherweise auch auf religiöser Ebene Rechnung getragen werden müssen.

Deutlich ist, dass die russischen Einwanderer maßgeblich ausschlaggebend für das Interesse an einem möglichen Umbruch hin zu einer Öffnung für Patrilineare sind. Eine Vielzahl von Personen, die – der religiösen Unterdrückung im russischen Staat geschuldet – ein umso stärkeres jüdisches Selbstverständnis hatten und haben, halachisch aber irrelevant sind, traf seit den 1990er Jahren in Deutschland ein. Als Reaktion der orthodoxen Rabbinerkonferenz auf diese Lebenswirklichkeit wurde beispielsweise ein Projekt ins Leben gerufen, das jungen Einwanderern den Übertritt erleichtern sollte,[28] eine Handhabe, die meinen Recherchen nach in Deutschland bis dahin einzigartig war. Auch wurde kürzlich eine Studie angestoßen, in der die Bindung von Personen jüdischer Herkunft – auch mit Migrationshintergrund – zum Judentum untersucht wird.[29] Katja Nudelman, mit der ich über die Studie sprach, erklärte mir, dass sie herausfinden wollen, wie die Gemeinden jenen, die halachisch nichtjüdisch sind (aber jüdischer Her-

28 Vgl. Kühn: Die orthodoxen Rabbiner ermöglichen jungen Zuwanderern den Übertritt ins Judentum. Ein richtiger Schritt. http://www.juedische-allgemeine.de/article/view/id/8978/highlight/%C3%BCbertritt, Stand 26.4.2013.

29 Study on Intermarriage. Projektleiter Marcelo Dimentstein vom JDC International Centre for community development

kunft), begegnen und vice versa. Das unausgesprochene Ziel dieser Studie ist folglich wohl auch eine potentielle Aufnahme und Anbindung von Menschen jüdischer Herkunft in und an die jüdischen Gemeinden. Es gilt, die „Lost Jews" (vgl. Kapitel 4.2 Forschungsstand) wieder einzufangen.

Parallel begegnete ich dem Engagement von Einzelpersonen, speziell dem der Schweizer Psychologin Madeleine Dreyfuss in ihrer Dissertation, die sich mit der Situation Patrilinearer beschäftigt, und dem von Sabine Jantzen, die zu diesem Thema eine Konferenz auf die Beine stellte. Zwei Interviewpartnerinnen gründeten „Betroffenengruppen", Netzwerke wurden und Wege werden gesucht, damit Patrilineare in einen Austausch kommen. Der in Deutschland lebende israelische Journalist Igal Avidan entwickelte aus seiner Teilnahme an jener Tagung eine Reihe von Radiobeiträgen über „Vaterjuden", auf die auch ich in Verbindung mit meiner Dissertation vielfach angesprochen wurde.

Am gewichtigsten unter den engagierten Einzelpersonen aber ist Heinrich Olmers Dissertation „Wer ist Jude" (Olmer 2010), der, leider 2012 verstorben, über seine institutionelle Funktion als Vorsitzender der Jüdischen Gemeinde Bamberg eine wichtige Stellung einnahm. Er bemüht sich darin, die religiösen Texte und die Zusammenhänge der matrilinearen und patrilinearen Vererbung mit dem Ziel der Öffnung der Gemeinden für Patrilineare aufzuschlüsseln, um dem Schwinden der jüdischen Bevölkerung entgegenzuwirken.

Das Interesse am Thema der Patrilinearen wächst. Es entstehen dazu eine Öffentlichkeit und angeregter Austausch; ein Umbruch, fußend auf gesellschaftlicher und gemeinschaftlicher Veränderung, scheint dabei tatsächlich möglich. Wie eine Öffnung umgesetzt werden könnte, die zur dauerhaften Akzeptanz Patrilinearer führt, ist meines Erachtens noch offen. *Von wem?*, so frage ich mich zunächst, müssten Patrilineare als Juden akzeptiert werden? Von liberalen oder orthodoxen Gemeinden in Deutschland? Oder von der religiösen Gerichtsbarkeit Israels, die aktuell so strikt ist, dass sie beispielsweise liberale Übertritte nicht akzeptiert? Von sich selbst?

Unklar ist ebenfalls die Umsetzung, also welches Ritual bzw. welcher Akt den oder die Patrilineare individuell oder als Gruppe zum Juden machen soll. Offen ist die Frage nach einer *Herleitung*, die den Umbruch einer Jahrtausende währenden Tradition bewirken könnte. Es gibt keinen Sanhedrion, der bestehendes Recht für *alle* jüdischen Strömungen ändern könnte. Aufgrund der oben beschriebenen historischen Zusammenhänge des religiösen Gesetzes ist aber anzunehmen, dass eine Veränderung bestehenden Rechts möglicherweise Jahrhunderte bis zu ihrer Verinnerlichung bedürfte. Denn jüdische Gesetze sind Traditionen, die sowohl eine Entsprechung in den Schriften, in der mündlichen Überlieferung sowie in einer gewissen Praxis aufweisen müssen.

Esra beharrte auf der Matrilinearität, aber die Gültigkeit des Gesetzes wird (durch Olmer beispielsweise) bewiesenermaßen infrage gestellt, weil dessen Umsetzung noch lange Jahre (in Teilen) auf sich warten ließ. Würde heute eine Gesetzesänderung von Teilen der jüdischen Autoritäten durchgeführt oder befürwortet werden, könnte also eine letztendliche gesamtjüdische Umsetzung dennoch einige Jahrzehnte, wenn nicht Jahrhunderte in Anspruch nehmen.

5. Haben Patrilineare eine jüdische Identität?

5.1 Relevante Identitätskonzepte

Die Begriffe „Identität" und „Identitätskonstruktion" stehen heute sowohl in der Umgangssprache als auch in der Wissenschaft als Schlagwörter für zahlreiche Konzepte. Für den Forschungszusammenhang dieser Untersuchung werden die Begriffe auf Menschen patrilinear jüdischer Herkunft – seit der Generation, die den Nationalsozialismus in Deutschland erlebt hat – eingegrenzt. Im Folgenden beschreibe ich zunächst theoretische Vorüberlegungen, die dem Leser/der Leserin zu Identität und Identitätskonstruktionen bekannt sein sollten (Patchwork, lebenslanger Prozess, „belonging", Narration, Spezifika Nationalsozialismus und Hybridität) und setze diese in Bezug zu den Erkenntnissen dieser Forschung. Die Ausarbeitung zu der Frage der Hybridität ist ausführlicher, da sie im Zusammenhang eines Vortrags bereits ausgearbeitet und formuliert wurde.

In einem zweiten Schritt (Kapitel 5.2 Jüdische Identität) wird die religiöse – und speziell jüdische – Identität für dieses Forschungsprojekt expliziert. Vier „Lebenswelten" der jüdischen Identität wiederum bilden die Schablone für die Analyse des empirischen Materials auf die Frage hin, was Patrilineare mit dem Judentum und Jüdischsein verbindet.

5.1.1 Patchwork: Subjekt und Gruppe

Innerhalb der Identitätsforschung werden die gesellschaftlichen Entwicklungen als maßgeblich für das Verständnis von Identität, aber auch von deren Konstitution nachgezeichnet. Gilt Identität beispielsweise in der Vormoderne als nicht reflektiert oder diskutiert, als den Subjekten auferlegt, zeigt sich in der heutigen pluralen Gesellschaft unter anderem die Notwendigkeit, mittels Pluralität in der Identität auf die gesellschaftlichen Bedingungen zu reagieren.

Grundlegend wird heute davon ausgegangen, dass innerhalb einer Person mehrere Identitäten zum Tragen kommen. Keupp (2006) nennt dies „Patchworkidentität", also die Vorstellung, dass eine Person zahlreiche Teilidentitäten in sich versammelt. Dabei werden zumeist zwei zentrale

„Quellen" für die „gepatchworkte" Identität beschrieben: Die der *Gruppenidentitäten*, wobei innerhalb der Gruppenidentität teilweise zwischen „sozialen Systemen" und „sozialen Großsystemen" differenziert wird (Keupp 2006: S. 63) und die *personale Identität*, welche den Anteil des Selbstkonzeptes ausmacht, der aus den individualisierenden Faktoren konstruiert wird. In der meadschen Theorie (s. im Folgenden) entspricht dies dem „I", das die „Grundausstattung", manchmal als die *Triebhaftigkeit* beschrieben, des Subjekts darstellt.

Gruppenzugehörigkeit und eine daraus resultierende Gruppenidentität werden nicht (ausschließlich) mit der Geburt vergeben, wie beispielsweise das Geschlecht oder der jüdische Status, sondern entwickeln sich im Leben eines Menschen über die Zugehörigkeit zu verschiedenen, teilweise gewählten Gruppen, so etwa bereits der Kinderkrippe, später dem Beruf oder aber einer gewählten Lebensform wie der eines Vegetariers. Gruppenzugehörigkeiten hängen auch heute maßgeblich von den sozialen und personalen Ressourcen der einzelnen Personen und deren sozialen Schichten und somit auch von den gesellschaftlichen Machtverhältnissen ab. Gruppen sind in der Regel nicht völlig frei zugänglich, sondern bedürfen in der Regel einer vorherigen Weichenstellung.

Somit wird zum einen deutlich, dass die Bedeutung einer Zugehörigkeit mit dem jeweiligen Lebensabschnitt variieren kann, zum anderen ist aufgezeigt, dass es keine völlig freie Wahl einer Zugehörigkeit oder Nichtzugehörigkeit gibt.

Dass die eigene Gruppe, gleich, wie deren Zugehörigkeit erlangt wurde, gegenüber anderen oft favorisiert wird, stellte Keupp im Experiment des Minimale-Gruppen-Paradigmas heraus. Darin wird nachvollziehbar, dass andere Gruppen nicht nur als ‚anders' behandelt werden, sondern die eigene Gruppe gleichzeitig bevorzugt wird (Stichwort „Eigengruppenfavorisierung").

Innerhalb von Gruppen muss sich das Individuum schließlich zu den jeweils spezifischen Normen und Verhaltenskodizes seiner Gruppe bekennen und verhalten (Keupp 2006: S. 86). Die Individualität tritt in der Gruppe dabei mehrfach oft in den Hintergrund (Zand 2008: S. 47), da Menschen heute durch die Vielzahl von Gruppen, denen sie angehören, eine meist ebenso hohe Anzahl von Rollen einnehmen müssen. Goffmann (1983) spitzt zu, was diese Anforderung der multiplen Auflösungen und Zugehörigkeiten beim Einzelnen auslösen muss: „Wir alle spielen Theater." Und zwar abgestimmt auf die jeweilige Notwendigkeit der aktuellen Situation und der jeweiligen Rolle, die das Subjekt einnimmt.

Soziale Systeme, Gruppen also, sind dabei trotzdem unumgänglich für die Ausbildung von Identität(en). Über sie erfährt das Subjekt Zugehörigkeit und Anerkennung – und damit auch Ausschluss (vgl. Kapitel 5.2.3

Antisemitismus: paradoxe Anerkennungserfahrung). Der Austausch zwischen diesen Gruppen ist unabdingbar für das Selbst- und Fremdverständnis von Individuen, weil Identitätsbildung nur über Kommunikation mit der „Alterität", mit dem Gegenüber, möglich wird. George Herbert Mead beschreibt im „me" diese Perspektiven des „Anderen", und im „self" schließlich das Ergebnis der Aushandlung mit dem Selbst („I"). Es gilt festzuhalten, dass Identität (auch) das Ergebnis der Zuordnung, also der Anerkennung von Zugehörigkeit oder des Ausschlusses von bzw. aus Gruppen ist.

Dass die herrschenden Gruppen dabei die Macht über Minderheitengruppen in Gesellschaften haben, beschreibt Zand als relevant im Zusammenhang mit Personen „doppelter" bzw. unterschiedlicher, zumeist binationaler Herkunft. Über Sprache beispielsweise würden Vorurteile oder Stereotypisierungen über die Minderheit gesammelt und schließlich geäußert (Zand 2008: S. 46).

Auch im Falle Patrilinearer muss das Augenmerk auf das Wirken von Machtverhältnissen gelenkt werden. Denn in Bezug auf diese Arbeit sind sowohl „die Juden" als - akzeptierte oder mit Vorurteilen behaftete - Minderheitengruppe in der deutschen Gesellschaft betroffen als auch „Vaterjuden" als - akzeptierte oder nicht akzeptierte - Personengruppe innerhalb der jüdischen Gruppe.

Im Idealfall werden die personale und soziale (Gruppen-)Identität als Einheit entwickelt und empfunden (Erikson 1973). Das subjektive *Innen* (Autonomiestreben) sollte demnach also mit dem gesellschaftlichen *Außen* (Keupp 2010: S. 4; als „Unterwerfung" nach Adorno und Foucault) in Einklang gebracht werden (Kohärenzstreben), um dadurch eine Selbstverortung zu ermöglichen, die wiederum relevanter Teil der individuellen Sinnbestimmung ist (Keupp 2010: S. 4 f.). In der Fragestellung der Arbeit zeigt sich bereits, dass in den Selbst- und Fremdbildern Patrilinearer ein Spannungsverhältnis vermutet wird.

Die „jüdische Identität" Patrilinearer ist obigen Ausführungen nach lediglich als eine „Teilidentität" im Patchworkkonstrukt vieler Identitäten zu verstehen. Sie hat wahrscheinlich im Leben Patrilinearer nicht eine durchgängig gleichbleibende Bedeutung. Dadurch, dass der Vater Jude ist, hat das Kind - ob ausgesprochen oder nicht - eine biologische Verbindung zur Gruppe der Juden. Diese wird über Selbst- und Fremdzuschreibungen von Individuen, Gruppen und sich selbst gefüllt und/oder verworfen.

5.1.2 Lebenslanger Prozess

Mit der Vorstellung der verschiedenen, veränderbaren Gruppenidentitäten geht die Vorstellung einer Identität einher, die sich lebenslang verändert bzw. verändern kann. Als eine entscheidende Voraussetzung für das heutige Verständnis von Identität und Identitätskonstruktion als einem lebenslangen Prozess gilt die Individualisierung. Die zunehmende Lösung von sozialen Rollen und Beziehungen führt zu Beziehungen, die vermehrt selbst gewählt und veränderbar sind. Soziale Einheiten wie z.B. der Beruf bestehen nicht mehr unbedingt lebenslang. Identität versteht sich heute als erneuerbar, in sich wiederholt ausgehandelt, verinnerlicht, weiterentwickelt, teilweise abgelegt und oft neu kreiert (Keupp 2006: S. 77).

Erikson arbeitet vor diesem Hintergrund ein entwicklungspsychologisches Stufenmodell heraus. Er beschreibt in diesem, dass in der Jugend Entwicklungsaufgaben zu bewältigen sind. Diese suchen Eriksons Analyse nach im Erwachsenenalter in einer Art „persönlichem Identitätsprojekt" nach Realisierung (Erikson 1973).

Vor dem Hintergrund der in dieser Studie untersuchten Gruppe sehe ich in diesem Punkt die Nähe zu Eriksons Theorie. Ich wählte die Interviewpartner/innen mit Eriksons Vorstellung einer in der Jugend verankerten Identitätsgrundlage, indem ich im Sample lediglich Erwachsene vorsah. Über die geführten Interviews bestätigt sich für die Untersuchtengruppe, dass der maßgebliche Grundstock für eine jüdische Identität Patrilinearer in der Kindheit zu suchen ist. Es zeigt sich anhand der Interviews ebenfalls, dass Patrilineare im Erwachsenenalter eine Antwort auf die Entwicklungsaufgabe ihrer Kindheit bezüglich ihrer jüdischen Herkunft suchen. Die Lösung der Aufgabe vermuten Patrilineare oft in einer kohärenten, schlüssig definierten und geklärten jüdischen (Teil)Identität. Sie formulieren aber ebenfalls häufig, dieses Ziel nicht erreicht zu haben, sondern immer wieder zu hadern und keine Eindeutigkeit in ihrer jüdischen Identität zu finden. Diese Identitätsarbeit entspricht durchaus dem heutigen Verständnis einer prozesshaften Entwicklung von Patchworkidentität(en).

Möglicherweise liegt der entwicklungszyklische Verlauf darin begründet, dass die Zugehörigkeit zur „Gruppe der Juden" eine ist, die bereits mit der Geburt vergeben wird. Sicher ist, dass jüdische Identität bei Patrilinearen, die sich jüdisch fühlen, ein Identitätsaspekt bleibt, der das Leben begleitet, aber dessen Bearbeitung in Bedeutung und Intensität stärker variiert (vgl. Kapitel 6.4 Lebenslaufschematische Wendepunkte).

5.1.3 „Identität" versus „Zugehörigkeit" („belonging")

Neben dem Identitätsbegriff ist der Begriff der „Zugehörigkeit" („belonging") heute im Wissenschaftsdiskurs, besonders im englischsprachigen Raum, stets präsenter. Gilt der Identitätsbegriff gegenwärtig als an Konzepten und Theorien überfrachtet – und daher teilweise als inhaltsleer – bietet die Zugehörigkeitsforschung einen relativ neuen Raum, um einen Teilbereich bisheriger Identitätsaspekte abzubilden und ein- und abzugrenzen.

Wie bezüglich der Identitätstheorie bereits erörtert, sind Personen zunächst mehreren (sozialen) Gruppen „zugehörig". Die Frage, wer dazugehört, impliziert darüber hinaus die Ausgrenzung derer, die nicht dazugehören. „Zugehörigkeit“ ist somit mit (sozialer) Grenzziehung eng verbunden. Die Grenzen zeigen sich unter anderem über Regeln, die innerhalb von Gruppen gelten. Diese Regeln sind den Zugehörigen und Jenen, die dazugehören möchten, bekannt und gelten grundlegend als akzeptiert.

Anthias (2013: S. 5) stellt heraus, dass der Fokus der „Zugehörigkeit“ im „Werden“ („becoming“) liegt, zentral für die Identität hingegen sei, was man ist („being“).[30] Pfaff-Czarnecka (2012) formuliert, Identität sei ein kategorisches Konzept, wohingegen Zugehörigkeit den sozialen Bezug stärker hervorhebe. Zugehörigkeit, so zugespitzt formuliert, stellt die Frage, „wozu“ bzw. „zu wem“ wir gehören und beinhaltet auch die Kenntnis, „von wem“ und „wo“ man akzeptiert ist; Identität hingegen stellt die Frage, womit wir uns identifizieren. Zu unterscheiden ist dabei zwischen der formalen Zugehörigkeit (juristisch) und der informellen Zugehörigkeit (akzeptiert sein und davon partizipieren).

Zwei in der Zugehörigkeitsforschung häufiger präsentierte plastische Beispiele sollen hier die Zusammenhänge der Zugehörigkeit veranschaulichen: Zum einen das Beispiel der Migration, in deren Zusammenhang Zugehörigkeit gegenwärtig oft im politischen Diskurs steht. Migration beinhaltet die Vorstellung von Nation, einem Ort (Lokation) und deren formalen Regelungen und Rahmenbedingungen. Der Diskurs dreht sich oft um die Frage, ob Migrant/innen, wie derzeit Flüchtlinge aus Afrika und Asien, hierher „gehören“ und wie diese „unerwünschten Elemente“ wo aufgenommen werden (Anthias 2013: S. 7). Seitens der Nation gilt es für die Gruppe derer, die immigrieren wollen, Regeln und Rahmenbedingungen zu erstellen. Für jene, die einreisen, gilt es die politisch erschaffenen Aspekte der Zugehörigkeit zu bewältigen, z.B. eine Aufenthaltserlaubnis zu erlangen.

Das zweite, häufig zitierte Beispiel ist die Warteschlange vor einer Disko. Zwar findet diese Situation in einem scheinbar weniger politischen Kontext statt, zeigt sie doch die zahlreichen Facetten der Zugehörigkeit. Crowley (1999) nennt diese „politics of belonging“, Pfaff-Czarnecka „Regime der Zugehörigkeit“ (2012: S. 77). Der erste Abgleich des Gastes, ob er in einer beliebten Disko Einlass erhält, ist in diesem Beispiel sein Ausweis, der vom Türsteher verlangt wird. Der Türsteher überprüft aber über den bloßen formellen Ausweis hinaus, ob der potentielle Gast zu der Disko *passt*. Sein finanzieller Status beispielsweise oder ein Kleidungsstil könnten relevant sein. Ziel ist es, ein harmonisches Innen zu erhalten und Störungen vorzubeugen. Spätestens hier wird die Vergleichbarkeit zur Migrationsthematik deutlich. Der Türsteher muss im Falle der Disko davon ausgehen können,

30 Alle drei aufgeführten Aspekte der Zugehörigkeit, Gruppe, Patchwork und lebenslange Prozesse, sind in den Ausführungen zur Identität ebenfalls aufgeführt, da diese für die Untersuchtengruppe kennzeichnend sind.

dass der Gast die Regeln der im Innen agierenden Gruppe kennt und sich nach diesen verhalten will. Ist der Einlass gewährt, wird die Zugehörigkeit von den Diskobesucher/innen im Inneren immer wieder gegenseitig geprüft. Kommt jemand dazu, der die Regeln bricht, kann die Atmosphäre sich verändern und die „positive Resonanz" des Raums (ob Disko oder Nation) verloren gehen (Pfaff-Czarnecka 2012: S. 79).

Alle „kollektiven Einheiten – Staaten, ethnische und religiöse Organisationen, Vereinigungen ebenso wie Familien – verfügen über Vorkehrungen, welche die Gemeinsamkeiten, die Gegenseitigkeit und verschiedenartige Bindungen unter den Insidern und den Ausschluss von Outsidern bewerkstelligen" (Pfaff-Czarnecka 2012: S. 80). Die Zugehörigkeit selbst wird dabei als selbstverständlich vom Zugehörigen empfunden und vermittelt Vertrautheit, Wärme und Geborgenheit.

5.1.4 Narrative Identität: Im Leben und methodisch

In der Postmoderne ist Identität (auch) als narrative Identität zu verstehen (Katz 2000). Sie hat dieser Vorstellung nach zwar eine in etwa gleichbleibende, kontinuierliche Basis, wird aber in der Kommunikation, abhängig von der individuellen und gesellschaftlichen Situation, stetig individualisiert. Oben erwähnte ich Goffmans Zuspitzung darauf, dass wir alle „Theater spielen". Weniger plakativ bedeutet dies, dass Identität immer angepasst an die jeweilige Rolle, durch das Selbst- und Fremdbild, also über Austausch und Kommunikation, konstruiert wird. Wie oben bereits angeführt, ist dies im heutigen Wissenschaftsdiskurs bereits Konsens. Da Juden (und Patrilineare) äußerlich heute in der Regel nicht von Nichtjuden zu unterscheiden sind, steht diesem Aspekt voran, dass der eigene Hintergrund in der Regel kommuniziert werden muss, damit er dem Gegenüber bekannt ist.

In der Erhebungsmethode und der Auswertung der Daten erhält das Verständnis der „narrativen Identität" Bedeutung. Der bislang weitgehend unerforschte Gegenstand sollte über lebensgeschichtliche Erzählungen vom Interviewten für seine Lebenswelt (re)konstruiert werden. In der Auswertung musste vor diesem Hintergrund beachtet werden, dass von einem *Kohärenzbestreben* in der Erzählung auszugehen ist, dass über den Fokus meiner Untersuchung zudem themenzentriert war. Im Gegensatz zu zwischenmenschlicher Kommunikation können die Besonderheiten der Narration bei der Auswertung berücksichtigt werden. „Erzählte Erinnerung ist aktuelle Selbstwahrnehmung und historische Sinnbildung mit Zukunftsperspektive zugleich" (Müller 2002: S. 189). Sie versucht, heterogene Identitäten in Einklang zu bringen. Erinnerung wird dabei im Narrativ nachträglich bewusst ausgewählt und Identität so (re)konstruiert.

5.1.5 Identitätsverläufe bis zum Nationalsozialismus

In der ersten Generation der Untersuchtengruppe ist von einem Identitätsverständnis auszugehen, aus dem sich das heutige erst entwickeln konnte. Simmel etwa beschreibt zwar bereits Ende des 19. Jahrhunderts den sich durchsetzenden Individualismus (Simmel nach: Abels 2010: S. 184), dieser spiegelt sich aber in den rückblickenden Erzählungen noch nicht (völlig) wider. Vielmehr zeigt sich, dass sich in den Interviews etwa auf traditionelle Systeme und zugeschriebene, feste Rollen bezogen wird, die spezifisch für die Identitäten der Familienmitglieder waren. Zu erklären ist dieses sich wandelnde Verständnis mit beibehaltenen Rollen an in dieser Zeit durchaus existenten und relevanten Zugehörigkeitsstrukturen zu Institutionen wie Gewerkschaften, Kirche oder Familie. Die Interviewpartner/innen der ersten Generation (und deren Familien) konstruieren für die Zeit des Nationalsozialismus also eine personale Identität vor dem Hintergrund der gesellschaftlichen Epoche über die Zuordnung verinnerlichter konservativer - bzw. im Gegensatz zu heute verstärkt organisierter - Rollen.[31] Im Nationalsozialismus fielen viele der identitätsstiftenden und integrierenden Rollen für Patrilineare und deren jüdische Familien weg. Zugehörigkeiten wurden aberkannt, Personen ihrer sozialen Identität(en) beraubt. Das Erschüttern dieser Rollen - etwa, ein deutsches Schulmädchen, das einfach nur „wie die anderen sein [will]“ (Frau Café) oder die Erfahrung, sich nicht mehr frei durch die eigene Stadt bewegen zu können (Herr Falkus) - muss zu Brüchen in der Identität geführt haben. Goffman (1974) nimmt sich einem Aspekt dieser Problematik an und beschreibt Techniken der Bewältigung einer beschädigten, wie er es nennt, „stigmatisierten“ Identität, die auf sozialer Diskriminierung beruht.

In den Interviews zeigt sich vielfach lediglich die Narration einer überraschenden Wende. Es wird eine Kollision zwischen erhoffter Normalität und den realen neuen Lebensumständen rekonstruiert. Vermehrt implizieren die Erzählungen über die damaligen Geschehnisse die Frage danach, wieso die nach außen gelebte regelkonforme, deutsche Identität zerstört wird. An diesen Inhalten wird meines Erachtens besonders deutlich, dass die Narration ein Vehikel ist, das die Wirklichkeit „glättet“. Es gilt hier, Lebensumstände zu rekonstruieren, die zerstörerisch und äußerst schmerzhaft waren. Manche Interviewpartner/innen hielten es nicht aus, das Erlebte zu verbalisieren und beendeten oder umgingen es, von emotional (zu) belastenden Erlebnissen zu berichten. Andere hatten offenbar bereits oft diese

31 Dass konservative Rollen für die Individuen einer interreligiösen Partnerschaft zwischen einem Juden und einer Nichtjüdin überaus kennzeichnend waren, steht möglicherweise etwas in Widerspruch zur Partnerwahl. Denn Ehen zwischen Juden und Nichtjüdinnen wurden vornehmlich von arbeitenden Frauen eingegangen, also von jenen, die für diese Zeit einen eher ungewöhnlichen Lebenslauf einschlugen.

Seiten des „Buches ihres Lebens“ erzählt, sodass sowohl das Gegenüber als auch sie selbst eine gehaltvolle, aber aushaltbare Geschichte hören bzw. erzählen konnten.

In den Narrativen über das heutige Leben übrigens wird die „verlorene“ soziale Identität, ein „gleichwertiger Deutscher“ zu sein (was auch immer das impliziert), nicht offensiv infrage gestellt.

Für diese Generation zeigt sich, dass der historische Kontext ihres Lebens, das Miterleben des Nationalsozialismus, eine altersgemäße Identitätsentwicklung verunmöglicht. Identitätsansätze gemäß der Entwicklungstheorie, wie sie etwa Erikson (1973) beschreibt, sind in diesen Lebensläufen eher nicht zu entdecken bzw. sind verschoben. Hatten beispielsweise die Interviewpartner/innen dieser ersten Generation gelernt, sich rollenkonform zu verhalten und dies als gesellschaftlichen Handlungsrahmen zu akzeptieren, musste während des Nationalsozialismus ein radikales Umdenken zu anderen Rollen erfolgen, die nach Ende der NS-Herrschaft wieder neu entwickelt werden mussten. In den einzelnen Kapiteln dieser Arbeit wird daher oft auch exponiert auf den Nationalsozialismus oder Interviewpartner/innen, die den Nationalsozialismus erlebten, eingegangen.

5.1.6 „Biologisch“ determinierte Ethnie?

Im Zusammenhang mit jüdischer Identität ist heute schlussendlich das Konzept der Ethnizität relevant. Es beschreibt Gruppen vornehmlich als sozial konstruiert und über sich verändernde kulturelle Differenzierungen. Einer „Ethnie“ zuzugehören zeigt sich also über die Gemeinsamkeiten von Gruppen auf Grundlage verschiedener Faktoren, wie kulturellen Gemeinsamkeiten und einem gemeinsamen historischen Schicksal. Das mit der Kolonialisierung aufgekommene und während der NS-Herrschaft vorherrschende Verständnis biologisch unterscheidbarer Menschenrassen ist heute nicht mehr denkbar. Weber (1972: S. 237 f.) geht dennoch davon aus, dass die Vorstellung einer Abstammungsgemeinschaft, ggf. Blutsbande, ebenfalls konstituierend für eine ethnische Gruppe sei.

Dass „Juden“ in ihrer Konstellation generell nicht eindeutig zuzuordnen sind, macht das Konzept der Akkulturation, des *Hineinwachsens* in eine Gruppe, deutlich. Kann bei ethnischen Gruppen beispielsweise in der Regel davon ausgegangen werden, dass ihre Mitglieder durch Erziehung und Hineinwachsen an die jeweilige Kultur herangeführt werden, sind bei Juden die Pluralität, das überwiegende Leben als Minderheitengruppe und das ein- und ausschließende Hineingeborenwerden in unterscheidende Umstände einer Ethnizität, die im Sinne z.B. der Akkulturation die Handlungen und Selbstpositionierung der Mitglieder benötigt, kennzeichnend. Besonders die Bestimmung einer Zugehörigkeit durch Geburt, die völlig unabhängig von dem Selbst- oder Fremdverständnis bleibt, verdeutlicht darüber hinaus die Problematik einer rein ethnischen Definition der „Gruppe der Juden".

Juden sind somit im Sinne einer „Blutsbande" durch Geburt eine Gruppe, die sich als Minderheit in der Diaspora und auch als Mehrheit im jüdischen Staat sozial reproduziert und konstituiert sowie von anderen Ethnien abgrenzt, ohne explizit das jüdische Selbstverständnis aller Individuen zu erfordern. „Die Juden" können somit als Ethnie verstanden werden, zugleich aber auch nicht, weil sie in maßgeblichen Aspekten doch von dem Konzept der Ethnie abweichen.

5.1.7 Mehrfachidentität: „Hybrid"

„Gemischte Identitäten" kommen in der Regel aus Beziehungen zwischen Eltern verschiedener Religionen, Nationen oder Ethnien. Spielt bei religions- oder konfessionsverschiedenen Ehen oft die Erziehung der Kinder und die religiöse Praxis innerhalb der Familie eine entscheidende Rolle (vgl. z.B. Logemann 2001), stellt die ethnisch oder national verschiedene Elternkonstellation häufig die Weitergabe zweier Kulturen, zweier Sprachen und Staatsangehörigkeiten usw. in den Mittelpunkt. Dies wird oft in Migrationszusammenhängen thematisiert (siehe etwa Inowlocki 1995 oder Zand 2008). Die spezifische „Mischung" Patrilinearer ist zunächst schwierig zu bestimmen. Im Konzept der „Hybridität" wird heute generell die Durchmischung von Gesellschaft zu greifen versucht. Im Folgenden wird diskutiert, ob dies ein Begriff und ein Konzept ist, das einen Mehrwert für das Verständnis einer patrilinear jüdischen und matrilinear nichtjüdischen Herkunftskonstellation hat.

5.1.7.1 Hybriditätstheorie und Begriff[32]

Das heutige Verständnis von „hybrid" geht sprachlich zurück auf die „Hybris" der alten Griechen. Übersetzt bedeutet „Hybris" „Übermut" oder „Anmaßung". Die Hybridität wird heute anders verstanden und als Konzept in vielen wissenschaftlichen Disziplinen, so z.B. den Kultur- und auch den Wirtschaftswissenschaften, aufgegriffen. Sie drückt in diesem Zusammenhang die „Durchmischung von Gesellschaften" aus. Hybridität spricht dabei die koloniale und postkoloniale Unmöglichkeit an, Gesellschaften und Menschen in einer – wie auch immer zu verstehenden – „Reinform" zu denken.

32 Dieses Kapitel ist als Vorlage für den Vortrag *Das spezifisch Patrilineare. Wie „Vaterjuden" ihre gemischte Herkunft beschreiben und der Begriff einer „hybriden Identität"* auf der Tagung „Gemischte Familien und patrilineare Juden – Hybride Identitäten des Jüdischen" vom 1. bis 3. November 2012 in Zürich ausgearbeitet worden. Es beinhaltet daher, im Gegensatz zu den anderen Kapiteln der Identitätstheorien, die Darstellung und Analyse von empirischem Material.

Parallel gibt es in der Wissenschaft unterschiedlichste Begriffe, Konzepte und Theorien, die sich mit Gesellschaft in sich und im Zusammenspiel mit anderen Kulturen auseinandersetzen, so z.B. die Schlagwörter Interkulturalität, Ethnizität, Transnationalität und Mixité.

„Hybride Menschen“ stammen zumeist aus einer gesellschaftlichen oder (sozusagen) biologischen Regel- oder Grenzüberschreitung. „Mischlinge“ waren dann auch oft mit Angst und Bedrohung belegte „Missgestalten“. In der griechischen Mythologie waren solche Mischwesen beispielsweise furchterregende Halbgötter, Zentauren, Mischwesen zwischen Mensch und Pferd, oder Sirenen, die Musen mit Fischschwänzen, die ihre Opfer mit zauberhaften Gesängen ins Verderben lockten.

Im Mittelalter verwandte man dann im Abendland den Begriff des „Bastards“. Dieser stand sowohl im Zusammenhang einer sozialen als auch einer sexuellen Grenzüberschreitung.

Während Kolonialzeit und Nationalsozialismus befürchtete man schließlich, dass diese „Bastarde“ eine Gefahr für die „Stärke“ und „Güte“ der „weißen Rasse“ seien. Bis weit in das 20. Jahrhundert wurde der „Rassenbastard“ dann auch wissenschaftlich und gesellschaftlich pathologisiert (Ha 2005: S. 27): Er habe einen Hang zu körperlicher Anfälligkeit, krimineller Asozialität, charakterlichen Schwächen usw. (Ha 2005: S. 29) – Stereotypen, die heute noch kursieren.

Gegenwärtig findet ein Umdeutungsprozess statt. Heterogenität erfährt zwischenzeitlich eine zunehmend positive Wertschätzung. Die Vorstellung von Rasse und der Minderwertigkeit von „Hybridität“ beginnt sich zu überleben. Menschen aus gemischt-kulturellen Verbindungen, Hybride also, werden in Gesellschaft, Subjekt, Sprache, Diskursen oder etwa Emotionen wahrgenommen und positiv konnotiert.

Multizugehörigkeit und Vermischung sind heute kaum aus der gesellschaftlichen Realität wegzudenken. Der Chicagoer Stadtsoziologe Robert Ezra Park beschrieb dabei bereits 1928 den „Marginal Man“ als „kulturell hybride“; randständig sowohl in seiner Herkunftskultur als auch in der Neuen Welt (Forum Interkultur o. J.). Konsequenter noch und bezeichnend für die Hybriditätstheorie ist Homi Bhabhas (2000) Ansatz, in dem aus kultureller Vermischung etwas Zusätzliches, ein unerforschter, dritter Raum („third space“) resultiert. Es entsteht somit über die Vorstellung des Hybriden etwas Neues und gleichzeitig findet über „Prozesse der Gegenwart“ ein Umdenken statt. Aus dem Bereich der Sprache sind Begrifflichkeiten wie „Heimat“ oder „Identität“ Beispiele analoger Bedeutungsverschiebungen, die gesellschaftlichen Wandel abbilden.

So steht also Hybridität für einen Wertewandel, der den gesellschaftlichen Verhältnissen der globalisierten Welt immer mehr entspricht. Sie ist

„Signatur einer Zeit", erschließt neue Denkräume und führt zu einer maßgeblichen Neudefinition bestehender sozialer und gesellschaftlicher Konzepte.

5.1.7.2 Matrilineare Vererbung als hybride „Signatur der Zeit"

Hybridität wird unter anderem als „Signatur der Zeit" verstanden (Schneider 2000: S. 200). Die Hybriditätstheorie ist den postkolonialen Theorien zugeordnet, die eine kulturell gemischte, eine globalisierte Welt zur Realität und Grundlage haben. Auch das Judentum unterliegt quasi globalisierten Zeitzeichen.

Wie in Kapitel 4.3.3 *Woher stammt das matrilineare Prinzip?* dargestellt, ist nicht eindeutig festzustellen, welcher Moment bzw. welche Momente ursprünglich Auslöser für die Einführung des matrilinearen Prinzips waren. Der Ursprung für die Zugehörigkeitsbestimmung über die mütterliche Linie im Judentum aber liegt aus heutiger Sicht in der Tora. Die Niederschrift der Bestimmung im mündlichen Gesetz festigte die Regel und deren Praxis. Bis zur Niederschrift der Mischna wurde die Vererbung des Status sowie der Weg der Konversion je nach jeweiliger historischer Situation unterschiedlich praktiziert.

Hybridität als „Signatur einer Zeit" wird als *Unmöglichkeit* beschrieben, in einer globalisierten Welt Kulturen in einer „Reinform" zu denken. Die Vererbung des jüdischen Status über die Mutter aber sollte wahrscheinlich bereits seit tausenden Jahren eine Durchmischung verhindern bzw. den Status der Kinder in der Diaspora vereindeutigen. Nur so konnte das Judentum seit der Zerstreuung in nichtjüdischen Mehrheitsgesellschaften überleben.

Olmer (2010: S. 25) schrieb nun in seiner Dissertation, dass es darum gehe, „wie ererbter Glaube in einer veränderten Situation gelebt werden kann". Drei maßgebliche Veränderungen sind m.E. eingetreten:

Erstens wurden durch dominante Diskurse und Wahrheitsregime (Ha 2005: S. 15) „Halbjuden" und „jüdische Mischlinge" im Nationalsozialismus real. So sagt Frank, der Mitte der 1930er Jahre geboren wurde:

> „Nach diesen blöden, aber für viele Leute noch angewendeten Rassebegriff bin ich ‚Halbjude'."

„Halbjuden" existieren jedoch nicht. Weder nach jüdischem Verständnis noh als „Wir-Gruppe". Im Nationalsozialismus aber wurde eine Begriffsrealität mit teilweise tödlichen Folgen für eine bis dahin nichtjüdische Bevölkerungsgruppe geschaffen. Dieses Denken wird nach wie vor tradiert – sei es auch nur durch die Begriffswahl der Selbstbezeichnung als „Halbjude".

Die zweite veränderte Situation ist die Existenz des Staates Israel. Es gibt heute eine Alternative zur Diaspora und damit auch eine veränderte Notwendigkeit, Juden in einer nichtjüdischen Mehrheitsgesellschaft vor einer

„Durchmischung" oder gar einem „Einverleiben" durch diese nichtjüdische Mehrheitsgesellschaft zu schützen.

Mit dem Staat Israel gibt es einen jüdischen Staat. Man muss nicht unbedingt religiös sein, um jüdisch zu leben. *Und* der Staat Israel ist aufgrund der Erfahrungen in der NS-Diktatur auch für „hybride" Formen offen.

Die dritte veränderte Situation ist die allgemeine Säkularisierung. Traditionelle Regeln, z.B. innerhalb derselben Gruppe zu heiraten, haben sich sowohl in christlichen als auch in jüdischen Kreisen zunehmend verwaschen. So nehme ich beispielsweise bei den Interviewpartner/innen wahr, dass vor der NS-Zeit in gemischt konfessionellen Partnerschaften ein Partner in der Regel konvertierte, ist dies nach 1945 eher nebensächlich.

Zusammenfassend gibt es bezüglich Menschen patrilinear jüdischer Herkunft zurzeit m.E. drei relevante Situationen, die unter dem Aspekt der „Signatur der Zeit" zu berücksichtigen sind:

Zum einen wurden Patrilineare im Nationalsozialismus als „Halbjuden" zur gesellschaftlichen Realität. Zum anderen werden Partnerschaften heute nahezu frei von kulturellen, religiösen oder nationalen Vorstellungen und Grenzen gelebt. Zum Dritten zählt die Existenz eines jüdischen Staates.

Die matrilineare jüdische Abstammung wurde vor ca. 2.000 Jahren zur jüdischen Gesetzesregel. Hybridisierung wird, wie oben beschrieben, auch im Judentum zunehmend gesellschaftliche Realität. Im jüdischen Gesetz jedoch hat die Hybridisierung bisher keine Entsprechung gefunden, was m.E. den Erhalt des Judentums sowohl sichern als auch zerstören könnte.

5.1.7.3 Der „dritte Raum" oder: gibt es ein „Dazwischen"?

Hybridität bezeichnet mehr als eine kulturelle Vermischung, die unter den Bedingungen der jeweiligen Zeit entsteht. Hybridität beschreibt heute immer auch die Metapher von Homi Bhabhas „third space", dem „dritten Raum".

Der „dritte Raum" bringe fruchtbare Ressourcen, Kreativität und andere Formen der kulturellen Bereicherung hervor (Ha 2005: S. 149), schaffe aber vor allem Freiräume, in denen, nach Bhabha (2000), ein freies Handeln und ein Austausch frei von Hierarchien möglich sein sollen.

Im Folgenden werden anhand der Interviews und Gespräche Situationen und Erfahrungen analysiert, in denen ein „dritter Raum" entstehen könnte. Dabei musste ich feststellen, dass zumeist Differenz und Polarisierung, weniger „Vermischung" bzw. Hybridisierung von meinen Gesprächspartner/innen beschrieben werden.

Ein erster wichtiger Bezugspunkt ist – erneut – die Differenz zu nichtjüdischen Deutschen im Zusammenhang mit dem Nationalsozialismus und der Shoah. Meine Interviewpartner/innen berichteten häufig, dass eine erste Berührung mit der Differenz zur Mehrheitsgesellschaft in der Schule stattfand. Frau BL beispielsweise beschreibt, dass sie sich anders fühlte als die nichtjüdischen, deutschen Klassenkamerad/innen. Rückblickend erkennt Frau BL, dass sie, bevor sie in die Schule kam, eigentlich keinen Kontakt mit den ehemaligen deutschen „Tätern" der Geschichte bzw. mit deren Kindern gehabt hatte. Frau BL:

> „Und dann waren irgendwie innerhalb dieser Lerneinheit, dieser langen Lerneinheit Faschismus, waren dann irgendwie auch Juden dran. Und ich kann mich nicht mehr erinnern, was die Lehrerin zu dem Thema erzählt hat, aber ich erinnere mich lebhaft daran, dass sich plötzlich eine Klassenkameradin von mir meldete und sagte [macht eine zickig klingende Kinderstimme nach] *‚Und meine Oma hatte Juden im Keller versteckt'*. Und ich weiß noch, dass ich mit meinen damals 14, 15 Jahren dachte, ich fall' vom Stuhl. Und mein Freund [Name], der aus einer, genauso einer Familie kommt wie ich, von hinten mich umarmte, weil ich das Gefühl hatte, ich muss mich jetzt festhalten. Und ‚hast-de-nich-gesehen', waren mindestens sieben, acht Arme oben, und alle hatten sie Juden im Keller versteckt."

Es wird deutlich, dass Frau BL Differenz empfindet. Von dem Moment an fühlt sie sich als der Klassengemeinschaft nicht mehr zugehörig. Ihr Empfinden rührt daher, dass sie die Aussagen der Klassenkamerad/innen als unwahr im Geschichtszusammenhang wahrnimmt, aber auch als Kontrast zu ihrer Familiengeschichte. Sie erlebt in dieser Situation einen Schock, weil sie in diesem Moment erkennt, dass sie von der Shoah in anderer Weise betroffen ist (vgl. Kapitel 5.2.1.3 Übergreifend).

So findet in diesem Beispiel unmoderiert, vielleicht gar unerkannt ein Zusammentreffen zwischen Menschen jüdischer und Menschen nichtjüdischer Herkunft statt. Dieses führt bei Frau BL nachhaltig zu einer inneren Distanzierung gegenüber den nichtjüdischen Klassenkamerad/innen, nicht zu einem Austausch und damit nicht zu einem „dritten Raum".

Differenz nehmen Patrilineare gegenüber nichtjüdischen Deutschen aber auch außerhalb des spezifischen Zusammenhangs der deutschen Geschichte vielfach wahr. Grundlage ist das Gefühl und die Wahrnehmung, „irgendwie anders" zu sein. Dabei geht es immer auch um eine Positionierung zum Gegenüber, also um ein „Ich bin anders als". Es können dabei Individuen, Gruppen, die Mehrheitsgesellschaft, die Wahrnehmung von Geschichte oder auch besondere Handlungen sein, zu denen sich Patrilineare positionieren und als „anders" wahrnehmen.

Einen jüdischen Vater zu haben ist dabei zunächst einmal der Rahmen dafür, dass „etwas", möglicherweise man selbst, *anders* ist. So spricht Max davon, dass es der jüdische Vater sei, der einen unterscheide, und Rebecca sagt,

> „dass Zuhause was anders ist, das ist eigentlich das, was man als

> Kind mit sich rumträgt. Nicht, dass man selber wirklich anders ist, sondern dass da Zuhause was ganz anders ist."

Judith spezifiziert das Anderssein über die, wenn auch säkularen, Religionspraxen:

> „Die größte Differenz zu anderen nicht-christlichen Kindern habe ich darin empfunden, dass ja ganz viele Leute immer so sagen: ‚Ich bin nicht, ich bin gar nicht christlich und ich bin auch nicht religiös, aber wir feiern natürlich schon mit Weihnachtsbaum und gehen in die Kirche an Weihnachten.' Und da habe ich auch schon als Kind gemerkt: da sind wir auf eine andere Art nichtchristlich, als andere Nichtchristen."

Und auch Avshalom beschreibt den Zwiespalt innerhalb der religiösen Praxen. Er ist weniger säkular, geht also in die Kirche, weil er sich christlich fühlt, kann aber für sein Empfinden nicht an der Kommunion teilnehmen, weil er sich eben doch nicht gänzlich christlich fühlt. So feiert Judith dann doch auch irgendwie das Fest der Mehrheitsgesellschaft, zwar ohne Baum und Kirche, „aber wir wurden beschenkt [lacht] und wir haben zusammen gegessen".

Religiöse Praxis, so konnte ich untersuchen, findet häufig statt. In dieser wird aber nicht die „Durchmischung" oder nicht etwas Neues wahrgenommen, sondern eher eine Differenz. Und zwar eine Differenz zu christlichen Familien oder Personen in deren Ausübung von Ritualen.

Avshalom versteht diese Differenz als „Zuhausesein". Und er nimmt wahr, dass es so etwas bei nichtjüdischen Deutschen in dieser Mehrheitsgesellschaft gibt, bei ihm hingegen nicht, zumindest nicht hier. Avshalom:

> „Ich war schon anders als die anderen, [als] meine Klassenkameraden zum Beispiel. Die waren einfach Zuhause, die waren in dem, wie sie lebten, Zuhause, die waren in ihrer Religion Zuhause, in ihrem Ort, in ihrer Familie. Die waren einfach Zuhause. Ich war da anders."

Das mögliche „andere Zuhause", das sich durch den jüdischen Hintergrund eröffnen könnte, kann tatsächlich auch häufig als verwirrend und abweisend erlebt werden. Wie in Kapitel 5.2.3.3 *Übergreifend* näher beschrieben, berichten Patrilineare häufig von Begegnungen mit Juden, bei denen auf den halachisch nichtjüdischen Status Bezug genommen wird. So erfahren mehrere Interviewpartner/innen Ablehnung und Ausschluss durch jüdische Gemeinden (vgl. Kapitel 5.2.3 Antisemitismus: paradoxe Anerkennungserfahrung). Von Begegnungen mit Einzelpersonen erzählen Frau BL und Rebecca. Frau BL berichtet von der Begegnung mit einer Orthodoxen, die Frau BL wegen ihres lediglich jüdischen Vaters sagte, „dass aus meinem Leben sowieso nichts mehr werden kann, weil, ehm, DAS ist verdorben von A bis Z. Also wenn so ne Sachen passieren." Und Rebecca erzählt von einem Gespräch, in dem sie einem Juden sagte, „dass mein Vater Jude ist, und [dieser sagte] ‚[...] Naja, dann hast Du ja mit dem Judentum nichts zu tun'", was sie als verletzend erlebte.

Über die hier beschriebenen Erfahrungen, folgend in Kapitel 5.2.3 *Antisemitismus: paradoxe Anerkennungserfahrung* detailliert analysiert, wird deutlich, dass auch in der Begegnung mit Juden und jüdischen Institutionen Differenz wahrgenommen wird. Diese Erfahrungen sind in den Beschreibungen dann auch häufig gewichtiger als solche, in denen Patrilineare wohlwollend von Juden oder jüdischen Institutionen aufgenommen werden. Augenscheinlich ist, dass auch hier Zugehörigkeit das zentrale Thema ist, nicht die Führung eines Dialogs.

Zugehörigkeit ist dann auch der letzte Aspekt, den ich in Bezug auf den „dritten Raum" beschreiben möchte. Von Patrilinearen wird oft erwähnt, dass sie sich Gruppen eher nicht zugehörig fühlen bzw. nicht gerne Gruppen beitreten. Rebecca beispielsweise erinnert sich, viel allein gewesen zu sein. Sie fühlt sich persönlich anders als die anderen und macht dies daran fest, dass sie bereits als Kind immer „denkend" und allein herumgelaufen sei. Und auch Frau Elsa spricht davon, in ihrer Kindheit keiner Gruppe angehört zu haben, obwohl sie zu dieser Zeit noch nichts von ihrem jüdischen Hintergrund wusste. Dabei wird diese Distanz nicht als Ablehnung formuliert. Vielmehr ist es ein Abstand, der der Person inhärent ist, dessen Begründung nicht recht fassbar ist, aber der unausgesprochen in der jüdischen Herkunft liegen könnte.

> „Vorne sieht man normal aus, hinten ist aber etwas anders als bei den Anderen",

sagt Rebecca. Dies ist anders im Zuhause, anders in der religiösen Praxis, in der Erfahrung oder der Wahrnehmung, anders als bei Juden und anders als bei Nichtjuden.

5.1.7.4 Resümee und Konklusion

Bezug nehmend auf das genannte Zitat gibt es dennoch wahrscheinlich weder das Vorne noch das Hinten in einer „Reinform". Zunächst musste aber deutlich werden, dass die Nicht-Zugehörigkeit eine Auswirkung dieser spezifischen Herkunftskonstellation sein kann, oftmals aber die Befragten sich zu einer bestehenden Form zu positionierten, sozusagen das Gegenteil eines „dritten Raums" einnahmen. Auf den ersten Blick gibt es weder „Durchmischung" noch Verhandlung, sondern es wird sich an etwas Bestehendem orientiert oder es erfolgt eine gezielte Distanzierung dazu.

Nach meinen Recherchen ist es die spezifisch deutsch-jüdische Geschichte, die eine „Durchmischung" so schwierig macht. Natürlich findet sie dennoch statt, wie bereits an einigen Beispielen gezeigt. So feiert Judith doch – mit jüdischem Einfluss – auch ein bisschen Weihnachten, und Avshalom passt für sich die kirchliche Liturgie etwas an. Hannah zelebriert eine christlich-jüdische Hochzeit, in die sie Rituale beider Traditionen integriert. Max arbeitet in seiner universitären Abschlussarbeit zu deutsch-israelischem Anwaltsrecht.

Alle Interviewpartner/innen haben „das Jüdische" in irgendeiner Weise in ihr Leben integriert und tragen zur „Durchmischung" bei – in ihren Handlungen und Gedanken. Solche zu analysieren, ist ein nächster Schritt, um herauszufinden, wo es „dritte Räume" gibt und was in diesen entsteht und verhandelt wird. In der ersten Analyse der Interviews über die Verbindung zum Judentum allerdings entdeckte ich weniger Austausch und „Durchmischung" als vielmehr Differenz, Polarisierung und die Frage nach der Zugehörigkeit.

5.2 Jüdische Identität

Recherchiert man über jüdische Identität, findet sich ein Jahrtausende umfassendes Sammelsurium an Informationen zu jüdischer Religion, deren Richtungen und Gemeinschaft(en), zu Kultur, Sprachen und Traditionen oder auch die, auch für Christen und Muslime heiligen Orte und identitätsstiftenden Texte. Außerdem sind heute die israelische und israelbezogene Politik und der Umgang mit Antisemitismus dauerhaft im Fokus öffentlicher Aufmerksamkeit. Die damit verbundene jüdische Identität offenbart sich somit nicht nur als Vielfalt, sondern stößt, von jüdischer und nichtjüdischer Seite, auf vielfältiges Interesse.

Jüdische Identität definiere ich im Folgenden grundlegend als Teilidentität, zunächst allgemein als das Leben und Empfinden sowie das Zu- und Beschreiben von Judesein und Jüdischsein – von Juden und Nichtjuden im Außen und Innen.

Ausschlaggebend für diese Kombination von Selbst- und Fremdbild ist die Erkenntnis, dass Juden (und Nichtjuden) Jüdischsein verstärkt konstruieren und konstruieren müssen, da im Grunde heute niemand mehr als Jude „erkennbar" ist bzw. sein muss. In diesem Zusammenhang spricht Pinto (o. J.) von einem „freiwilligen Jüdischsein" . Jüdische Identität, lege ich ich dieser Arbeit in der heutigen Zeit zugrunde, wird „im Juden" über sich selbst geformt und nach außen getragen – oder eben nicht. Parallel konstruieren Nichtjuden immer auch Zuschreibungen des „Judeseins" und „Jüdischseins" aus einer Außensicht.

Als Grundlage für ein Verständnis jüdischer Identität greife ich in diesem Sinne auf die beschriebene gegenseitige Bedingtheit in Kommunikation, also Selbst- und Fremdzuschreibungen für Identitäten zurück, ebenso auf Neher (1995). Dieser beschreibt, dass es keinen Weg zum (geistigen und religiösen) Judentum gibt, ohne „den Juden" als *Subjekt* mitzudenken. Die charakteristischen Merkmale, so Neher, sind von „den Juden" (als „Auserwählte" und „Überbringer") gegeben und nicht das Objekt *Judentum* „den

Juden" übergestülpt (Neher 1995: S. 9).[33] Die Frage, was Jüdischsein ist, ist demnach aus dem zu beschreiben, was Juden, aber auch Nichtjuden als Individuen und in Gemeinschaften gestalten -aber ebenso auch aus den grundlegenden jüdischen Schriften und Gesetzen.

Um die Frage, was Patrilineare mit dem Judentum und dem Jüdischsein verbindet, zu beantworten, arbeitete ich mit Abrams „Scheibe aus Fünf" („Schijf van Fijf") der jüdischen Identität (Abram 2005). Auch Abram legt einen Identitätsbegriff zugrunde, der veränderbar ist und aus mehreren unterschiedlichen „Erfahrungsgebieten" besteht, durch die die Mitglieder einer Gruppe miteinander verbunden sind. „Ethnizität" wäre ein Theorem, das für Arams Struktur beschreibend wäre. So umfasst es soziokulturelle Gemeinsamkeiten, gemeinsame historische Erfahrungen oder etwa eine kollektive Identität, die auf Selbst- und Fremdzuweisungen beruht. Nur das übergeordnete Zugehörigkeitsbewusstsein ist infrage gestellt.

Für Abram formen – unter anderem – fünf Erfahrungsgebiete die Identität von in den Niederlanden lebenden Juden: die jüdische Kultur, Israel und Zionismus, die Shoah, Antisemitismus, die persönliche Lebensgeschichte und die niederländische Kultur. Herausstellen möchte ich für die folgende Analyse, dass Abram dieses Konzept offen denkt. Zum einen schreibt er, dass weitere oder andere Erfahrungsgebiete formuliert werden könn(t)en. Eine Anpassung seines Konzepts war für diese Arbeit damit leicht möglich. Zum anderen berücksichtigt er die Variation der Relevanz der einzelnen Aspekte je nach Individuum oder auch innerhalb von Lebensphasen, in denen einzelne Erfahrungsgebiete in ihrer Bedeutung für das jeweilige Individuum an Bedeutung zu- oder abnehmen können.

Im Folgenden überprüfe ich anhand der vier lebensweltlichen Aspekte jüdischer Identität nach Abram, ob und inwiefern Patrilineare eine nachweisliche, zugeschriebene oder empfundene jüdische Identität in ihren Erzählungen rekonstruieren.

5.2.1 Religion: Konfessionslos bleiben, sich jüdisch fühlen

Die Frage nach der Verbindung Patrilinearer zum Judentum und zum Jüdischsein erscheint zunächst als eine zentral religionsbezogene. Wie bereits gezeigt, ist dem nicht so. Religiöse Identität umfasst zahlreiche Themenfelder. Das theologische und auch das sozialpolitische, etwa mit der Frage nach der Bedeutung der Religion in Staaten, seien hier beispielhaft genannt (Krylov 2012). Im Zusammenhang dieser Arbeit zeigt sich das Themenfeld interreligiöser Identität in Beziehungen und Personen neben anderen Aspekten als zentral. Der Begriff einer *multiplen* Religionszugehörigkeit hat sich dabei beispielsweise im Wissenschaftsdiskurs bereits etabliert

33 Es sei denn, man geht von einem göttlich gegebenem Judentum aus, das auf Gottes Anweisung folgt.

(Cornille 2008: S. 15). Manche lebten eine Religion, ergänzten diese aber zu bestimmten Anlässen, so z.B. eine christliche Frau, die einen hinduistischen Tempel besucht, um die Fruchtbarkeitsgöttin anzubeten. Auch weitere Modelle sind beschrieben (Cornille 2008: S. 18). Es sind demnach verschiedene Ausformungen religiöser Mehrfachzugehörigkeit identifiziert. Die in dieser Studie fokussierten Kinder interreligiöser Verbindungen beschreiben nur ein Themenfeld.

Zentral ist, dass viele Religionen den Anspruch einer exklusiven Mitgliedschaft erheben. In vielen Religionen bekundet man mit Initiationsriten das Versprechen, nach den Gesetzen dieser Religion zu leben, was teilweise Gesetze anderer Religionen oder die Zugehörigkeit zu anderen Religionen ausschließt. Die völlige Hingabe an eine Religion verhindert diesen Gedanken einer möglichen multiplen Religionszugehörigkeit einer Person zum gleichen Zeitpunkt (Cornille 2008: S. 29).

Wachsende gesellschaftliche Pluralität und Säkularisierung allerdings führen unübersehbar zu interreligiösen Beziehungen, aus denen Kinder erwachsen, die potentiell die Möglichkeit haben, zwei Religionen zu leben oder mit diesen sozialisiert zu werden. Cornille bestätigt, dass die Eltern dieser Kinder häufig die Entscheidung für eine der beiden religiösen Traditionen treffen. Die Kinder selbst wiederum würden häufig eine doppelte oder geteilte „Loyalität“ empfinden (Cornille 2008: S. 20).

Patrilineare müssten getauft werden und später an (Initiations-)Riten teilnehmen, um sich zum Christentum zu bekennen.

Die meisten Patrilinearen dieser Untersuchung gaben – mit Ausnahme der Kriegsgeneration – interessanter Weise an, konfessionslos zu sein. Die drei Interviewpartner/innen dieser Generation waren christlich getauft und innerfamiliär auch überwiegend christlich sozialisiert. Die Folgegenerationen hingegen berichten über differierende Handhabungen. So war Taufe möglich, aber ungewöhnlich. Sie wuchsen zumeist in einem wenig religiösen Familienalltag auf. Rituale wurden teilweise befolgt und theologische Auseinandersetzungen teilweise geführt. Jeder der Interviewpartner/innen berichtet von einer religiösen Praxis innerhalb der Familie und des Lebens in einer christlichen Mehrheitsgesellschaft, nicht jedoch von einer aktiven Teilnahme in der Religionsgemeinschaft ihres nichtjüdischen Elternteils.

In diesem Kapitel wird die religiöse Komponente der Verbindung Patrilinearer mit dem Judentum und Jüdischsein anhand der Frage, warum Patrilineare ihr (in Teilen) vorhandenes jüdisches Selbstverständnis nicht über Konversion legalisieren, beleuchtet. Eine Darstellung der theoretischen und religiösen Vorstellungen und Gedanken Patrilinearer zu tatsächlich religiösen Inhalten ist über die geführten Interviews jedoch nicht konkret abbildbar, weshalb die normative Struktur den roten Faden des religiösen Aspekts verdeutlicht.

Bei den Interviewpartner/innen zeigte sich häufig ein jüdisches Selbstbild; gleichzeitig wird die Konversion zum Judentum mehrheitlich abgelehnt. In den Augen der Interviewpartner/innen verweigert die jüdische Gemeinschaft die Anerkennung ihrer jüdischen Identität aufgrund der von den Regeln der Halacha abweichenden Verwandtschaftsverhältnisse. Dass Vaterjuden in Konversionsanträgen häufig mit Verwandtschaft argumentieren, bestätigt eine Studie, in der Konversionsanträge aus den 1950er und 1960er Jahren ausgewertet wurden (Barner 2008: S. 8). Meine Interviewpartner/innen lehnen es dennoch überwiegend ab, durch Konversion ihr jüdisches Selbstbild zu „formalisieren". Hiermit verbunden ist die Tatsache, dass diese Studie und die Interviewpartner/innen einer Zeit entstammen, in der es in Deutschland keine bzw. nur wenige liberale Gemeinden gab. Die Entwicklung der letzten Jahre hat hierin eine maßgebliche Veränderung hervorgebracht. Patrilineare meiner Untersuchung hatten in der Regel lediglich die Möglichkeit, in orthodoxen Gemeinden und Zusammenhängen um Aufnahme zu bitten. Obwohl sie also den offiziellen Beitritt durch Konversion in diese religiöse Gemeinschaft der Juden ablehnten, leben Patrilineare ein „individuelles Jüdischsein" bzw. Judentum.

5.2.1.1 Hintergrund: Konversion

Der Übertritt (Gijur)

Zur Verdeutlichung der Hürde, die Patrilineare überwinden müssen, um formal jüdisch zu werden, stelle ich kurz den Weg der Konversion zum Judentum vor. „Gijur" wird der Prozess des Beitritts eines Nichtjuden zum Judentum genannt, in dem der Konvertit sich Fertigkeiten wie kulturelle Traditionen oder die Kenntnis der hebräischen Sprache aneignet. Der Gijur kann orthodox oder konservativ, liberal oder progressiv vollzogen werden. Er ist ein bewusster Prozess und kann daher beispielsweise nicht im Säuglingsalter durchgeführt werden. Seine Dauer beträgt mindestens ein Jahr. In diesem Jahr nimmt der Konvertit am Gemeindeleben teil, um die religiösen Riten eines vollständigen Zyklus zu erleben und zu erlernen. In der Praxis dauert dies in der Regel wesentlich länger als ein Jahr, meist zwei Zyklen und mehr. Darüber hinaus gibt es nach der Halacha drei Bedingungen, die mit dem Übertritt erreicht bzw. ausgeführt sein müssen:

- Die Kenntnis der 613 jüdischen Gesetze, der Mizwot (365 Verbote und 248 Gebote)
- bei Männern die Beschneidung (sie steht für den Bund mit G'tt) und
- das Untertauchen in einer Mikwe, dem rituellen Tauchbad (für Frauen und Männer).

Abgeschlossen wird der Gijur vor einem „Beit Din", das aus drei Rabbinern bestehende Gericht, welches prüft, ob man nun als Jude leben kann (Magonet 1995: S. 138 f.).

Der Vorgang des Konvertierens und seine Gültigkeit sind dabei noch weit komplexer. Dies zeigt sich in der Praxis etwa an der Strenge der einzuhaltenden Gebote oder darin, dass orthodoxe Juden bzw. Rabbiner den in konservativen oder liberalen Gemeinden, generell nicht orthodox durchgeführten Übertritt nicht anerkennen. Zwischen einem gebürtigen und einem übergetretenen Juden besteht aus Sicht orthodoxer Rabbiner kein wesentlicher Unterschied mehr (Magonet 1995: S. 150). Bisher war der Weg des Gijur für Patrilineare in Europa derselbe Weg wie für jeden anderen Nichtjuden auch. Hierin ist seit der Entstehung liberaler Gemeinden ein Fortschritt zu erkennen. Rabbiner Kučera beschreibt dies über die ‚Statusklärung', die es für Patrilineare zu beschreiten gälte, wollten sie den formalen Akt begehen. Laut Rabbi Kučera sind Patrilineare im liberalen Judentum bereits als Juden willkommen und müssen nicht den gleichen Weg gehen, den ein Nichtjude gehen muss. Irith Michelsohn, Geschäftsführerin der Union progressiver Juden in Deutschland, bestätigt dies und ergänzt, dass dennoch gewisse Rituale dem Gijur gleich sind: das rituelle Bad in der Mikwe und die Beschneidung.

Der Umgang mit Konvertiten seitens des Judentums – von der Tora bis heute

Das Judentum ist grundsätzlich eine offene Gemeinschaft, die zu Proselyten (griech.: die Hinzugekommenen) positiv eingestellt ist (Herweg 1995: S. 52). In talmudischen Schriften wird vom *Ger Zedek*, dem „gerechten Fremden", gesprochen. So gibt es zum Beispiel bereits von Rabbi Elieser, einem bedeutenden jüdischen Gelehrten des Altertums, die Aufforderung: „Wenn jemand zu Dir kommt, um Proselyt zu werden, so weise ihn nicht zurück, sondern ermutige ihn." (Herweg 1995: S. 50). Die wohl bekannteste Konvertitin der Tora ist Rut, die Mohabiterin. Nach dem Tod ihres Mannes bleibt Rut ausdrücklich auf bekundeten eigenen Willen bei ihrer Schwiegermutter. Das bekannte Bekenntnis von Rut lautet: „Dein Volk ist mein Volk und Dein Gott ist mein Gott" (Stuttgarter Erklärungsbibel, Rut 1,16). Diese Konvertitin ist die künftige Urgroßmutter des zweiten Königs von Israel: König Davids.

Generell waren die Juden von den Zeiten der Tora an ein sehr „durchmischtes" Volk. Zeitweise galten Übertritte gar als Beweis für den Gott Israels (Seidel 1995: S. 80). Eine Art „Geschlossenheit" entwickelte sich erst durch zahlreiche gesellschaftliche Bedrohungssituationen, so die antijudaistische Kirchenpolitik des Mittelalters oder der rassistisch motivierte Judenhass seit dem 18. Jahrhundert. Diese Verfolgungssituationen machten es häufig notwendig, sich zum einen gegen die Gesellschaft zu schützen und zum anderen das Fortbestehen der jüdischen Kultur zu sichern. „Juden [waren] ohnehin ständig in Gefahr, von der religiösen Mehrheit zum

Übertritt gezwungen zu werden und konzentrierten deshalb ihre ganze Energie darauf, sich die christliche und islamische Welt vom Leibe zu halten" (Jacob 1995: S. 172).

Ein großer Teil der jüdischen Gemeinden des 19. Jahrhunderts schwächte die Konversionsbedingungen für den jüdischen Partner ab. Es waren die liberalen, progressiven und reformierten Gemeinden Europas, Amerikas, Australiens und Südafrikas, die Juden durch den abgemilderten Beitritt halten und nicht vertreiben wollten (Levinson 1986: S. 169). Nach dem Zweiten Weltkrieg haben sich in Deutschland Akzeptanz und Integration der jüdischen Bevölkerung durch und in die Mehrheitsgesellschaft noch einmal verändert (Jacob 1995: S. 170). Die Quantität von Konversionswünschen und deren inhaltliche Begründungen waren Ausdruck dieser Veränderung. Eine Studie untersucht die Konversionsanträge, die in den 1950er und 1960er Jahren in Deutschland gestellt wurden. Die „Gerut-Kommission" der Rabbinerkonferenz, die sich mit Konversionen befasst, entschied während dieser Periode auch über die Aufnahme ins Judentum. Neben sozial, religiös und politisch motivierten Konversionsanträgen fanden sich Anträge von Menschen, die halachisch nichtjüdisch, aber während des Nationalsozialismus als Juden verfolgt worden waren. Die psychologischen Schwierigkeiten, in denen sich diese Personen teilweise befanden, stießen bei den Rabbinern auf wenig Verständnis (Barner 2008: S. 88). Die Rabbinerkonferenz dachte überwiegend für das Kollektiv im Sinne einer traditionellen jüdischen Gruppenzusammengehörigkeit, nicht im Sinne der Einzelschicksale dieses Personenkreises (Barner 2008: S. 32). Dabei setzten sich die Mitglieder der Rabbinerkonferenz hier von Positionen ab, die unmittelbar nach dem Zweiten Weltkrieg zu einer größeren rabbinischen Offenheit gegenüber den Einzelschicksalen von patrilinearen Juden geführt hatten (Barner 2008: S. 88 f.). Der einzige Kompromiss bestand in der bereitwilligen Aufnahme Patrilinearer, bei denen eine jüdische Erziehung gewährleistet war (Barner 2008: S. 92). Wirklichen Druck auf das halachische matrilineare Prinzip und die Rabbiner gab es seitens der Patrilinearen allerdings nicht, da sie nur wenige Konversionsanträge stellten (Barner 2008: S. 92 f.).[34]

In den Niederlanden hingegen gab es, wie in Kapitel 4.3 beschrieben, zwischen 1955 und 1971 seitens der liberalen jüdischen Gemeinde von Jaap Soetendorp Bemühungen, Menschen mit einem jüdischen Vater die

34 In den Konversionsanträgen der 1950er und 1960er Jahre wurde übrigens der Anspruch auf Zugehörigkeit häufiger von Kindern, die den Nationalsozialismus nicht miterlebt hatten, mit dem Verfolgungsschicksal begründet, als von jenen, die die Zeit vor 1945 noch miterlebt hatten (Barner 2008: S. 90). In den für diese Dissertation geführten Interviews argumentieren ebenfalls allein Patrilineare, die den Nationalsozialismus (und ggf. die Zeit davor) nicht miterlebten, mit der Verfolgungsgeschichte. Interviewpartner/innen, die die Zeit des Nationalsozialismus miterlebten, empfanden ihre jüdische Identität weniger stark.

Türen zu öffnen. Um formell jüdisch zu werden, mussten die Patrilinearen lediglich einige Unterrichtsstunden nehmen. Das Vorsprechen vor dem Beit Din entfiel. Aber auch hier nahmen nur wenige Patrilineare das Angebot in Anspruch (Benima 2006). In Amerika eröffnete sich bezüglich Kindern aus „Mischehen" 1983 eine weitere Chance: Die Central Conference of American Rabbis (CCAR) verfasste 1983 eine Resolution zum Status von Menschen patrilinear jüdischer Herkunft. Sie erkennen seitdem Patrilineare als „Menschen jüdischer Abstammung" an. Der Übertritt wird erleichtert, sofern die jüdischen Gesetze eingehalten werden. Das Vorsprechen vor dem Beit Din ist hier jedoch notwendig, um als Jude aufgenommen zu werden.

Gleichzeitig gibt es seit der Gründung des Staates Israel in diesem immer auch eine Notwendigkeit, über die Frage *Wer ist Jude?* zu debattieren. In den 2010er Jahren gibt es bereits über 300.000 israelische Staatsbürger ohne Religionszugehörigkeit oder christlicher mit jüdischer Selbstverortung (Finkelstain 2013: S. 35). Die meisten dieser potentiellen Konvertiten ziehen eine Konversion allerdings nicht in Erwägung. Untersuchungen zufolge liegt dies maßgeblich an einer grundlegend fehlenden Motivation wie auch an der Vielzahl von Regeln und der Administration, die es zu bewältigen gälte (Finkelstain 2013: S. 35). Circa ein Drittel derer, die eine Konversion schließlich beginnen, beenden diese nicht. Vor dem Hintergrund dieser Zahlen und Entwicklungen wird deutlich, dass auch in Israel Stimmen für Veränderungen erstarken. Jüngst sollte ein Gesetz verabschiedet werden, das Stadt- und Gemeinderabbinern ermöglichen würde, Konversionen ohne Beit Din durchzuführen In einem anderen Gesetz sollte geklärt werden, wie mit orthodoxen Konversionen aus dem Ausland umgegangen wird. Diese neuen Gesetze (vgl. Interview mit Netanel Fisher 2013), die die bisherigen modernisieren würden, schaffen es aber in der Regel noch nicht einmal bis in die Knesset.

Bis heute halten sich also aus jüdischer Sicht trotz der gesetzlich verankerten Akzeptanz oftmals Vorbehalte gegenüber Konvertiten. So wird die Angst genannt, dass zu viele Konvertiten das Judentum unterwandern und damit verändern könnten. Im orthodoxen Judentum kommt hinzu, dass Konvertiten (im Gegensatz zur oben beschriebenen Auffassung) nicht halachakonform seien (Jacob 1995: S. 176 ff.). Schlussendlich wird diese Ansicht durch die Aussage: „Jude kann man nur sein, man kann es nicht werden" (Broder 1995: S. 24), bestätigt.

Riten und Geschichtswissen könne man lernen, nicht aber das Jüdischsein, das ein Konglomerat aus Volkszugehörigkeit, Religion und gemeinsamer Geschichte sei (Broder 1995: S. 24 ff.). Glücklicherweise entscheiden weiterhin Rabbiner über die Zulassung zur Konversion. Denn trotz dieser Vorbehalte gilt: „Keiner tritt über, um Konvertit zu werden, man tritt zum Judentum über, um Jude zu sein" (Magonet 1995: S. 150). Mit Broders

Sichtweise wäre dies zumindest entgegen der tradierten Einstellung gegenüber Proselyten im Judentum unmöglich.

Konversion bei interreligiösen Paaren

In oben erwähnten Studien über Konversionsanträge aus den 1950er und 1960er Jahren zeigt sich, dass die meisten Anträge von Frauen mit einem jüdischen Partner stammten (Barner 2008: S. 70 f.). Die Gerut-Kommission zollte dieser Entwicklung Tribut, indem sie Übertritte aus Heiratsgründen häufig duldete (Barner 2008: S. 99). Im Ausland wurde das Gremium der Gerut-Kommission aufgrund seiner kompromissbereiten Haltung in Bezug auf interreligiöse Paare „nicht wirklich anerkannt" (Barner 2008: S. 101), weshalb sich diese Haltung letztendlich in eine strengere Richtung verschob. Auch Amerikas Juden reagierten Anfang der 1970er Jahre auf eine immens wachsende Zahl von interreligiösen Paaren eher „integrativ". Man bot zahlreiche Kurse an, die die Annäherung an das Judentum erleichtern sollten. Der Übertritt wurde danach für konversionswillige Partner/innen eher einfach gestaltet. Der Fortbestand des Judentums, der durch die Häufung von interreligiösen Paaren bedroht schien, sollte somit gewährleistet werden, ebenso wie die jüdische Erziehung der Kinder (Magonet 1995: S. 149 und Jacob 1995: S. 168).

Die Notwendigkeit der halachagetreuen Konversion setzte sich dennoch in vielen Ländern (wieder) durch, nicht zuletzt, weil in Israel lediglich der orthodoxe Übertritt den jüdischen Status gewährleistet. Dies gilt, wie erwähnt, ebenfalls für Menschen, die im Ausland konvertieren und auf die Rechtsprechung israelischer Rabbiner z.B. wegen der Einwanderung angewiesen sind.

Im heutigen Deutschland ist die Konversion für alle Nichtjuden prinzipiell gleich. Vorteile für Partnerinnen von Juden werden allenfalls über eine persönliche Ebene, nicht aber über eine institutionelle grundsätzliche Handhabung gewährt. Da es bei streng praktizierenden Juden (und Christen) überwiegend Usus ist, innerhalb der eigenen Religion zu heiraten, ist bei international „gemischten" Paaren davon auszugehen, dass diese Paare weitestgehend säkular eingestellt sind.[35] Der Wunsch des Übertritts wäre demnach eher sozial begründet, der Gijur jedoch ist lediglich religiös möglich.

35 Die größte überregionale deutsche Tageszeitung hielt es übrigens für berichtenswert, dass der Sohn des israelischen Staatsoberhaupts eine (norwegische) Protestantin, also eine Nichtjüdin, zur Freundin hat. Auch für Nichtjuden scheint das Fehlen der religiösen Formalie im Zusammenhang eines Staatsoberhaupts also von Belang. http://www.sueddeutsche.de/panorama/israelisch-norwegische-liaison-netanjahus-junior-ist-brisant-verliebt-1.1874483, Schmitz, Thorsten: Israelisch-norwegische Liaison. Netanjahus Junior ist brisant verliebt. In: Süddeutsche Zeitung, Stand 29.1.2014.

Auch hier spricht Rabbiner Kučera (vgl. Interview 2015) von einer eher modernen Handhabe, die sich in liberalen Gemeinden etabliere. In dieser „post-halachischen“ Zeit sei es beispielsweise seines Erachtens als eher weltfremd zu beurteilen, nichtjüdische Ehepartner aus den Gemeinden auszuschließen. Man trägt hier vielmehr den gesellschaftlichen Entwicklungen Rechnung und lädt diese Ehepartner mit in die Gemeinden ein, ohne sie missionieren zu wollen, und gewährt auch Kindern aus solchen Beziehungen nach einer Statusklärung eine jüdische Erziehung und einen jüdischen Status. Eine einer säkularisierten Welt angepasste Zugehörigkeit zu dieser religiösen, sozialen und kulturellen Gemeinschaft wird so zunehmend eröffnet – was zum Zeitpunkt der Interviews aber noch als eine ungewöhnliche Entwicklung anzusehen war.

5.2.1.2 Sequenzanalyse: „wie soll ich etwas werden, was ich bin?“

Die vorgestellte Ankersequenz erfolgt nach ca. 15 Minuten des Interviews im Rahmen der Antwort auf meine Rückfrage, was für sie, Frau Elsa, „das Jüdische“ ist. Vor der Sequenz sagt sie, dass sie mit 15 Jahren das „Mutterhaus“ verlässt und mit 17 in eine süddeutsche Großstadt zieht, wo sie eine verantwortungsvolle Stelle in der Jugendorganisation der Jüdischen Gemeinde ausübt.

> „Ich hab dann irgendwann damals natürlich auch, wie einige andere in meinem Umfeld, zum Beispiel über diese Frage nachgedacht, das ganze zu legalisieren und überzutreten. Das habe ich damals rigoros von mir gewiesen mit so einer gewissen Arroganz, im Sinne von ‚wie soll ich etwas werden, was ich bin?‘ So, ja? Ich habe das später in der Tat bereut, was ich ein ehrlich gesagt schwieriges Eingeständnis finde, weil es eigentlich mit meinem aufgeklärten Bewusstsein nicht so wirklich vereinbar ist. Aber ich habe es tatsächlich bereut, weil es sich dann doch sehr viel später und im Zusammenhang mit den Kindern, die ich bekommen habe, irgendwie als ein Problem erwiesen hat. Also es hätte dann mir doch stärker entsprochen, ich hätte das irgendwann mal wieder legalisiert.“

Frau Elsa leitet die Frage nach der Konversion mit einer ungefähren zeitlichen Einordnung in ihre Biographie ein. Dabei nennt sie kein konkretes Datum, bezieht sich aber mit „irgendwann damals“ auf die in Kapitel 3.2.1.6 *Frau Elsa* beschriebene Zeit des Zuzugs in die süddeutsche Stadt und ihrer Arbeit in der Jugendorganisation.

Dadurch, dass sie sich auf die damalige Zeit bezieht, legt Frau Elsa nahe, dass der Prozess des Nachdenkens über eine Konversion für sie abgeschlossen ist. Der Übertritt wirkt wie eine Handlung, die in der Vergangenheit hätte stattfinden müssen. In der Gegenwart finden keine Überlegungen zu einem Übertritt statt. Das erzählende Ich hat vom erzählten Ich Abstand genommen.

Lediglich ihre Evaluation zu ihrem späteren Blick auf das ausgebliebene Handeln können sowohl als frühere als auch als aktuelle Gedanken verstanden werden. So liegt die Bewertung ihrer Entscheidung, das Bereuen, „es" nicht getan zu haben, in einem „Später" im Verhältnis zum „Damals", aber nicht unbedingt im „Jetzt". Offen bleibt, ob es ihr früher mehr entsprochen hätte und nicht mehr relevant ist, oder ob es ihre jetzige Sichtweise auf den nicht vollzogenen Übertritt spiegelt.

Wiederholt bewertet sie die Entscheidungen und Einstellungen ihres damaligen Ichs. Sie wies die Legalisierung durch Konversion von sich. Und zwar „rigoros", nicht zweifelnd, unterstrichen dadurch, ihr Handeln als „Arroganz" zu benennen. Die Vermutung liegt nahe, dass Frau Elsa ihr früheres Verhalten als „jung und dumm" bewertet. Aus ihrer heutigen Sicht, so scheint es, wäre eine Konversion jedenfalls nicht (so) schlimm bzw. sogar die richtige Entscheidung gewesen.

Ein Wandlungsprozess ihrer Identität ist überdies in ihrer Bewertung eingeschlossen. Dieser wird dadurch deutlich, dass sie eine damals als sinnvoll empfundene (ausgebliebene) Handlung nachträglich bedauert, evtl. gar als falsch bewertet.

Die Frage nach einer „damals" möglichen Konversion ist in ihren Augen eine Frage, die „selbstverständlich kommen muss". Im Gegensatz zu einem Konvertiten ohne jüdischen Hintergrund hat sie „natürlich" über diese Frage nachgedacht und sie als Bestandteil ihrer Identität gewertet. Dennoch ist die Frage nur nachgeordnet, nur „zum Beispiel" relevant.

Es ist eine Frage, mit der sie nicht – zumindest nicht ausschließlich – alleine ist. Einige andere in ihrem Umfeld dachten ebenfalls über „diese Frage" nach. Es liegt nahe, dass diese anderen einen ähnlichen halachisch nichtjüdischen Hintergrund wie sie haben. Wie die Personen in ihrem Umfeld sich letztendlich entschieden, bleibt hier offen. Die Bedeutung des Umfeldes liegt hierbei vielmehr in seinem Vorhandensein und in der Diskussion als in gemeinsamen Ergebnissen.

Der Aspekt der Diskussion Frau Elsas mit diesem Umfeld legt nahe, dass sie sich über eine mögliche Konversion austauschten. Die Bezeichnung „in meinem Umfeld" lässt darüber hinaus auf engere persönliche Kontakte zu diesen Anderen schließen, im Gegensatz beispielsweise zum Umfeld der Arbeitsstelle oder der Gemeinde. Möglich ist, dass das Umfeld Einzelpersonen umfasst oder aber auch einen bestehenden größeren Kreis.

Sie verwendet das Verb „legalisieren" im Zusammenhang mit dem Übertritt. Legalisieren ist ein rationaler Begriff, der Vernunft und Aufklärung vermittelt (später spricht Frau Elsa hier auch von einem „aufgeklärten Bewusstsein"). Die eher distanziert und rational anmutende Wortwahl kennzeichnet, was der Gijur für Frau Elsa beinhaltet: Die formale Anerkennung ihrer jüdischen Lebenswirklichkeit (vgl. Kapitel 7.1 Begrifflichkeiten – eine Sprache für Vaterjuden).

Die Legalisierung hätte ihr mehr entsprochen, anders als für ihre Kinder, für die sich die ausgebliebene Handlung als Problem abzeichnete. Sie sagt hier nicht, dass es ihr mehr entsprochen hätte, Jüdin zu sein, sondern lediglich, dass die Legalisierung für sie der richtigere Weg gewesen wäre. Setze ich das Gesagte in Bezug zu der Frage, auf die sie hier direkt antwortet, nämlich jener, was für sie „das Jüdische" ist, so sagt sie, dass die formelle Legalisierung ein Teil des Jüdischen ist, dem sie demzufolge nicht entspricht.

In zweierlei Hinsicht ist ihr nicht legalisierter jüdischer Status für die äußere Wahrnehmung von Belang. Zum einen sagt sie zum Schluss, dass es ihr mehr entsprochen hätte, wenn sie ihr Jüdischsein „irgendwann" legalisiert hätte. Warum sie „mal wieder" sagt, ist unklar. Sie hatte es noch nicht legalisiert, zumindest nicht im Sinne einer Konversion. Für sie waren die Aktivitäten in der Gemeinde möglicherweise bereits eine Legalisierung und Bestätigung ihres Glaubens. Es war eine Zeit der Anerkennung von der und eine Integration in die Gemeinde. Ihr heutiger Beruf, in dem sie sich thematisch mit dem Judentum und Israel auseinandersetzt, scheint (wenn obige Lesart zutrifft) nicht ausreichend, um als Legalisierung zu fungieren. Möglicherweise liegt dies an der fehlenden Anbindung an eine formal akzeptierte jüdische Institution.

Der eigentliche Grund für ihr Bereuen der fehlenden Legalisierung aber sind ihre Kinder. Sie geht nicht näher darauf ein, spricht aber von einem „Problem", einerseits wohl in Hinblick auf die Erziehung oder aber aufgrund der Weitergabe des jüdischen Status an die Kinder, die nun ebenfalls keine Juden (aber jüdischer Herkunft) sind.[36]

Heute beschreibt Frau Elsa, dass sie es damals „irgendwann" (als unbestimmte Aussage) bereute, nicht offiziell zum Judentum übergetreten zu sein. Sie sagt weiterhin, dass es für sie ein schwieriges Eingeständnis sei, bereut zu haben, nicht konvertiert zu sein. Frau Elsa begründet dies mit ihrem „aufgeklärten Bewusstsein". Das „aufgeklärte Bewusstsein" steht hier offensichtlich als Gegensatz zum Glauben bzw. der Praxis des Glaubens. Mit einem aufgeklärten Bewusstsein müssten Überzeugungen an Stelle von Religion treten oder getreten sein. Dass es sich als Problem erwiesen hat, unterstreicht die Ambivalenz, die aus dem Widerspruch für sie entsteht. So bereut Frau Elsa es zwar, nicht übergetreten zu sein, steht aber gleichzeitig

36 Ob diese Problematik speziell auf Mütter zutrifft, kann hier noch nicht näher erörtert werden, da ich bisher erst einen männlichen Interviewpartner hatte, der Vater ist, der sich aber als nichtjüdisch wahrnimmt. Dieser Umstand bedarf weiterer Interviews.

zu ihrem aufgeklärten Bewusstsein. Diese Ambivalenz zeigt sie im Heute, nicht in der Vergangenheit.

Trotz ihrer sehr bewussten, bedachten und professionellen Wortwahl verwendet Frau Elsa an dieser Stelle das Verb „übertreten". Übertreten wird in der Regel für den Übertritt von einer zur anderen Religion verwendet. Sie dachte jedoch lediglich darüber nach, *beizutreten*. Eine verblüffend ähnliche Wortwahl fand ich in der Magisterarbeit von Barner, in der die Bitte zurückgekehrter israelischer Männer auftaucht, „die sozial bereits integrierten Ehefrauen doch auch noch zu legalisieren, also übertreten zu lassen" (Barner 2008: S. 100). Obgleich ich in diesem Zitat zunächst die Wortwahl des Legalisierens als verblüffend empfand, möchte ich hier lediglich auf das „Übertreten" eingehen. Möglicherweise kennzeichnet das Übertreten lediglich den Wechsel von einem Zustand in einen anderen. Dabei kann der aufgegebene Status sowohl der einer anderen als auch keiner Religion sein.

Zusammenfassend kann festgehalten werden, dass die Konversion in jedem Fall aufgrund der eigenen jüdischen Lebenswirklichkeit zumindest im jungen Erwachsenenalter zwangsweise durchdacht wird. Mit anderen Personen ähnlicher Herkunftskonstellation werden Konversionsfragen diskutiert. Die mögliche Handlung eines Übertritts liegt aus heutiger Sicht allerdings in der Vergangenheit. Auch die Evaluation findet nur für die Vergangenheit statt. Dabei spielen die Konsequenzen der Entscheidung, nicht konvertiert zu sein, in Bezug auf das eigene Umfeld eine Rolle. Die Positionierung in der Vergangenheit impliziert eine gewisse Klarheit, dass es sich um eine, zumindest im Geiste, abgeschlossene Handlungsmöglichkeit handelt. Gleichzeitig besteht auch im Heute noch eine ambivalente Sichtweise auf die (nicht durchgeführte) Formalisierung der inneren jüdischen Lebenswirklichkeit.

5.2.1.3 Übergreifend

In dieser Ausarbeitung wird das paradigmatische Modell (vgl. Kapitel 3.3.1 Ankersequenzen) genau bearbeitet. Die für das gesamte Phänomen relevanten Bedingungen und Konsequenzen, so zeigt sich in dieser Ausführung besonders deutlich, führen über die Verwendung des Modells innerhalb verschiedener Kapitel unvermeidlich zu Redundanzen.

Interviewpartner/innen, die konfessionslos sind, sich aber als jüdisch identifizierten, waren häufig von Geburt an konfessionslos. Sofern Eltern ihr Kind nicht taufen ließen, ist unter meinen Interviewpartner/innen nicht eine/r, der die mütterliche (überwiegend christliche) Religion für sich entdeckt hätte. Versuche der mütterlichen Familie, das Kind von der christlichen Religion zu überzeugen, schlugen durchweg fehl.

Die Interviewpartner/innen, die durch Säuglingstaufe einer christlichen Religion zugehör(t)en, blieben entweder bei der christlichen Religion oder traten aus der Kirche aus. In Teilen verfügen auch sie über ein jüdisches Selbstverständnis. Ein Übertritt zum Judentum wurde in keinem dieser drei Fälle ernstlich in Erwägung gezogen. Lediglich die zwei Interviewpartner/innen der Kriegsgeneration gaben an, ein christliches Selbstverständnis zu haben.

Auffallend ist, dass die Auseinandersetzung besonders mit der Religion für diese Patrilineare eine erhebliche Bedeutung hat. Religion hat bei Patrilinearen eine Bedeutung innerhalb ihrer Identitätsbildung, auch wenn die tatsächliche religiöse Ausübung nicht entscheidend ist.

Anders-Sein

Ein Charakteristikum von Patrilinearen, die sich jüdisch fühlen, ist, dass sie sich seit ihrer frühesten Kindheit „anders" fühlen. So sagt Frau Elsa:

> „Es war eine Erfahrung des Ausgegrenztseins, die korrelierte mit einer entsprechenden Empfindung [...], nämlich dem Gefühl, nicht ein Teil dieser Gruppe in meiner Klasse oder auch anderer denkbarer Gruppen, in denen man sich als Kind bewegt, gewesen zu sein."

Oder Avshalom:

> „Ich war schon anders als die anderen, meine Klassenkameraden zum Beispiel. Die waren einfach Zuhause. Die waren in dem, wie sie lebten, Zuhause, die waren in ihrer Religion Zuhause, in ihrem Ort, in ihrer Familie. Die waren einfach Zuhause. Ich war da anders. Ich hab einfach gemerkt, also, dass das Thema Heimat zum Beispiel ein großes Thema bei mir war. Heimat, Familie, die ich so nie, oder lange, so muss ich sagen, viele Jahre so nicht hatte, und daraus kommt dann auch dies Gefühl ‚mit mir stimmt irgendwas nicht, irgendwas ist mit mir komisch'. So würde ich sagen. Also es ist eher so eine, so eine grundsätzliche Verunsicherung, so eine fundamentale Verunsicherung: ‚In mir ist irgendwas, was anders ist.'"

Im Laufe der Herausbildung der eigenen Persönlichkeit gilt es als normal, dass sich Kinder als anders, als von der Masse unterschiedlich empfinden oder wahrnehmen (Pfaff-Czarnecka 2012: S. 41). Bei Menschen patrilinear jüdischer Herkunft kann der jüdische Familienhintergrund dem Kind eine plausible Erklärung für diese Empfindung geben. Besonders deutlich wird dies, wenn das Wissen um den jüdischen Hintergrund nicht vorhanden ist. Hierzu Frau Elsa über den Moment, in dem sie erfuhr, dass ihr Vater Jude ist:

> „Ich hatte plötzlich Antworten auf Fragen, die vorher nur diffus und eigentlich bedrohlich waren. [...] Für mich war es eine unglaubliche Erleichterung. Wirklich eine unglaubliche Erleichterung."

Die Erfahrung, sich anders zu fühlen, erklärt sich dem/der Patrilinearen also möglicherweise über den jüdischen Familienhintergrund. Die Erklärung findet hier über die Differenzierung von der religiösen (christlich) oder politischen (kommunistisch) Mehrheitsgesellschaft, in der man lebt, statt, und nicht über das Gefühl der Zugehörigkeit zum Jüdischen.

Schlüsselrolle Nationalsozialismus

Als Schlüsselerlebnis dieser Differenzerfahrung wird häufig die erste Thematisierung des Holocaust im Schulunterricht angeführt. Beim folgenden Erlebnis von Frau BL ist als außergewöhnlich hervorzuheben, dass sich ein weiterer patrilinearer Junge in der Klasse befand.

> „Vor mir saß mein Freund und Klassenkamerad [Name] in einer Bank. Und wenn es uns langweilig war, dann gingen diese berühmten Zettelchen so nach vorn und nach hinten und ja, und dann waren irgendwie innerhalb dieser Lerneinheit, dieser langen Lerneinheit Faschismus, waren dann irgendwie auch Juden dran. Und ich kann mich nicht mehr erinnern, was die Lehrerin zu dem Thema erzählt hat, aber ich erinnere mich lebhaft daran, dass sich plötzlich eine Klassenkameradin von mir meldete und sagte [macht eine zickig klingende Kinderstimme nach] ‚Und meine Oma hatte Juden im Keller versteckt.' Und ich weiß noch, dass ich mit meinen, damals 14, 15 Jahren dachte, ich fall vom Stuhl. Und mein Freund [Name], der aus einer, genauso einer Familie kommt wie ich, von hinten mich umarmte, weil ich das Gefühl hatte, ich muss mich jetzt festhalten. Und ‚hast-de-nich-gesehen', waren mindestens sieben, acht Arme oben, und alle hatten sie Juden im Keller versteckt."

Frau BL beschreibt hier eine Schocksituation, ausgelöst durch die Erkenntnis, dass die Erzählung der Klassenkamerad/innen eine Lüge ist. Folglich musste ein Wissen über die kollektive jüdische Historie und um die eigenen jüdischen Wurzeln vorhanden sein. So kommt dem Nationalsozialismus eine Schlüsselrolle in der Identifikation mit dem Jüdischen zu, denn faktisch zählen Menschen patrilinear jüdischer Herkunft zur Schicksalsgemeinschaft der Juden (vgl. Kapitel 5.2.2 Familiengeschichte und Shoah: Nichtfragen/Frageverbot). Die konkrete Evidenz: Keine/r der Interviewpartner/innen hat eine vollständige väterliche Familie in Deutschland. In dem Schlüsselerlebnis kann sich die Historie reproduzieren, indem der/die Patrilineare sich aufgrund seiner/ihrer jüdischen Wurzeln als vom Kollektiv ausgeschlossen wahrnimmt.

Tradierung des Jüdischen[37]

Innerhalb der Familie der/des Patrilinearen tradiert meist der Vater historisches und traditionelles Wissen, Riten und jüdische Festtage,

37 Explizit werden die Begriffe „Tradierung" und „Tradition" sowie Tradierung bei Patrilinearen und ihren Familien in Kapitel 6.1.3 thematisiert.

„diese Mischung aus abgründiger Heiterkeit sozusagen und scharfer Analyse“ (Frau Elsa) und die jeweils spezifische persönliche Familiengeschichte im Holocaust. Ist der Vater z.B. durch Scheidung nicht an der Erziehung des Kindes beteiligt, gibt es oftmals eine oder mehrere enge jüdische Bezugspersonen, die die Rolle des Vermittlers von Geschichte und Tradition übernehmen. Auch die nichtjüdische Mutter kann hierbei eine wichtige Rolle einnehmen. Dabei wird eine weite Spanne familienspezifischer jüdischer Tradierungsinhalte angeführt. So werden in manchen Familien Kulturelles wie israelische Tänze oder Musik, und Literatur vermittelt, in anderen eher über die Tradition des Lernens und der Bildung im Judentum mittels Eigenschaften wie Diskursfähigkeit, Ethik und Lebensphilosophie gesprochen. Die durch Tradierung über enge Bezugspersonen entstehende emotionale Bindung zum Jüdischen wird Teil der eigenen Identität.

Diese individuelle, gruppenunabhängige Vermittlung des Jüdischen ist meines Erachtens eine der wichtigsten Ursachen für die spätere Entscheidung zur Konfessionslosigkeit und gegen den Gijur. Die Tradierung, besonders vom Vater zum Kind, ist die eines individuell interpretierten und dargebotenen Judentums, und zwar von einem zumeist säkularen Vater.[38] Hierzu ein Zitat von Rebecca:

> „Ansonsten, ja, das Jüdischsein hat sich mir so wirklich über, schon stark über meinen Vater vermittelt, aber eben nicht dieses, dieses Fromme, oder dieses in die Gesellschaft eingebundene Jüdischsein, sondern als, als ‚individuelles Moment' von Jemandem.“

Dieses „individuelle Moment“ des eigenen Jüdischseins dem institutionalisierten und religiösen Charakter des Judentums der Frommen und der in die Gesellschaft eingebundenen Juden gegenüberzustellen, macht noch einmal deutlich, dass hier das Judentum nicht innerhalb einer Gruppe vermittelt wird, sondern primär individuell. In dieser individualisierten Weise leben Patrilineare das Jüdische, teilweise modifiziert, weiter. Ein Übertritt würde bedeuten, sich stark in die religiöse Jüdische Gemeinschaft zu integrieren, was wiederum nicht dem tradierten säkularen Judentum des Vaters entspräche.

Zwischenresümee

Das Kind erhält nach der Geburt keine Konfession. Im Kindes- und Jugendalter entspricht der jüdische Hintergrund dem inneren Gefühl, anders zu sein. Zumindest eine jüdische Bezugsperson tradiert zumeist das individuell Jüdische und vermittelt dem/der Patrilinearen das Gefühl der

38 Dass die Väter eine nichtjüdische Frau wählen, widerspricht im Grunde bereits der Halacha, ebenso wie das Zeugen nichtjüdischer Kinder. Dieses den jüdischen Gesetzen gegenüber nicht konforme Verhalten spricht für die Säkularität der Väter.

emotionalen Zugehörigkeit zu einer zwar hauptsächlich individuellen und säkularen, aber dennoch „jüdischen Welt".
Trotz des Gefühls, jüdisch zu sein, blieben viele meiner Interviewpartner/innen konfessionslos. Der bewusste Gedanke einer Konversion wird abgelehnt, weil sich die Interviewten bereits als jüdisch verstehen oder empfinden und eine Konversion dem Selbstbild nicht entspräche. Frau Elsa:

> „Ich hab dann [...] über diese Frage nachgedacht, das Ganze zu legalisieren und überzutreten. Das hab ich damals rigoros von mir gewiesen mit so einer gewissen Arroganz, im Sinne von: ‚Wie soll ich etwas werden, was ich bin?'"

Der formelle Status

Diese Art der Aussage und Argumentation findet sich in vielen Interviews. Bei Frau Elsa wird durch das Wort „legalisieren" besonders deutlich, was der Übertritt für sie bedeutet, nämlich die Bestätigung ihrer Lebenswirklichkeit durch eine Institution (vgl. Kapitel 7.1.2 Konvertieren, Legalisieren und Statusklärung).

Es ist eine Frage des Status bzw. der Anerkennung: Auch wenn man sich im Privaten als Jude bezeichnet, ist formell und offiziell nur jüdisch, wer von der Jüdischen Gemeinde anerkannt ist bzw. ihr zumindest beitreten könnte. Die Jüdischen Gemeinden Deutschlands erkennen Patrilineare formell nicht als Juden an. Dennoch sind einzelne Gemeinden offen für die Teilnahme von Patrilinearen an Gottesdiensten und unter Umständen sogar am Gemeindeleben. Diese Integration in die jüdische Gemeinschaft erfahren einige meiner Interviewpartner/innen von Kindheit an. Hannah hatte beispielsweise eine am Judentum interessierte Mutter und ging daher als kleines Kind wie selbstverständlich in der Synagoge ein und aus. Ihrer Aussage nach war sie dort sehr bekannt und völlig anerkannt. Frau Elsa hatte während ihres jungen Erwachsenenalters sogar eine führende Rolle in der Jugendorganisation einer Gemeinde inne. Avshalom war zuletzt ein Jahr in einer Jeschiwa, einer religiösen Gebetsschule in Jerusalem.

Fehlende Religiosität

Der Großteil der Interviewpartner/innen fühlt sich jüdisch und auch „irgendwie" religiös jüdisch. Zwei Interviewpartner/innen aber sagen, keinerlei religiöse Bezüge zu haben, fühlen sich aber dennoch (eher) jüdisch. Judith nennt ihr fehlendes religiöses Zugehörigkeitsgefühl als Grund, nicht zu konvertieren bzw. nicht konvertieren zu können:

> „Ja und dann hab ich so angefangen mit 17, 18, mich mehr damit zu beschäftigen und eben mehr und mehr meine eigene Involviertheit festzustellen, die irgendwie sich ja einfach nicht leugnen lässt. Fernab von Religion. Und ja, und dann war es halt irgendwann so, dass

> ich dacht, es ist eigentlich ganz schade, dass ich so für mich mit Judentum in erster Linie so diese Verfolgungsgeschichte verbinde und so dieses Opfersein meiner Großeltern und nichts Lebendiges. Aber es ist ja auch klar, wenn man nicht religiös ist, und das bin ich eben nicht, was ja auch ausschließt, irgendwie zu konvertieren, wenn man wirklich nicht religiös ist, dann bleibt ja so viel anderes nicht."

Judith benennt hier ihr Bedürfnis, die Lücke einer nicht religiösen, aber dennoch bestehenden Involviertheit zu schließen. Auch andere Interviewpartner/innen nennen ethnische, kulturelle oder auch historische Zusammenhänge, die auf die jüdische Identitätskonstruktion wirken, als quasi ergänzend wirkende Lückenfüller für fehlende Gruppentradierung einer religiösen Identität.

Innerer Widerstreit

In den Interviews zeigt sich, dass Patrilineare im Laufe ihres Lebens immer wieder ihr Verhältnis zur eigenen jüdischen Identität überdenken. Dabei entscheiden sie sich häufig, „das Thema" nun endlich für sich abzuschließen. Diese Entscheidungen haben aber bei all meinen Interviewpartner/innen keinen Bestand. Das Thema begleitet sie ihr Leben lang und muss immer wieder neu bearbeitet werden. Die Integration des Jüdischseins in die innere und äußere Wirklichkeit ist ein fortwährender Prozess. Frau Elsa:

> „Ich kann mich noch erinnern, dass ich so mit 20 Mal dachte: ‚Naja, also jetzt beschäftigst Du Dich schon Dein halbes Leben mit all diesen Fragen, jetzt könnte es auch mal genug sein.' Also ich dachte, aber es ist komischerweise, also, es hat nicht aufgehört, bedeutsam zu sein und immer neue Facetten von Bedeutsamkeit für mich zu entwickeln."

Rebecca teilte mir mit, als ich sie circa sechs Monate nach unserer ersten Kontaktaufnahme zum Interview traf, dass sie eigentlich gerade eine Woche zuvor beschlossen habe, dass das Thema jetzt nichts mehr mit ihr zu tun habe. Durch unser Treffen, bei dem sie mir erzählte, was sie mit dem Judentum verbindet, änderte sich diese Wahrnehmung wieder.

Immer wieder drückt sich hier eine Ambivalenz aus. Es ist ein innerer Widerstreit, der nicht abgeschlossen und nicht gelöst werden kann. Äußere Frustrationen, biographische Wendepunkte oder Umstände sind dabei Auslöser für eine Hin- oder Abwendung von einer bewussten jüdischen Identität und Veranlassung für eine erneute Auseinandersetzung mit dieser.

Mutterschaft der Vaterjüdinnen

Fünf der Interviewpartnerinnen sind Mütter. Sie berichten, dass mit den Kindern die Frage aufkam, wie sie nun selbst das Judentum tradieren. Alle gaben an, dies z.B. über Riten und Festtage zu tun. Jene Kinder, die bereits

Jugendliche sind, so berichten die Mütter, beklagen jeweils die Entscheidung der eigenen Mutter, nicht konvertiert zu sein. Die Kinder wünschen sich offensichtlich Eindeutigkeit von der Mutter. Die Mutter hingegen tradiert ihre Ambivalenz. Auch hier wird die Notwendigkeit einer Formalisierung von außen an den Patrilinearen herangetragen. Der Wunsch der Kinder wird teilweise als deren eigener Wunsch nach Konversion erzählt. Frau BL:

> „Und [Name der Tochter] wartet sehr dringend drauf, dass ich konvertiere, weil sie möchte konvertieren und sie denkt, sie kann leichter konvertieren, wenn ich konvertiere."

Konvertierende Vaterjuden als Vergleich zu konvertierenden Nichtjuden

Eine Konversion für Vaterjuden bedeutet, den gleichen Weg gehen zu müssen wie Menschen ohne jeglichen jüdischen Hintergrund. Vaterjuden fühlen sich aber aufgrund einer geburtsgegebenen und sozialisierungsbedingten Identität als jüdisch. Vor sich und anderen zu rechtfertigen, denselben Weg wie Nichtjuden gehen zu müssen, kann zur Ablehnung der Konversion führen. Darüber hinaus werden Konvertiten oft geringschätzig betrachtet, teilweise aufgrund der fehlenden Zugehörigkeit qua Geburt, teilweise weil (insbesondere vom Christentum kommende) Konvertiten wohl häufig „eifriger im Jüdischsein" sind als gebürtige Juden. Hier Frau BL über ihre Kontaktaufnahme mit einer konvertierten Rabbinerin:

> „Ich hatte sozusagen ihr [der Rabbinerin] gerade geschrieben, weil mir Freundinnen dazu geraten hatten, mich an sie zu wenden. Die [Rabbinerin] hat mir nicht geantwortet, dann hab ich das diesem anderen Freund erzählt, [...] dass ich immer noch keine Antwort habe [...] und er sagte: ‚Naja, also hör mal, die ist doch selbst eine Konvertitin, es ist doch klar, dass die besonders strikt ist.'"

Der richtige Zeitpunkt

Schließlich wird bei all meinen Interviewpartner/innen als Grund gegen eine Konversion die Aussage angeführt, dass „es" zu der Zeit, also bis zum Interview, noch nicht passte. Drei meiner Interviewpartner/innen hegen aktuell den Wunsch zum Übertritt, taten dies aber aus persönlichen oder beruflichen Gründen noch nicht.

Die Kontakte zu meinen Interviewpartner/innen entstammen den unterschiedlichsten Kanälen. Keiner von ihnen konvertierte bisher. Es bleibt fraglich, ob sich eine/r der drei wirklich dazu durchringen wird. Das „Spielen" mit dem Plan zur Konversion ist meines Erachtens in erster Linie Ausdruck der gegenwärtigen Suche und dem Umgang mit dem Judentum.

Verstärker für jüdische Identität:
Jüdische Aktivität & nichtjüdische Partner

Auffallend ist, dass Patrilineare, die sich jüdisch fühlen und nicht konvertieren, oft im sozialen, kulturellen oder wissenschaftlichen Bereich einen Weg finden, zumindest *etwas* Jüdisches im Leben zu behalten. Rebecca beispielsweise tanzt israelische Tänze, und Judith verfasste ihre Abschlussarbeit an der Universität über Jüdisches in den Medien. Andere integrierten dieses „etwas" ins Berufsleben als Ausstellungsmacher oder Lektor.

Häufig wird der/die Patrilineare in diesen Zusammenhängen von der Außenwelt tatsächlich als „irgendwie jüdisch" wahrgenommen. Auch ein nichtjüdischer Partner kann den Patrilinearen in seiner jüdischen Identität bestärken. Dabei ist oftmals die Differenz zu nichtjüdischen Personen wieder jene, die die Identifikation der Patrilinearen mit dem Jüdischen hervorbringt.

5.2.1.4 Resümee und Konklusion

Ein individualisiertes Judentum, das aus den Zugehörigkeits- und Differenzerfahrungen der Patrilinearen resultiert, wird stetig ausgeformt. Patrilineare leben und tradieren ihre jüdische, durchaus brüchige Identität, ohne sie jedoch zumeist zu legalisieren. Der unattraktive, strenge und aufwändige Prozess des Gijur steht der wankenden und dennoch eindeutigen patrilinearen Selbstwahrnehmung gegenüber.

In der Generation, die aus den religionsverschiedenen Ehen dieser Konstellation entsteht, bleibt Ambivalenz ein wichtiger Ausdruck der (religiösen) Identität. Dabei führt die religiöse Pluralität der Gesellschaft im Fall von Menschen patrilinear jüdischer Herkunft nicht zu religiöser Pluralität innerhalb der Individuen (vgl. Kapitel 5.1.7.1 Hybriditätstheorie und Begriff). Vielmehr führt sie zu neuen Formen religiöser Praxis und religiöser Individualisierung bei gleichzeitig eindeutiger Positionierung zu einer der elterlichen Religionszugehörigkeiten, was deutlich die Untersuchungsergebnisse aus den USA von Goodman-Malamuth und Margolis (1992) bestätigten.

5.2.2 Familiengeschichte und Shoah: *Nichtfragen/Frageverbot*

Es war die Ausgangsüberlegung der vorliegenden Arbeit, dass jene, die in Deutschland geboren sind und „nur" *einen* jüdischen Elternteil haben, sich wahrscheinlich *aufgrund* des Holocaust „irgendwie" jüdisch fühlen. In allen geführten Interviews bestätigte sich in mehreren Geschichten der Zusammenhang zwischen der Verfolgung im Nationalsozialismus und der eigenen Familiengeschichte, weshalb, wie erwähnt, in den meisten Kapiteln der Nationalsozialismus als gesonderter Aspekt behandelt wird.

Im Folgenden wird anhand einer Interview-Sequenz die Auswirkung der

Familiengeschichte bezüglich der Shoah auf die Identitätskonstruktion, das Selbstbild und das eigene Verhalten analysiert.

5.2.2.1 Hintergrund: Familiengeschichtlich im Nationalsozialismus verwurzelt

Das zweite Erfahrungsgebiet in dieser Arbeit bildet die Familiengeschichte in Bezug auf die Shoah, und somit auch die jeweilige Herkunft des Vaters. Der jüdische Vater ist entweder Überlebender der Shoah, Nachkomme von Überlebenden, ein Teil einer remigrierten jüdischen Familie oder unabhängig von der Shoah nach Deutschland immigriert und somit ggf. unabhängig von einer persönlichen Betroffenheit mit der Shoah assoziiert.[39] Bereits aus der jeweiligen spezifischen Familiengeschichte leiten sich unterschiedliche Implikationen für die Identitätskonstruktion eines Kindes mit jüdischem Vater in Deutschland ab. Der jüdische Hintergrund, ob direkt oder indirekt mit der Shoah verbunden, ist aber in der Regel prägend für das Leben in Deutschland.

Jüdische Identität setzt sich, wie erörtert, über Selbst- und Fremdzuschreibungen zusammen. Das heißt, dass nicht allein die Familiengeschichte der Patrilinearen bestimmend dafür ist, ob diese sich als Teil dieser speziellen Schicksalsgemeinschaft verstehen oder konstruieren, sondern zudem Selbst- und Fremdzuschreibungen wirksam werden können. Beginnend bei der Generation Patrilinearer, die den Nationalsozialismus miterlebte, wurde die Fremdzuschreibung einer jüdischen Identität zu einer Fremdzuschreibung mit lebensweltlichen Auswirkungen auf das persönliche und familiäre Leben. Es wird über das Leid der Familie gesprochen, die emigrierte, auseinandergerissen, deportiert und ermordet wurde. Es wird über die Implikationen der nationalsozialistischen Zuschreibungen und Handlungen auf das eigene Leben berichtet, über Restriktionen und auch Privilegien und daraus erwachsenen Widersprüchlichkeiten. Und es wird sowohl über ein nicht vorhandenes jüdisches Bewusstsein vor dem Nationalsozialismus, als auch über ein nun unübersehbares Leben als Person jüdischer Herkunft in der deutschen Gesellschaft, die den Nationalsozialismus mehrheitlich unterstützt hat, berichtet.

Die Folgegenerationen beschreiben, nicht in dieser Unmittelbarkeit vom Nationalsozialismus betroffen zu sein. Lebt die erste Generation der nach dem Nationalsozialismus Geborenen noch im tatsächlichen Umfeld der ehemaligen „Täter“ bzw. der während des Nationalsozialismus lebenden Bevölkerung nichtjüdischer Deutscher, ist die zweite Generation

39 Immigrierte der jüdische Vater, unabhängig von einem deutschen Nachkriegshintergrund, nach Deutschland, wird er als Jude mit der Shoah als (potentielles) Opfer in Verbindung gebracht (Brumlik 1988: S. 175). Nach der Shoah kann sich nur die Frage stellen, warum ein Jude in Deutschland lebt und was seine Familie während der Shoah erlebte.

Patrilinearer nach dem Nationalsozialismus oftmals bereits hauptsächlich in einem Umfeld Zuhause, das deren Verbindung zum Nationalsozialismus nicht mehr wahrnimmt. Gleichwohl hat sowohl die zweiter als auch die dritte Generation häufig Eltern, die den Nationalsozialismus – als Erwachsene oder Kinder – miterlebten.

Anhand der Tradierung und Kommunikation bezüglich der wichtigen Kategorie der familiengeschichtlichen Geheimnisse soll im Folgenden rekonstruiert werden, inwieweit (1) die Shoah im Familiengedächtnis tradiert wird und (2) mit dieser Tradierung eine jüdische Identität konstruiert werden kann.

Eine Vorannahme hierfür war, dass, im Gegensatz zu einer realen oder möglichen „Tätergeschichte" der deutschen mütterlichen Familie, die jüdische Herkunft eine „positive" Identifizierungsmöglichkeit bieten könnte, denn über das kommunikative Familiengedächtnis prägt sich das Geschichtsbild und damit auch das Selbstbild in einem historischen Kontext (Welzer 2002: S. 12). Eine Studie von Hardtmann (1997) zeigte, dass in Familien von Opfern häufig und detailliert über die NS-Zeit gesprochen wird (Hardtmann 1997: S. 106 ff.). In zahlreichen anderen Studien aber wird das Schweigen Überlebender thematisiert. Auch in diesen Studien wird immer wieder deutlich, dass die grausame Familiengeschichte die Identität der Nachkommen maßgeblich bestimmt (Grünberg 2000: S. 28). In Familien der Täter hingegen wird die NS-Zeit oft wenig thematisiert, einseitig dargestellt oder verfälscht (Hardtmann 1997: S. 106 ff.). In den Interviews spiegeln sich diese Forschungsergebnisse wider. Es gab keine Erzählsequenz, in der die deutsche, mütterliche Familiengeschichte während des Nationalsozialismus ohne mein explizites Nachfragen thematisiert wurde. Dies könnte in der auf die jüdische Identität abzielenden Erzählaufforderung begründet sein. Dennoch wurden auch auf meine zahlreichen Nachfragen hin lediglich Rahmendaten zur mütterlichen Familiengeschichte angeführt.

5.2.2.2 Sequenzanalyse: „dass ich Fragen nicht stellen konnte, die ich hatte."

Die Ankersequenz für das Phänomen *Nichtfragen/Frageverbot* stammt aus dem mit Rebecca im Februar 2008 geführten Interview. Im Folgenden wird diese Sequenz analysiert. Auf die Analyse folgt auch in dieser Ausarbeitung eine Neuordnung der individuellen Aspekte dieses Fallbeispiels in übergeordnete, phänomeneigene Spezifika mit Modellcharakter.[40] Rebecca be-

40 Parallel zu Schütze sehe ich, dass „die meisten biographisch relevanten Handlungsschemata keineswegs der Modellvorstellung zweckrationalen Handelns entsprechen" (Schütze, Prozessstrukturen des Lebenslaufs, S. 86). Ich gehe dennoch davon aus, dass Handlung per se zunächst zweckgerichtet ist. Durch die Ausarbeitung einzelner Stationen (Gelenke) des Phänomens im Prozess (dessen Bedingungen, Intentionen, Konsequenzen etc.) wer-

schreibt im Interview vor dem Zitat folgende Verbindungspunkte: Die im Holocaust umgekommene Familie des Vaters, eine Sängerin, die jiddische Lieder sang, das fröhliche jiddische bzw. chassidische Singen und Tanzen des Vaters und die Musiksammlung des Vaters. Sie sagt nach viereinhalb Minuten:

> „Dann ist ganz klar eine Verbindung dazu, dass, dass ich Fragen nicht stellen konnte, die ich hatte. Nicht, weil ich Angst hatte, dass sie nicht beantwortet werden, sondern aus Angst zu verletzen oder Erinnerungen bei meinem Vater hochzuholen; also diese Angst, jemanden zu konfrontieren. Also das war schon sehr früh. Ganz abgesehen davon, dass ich immer selber heulen musste, wenn ich ‚ne Frage gestellt hab in der Richtung, so zu der verlorenen Familie."

Rebecca leitet den Aspekt ihrer Verbundenheit als Aufzählung ein. Sie verwendet „dann" im Sinne von „außerdem" bzw. „des Weiteren" und zeigt damit an, dass sie hierin *eine* ihrer Verbindungen zum Judentum und Jüdischsein sieht. Dieser Aspekt jener ist der, „dass [sie] Fragen nicht stellen konnte, die [sie] hatte".

Zu Beginn der Interpretationsarbeit entstand der Eindruck, dass – ein oder mehrere – Interaktionspartner, eventuell Autoritätspersonen, Rebecca bewusst oder unbewusst ein Frageverbot von außen auferlegen. Besonders ihre lebensgeschichtliche Einordnung in „das war schon sehr früh" suggeriert, dass Rebecca zum Zeitpunkt des Geschehens zu jung war, um nach erwachsenen bzw. autonomen Wahl- bzw. Handlungsmöglichkeiten zu agieren. Ihr Nichtfragen wirkte durch das „sehr frühe" Alter als Teil ihres als unhinterfragbares Handlungsschema geltendes, wie ein von erwachsenen Akteuren auferlegtes Regelwerk.

Im Gegensatz hierzu formuliert Rebecca das Frageverbot aber als ihr eigenes Unvermögen, ihr eigenes Nichthandeln. Sie sagt, dass sie die Fragen nicht stellen konnte und gibt daher mit keinem Wort einen expliziten Hinweis auf äußeren Einfluss. Im Gegenteil, sie ist der einzige Akteur der Handlung.

Sie verbindet in ihrem Deutungsmuster eine Verhaltensrestriktion, für dessen Verantwortung sie die einzig logischen Interaktionspartner freispricht. Rebecca erfährt das Nichtfragen als Problem, da sie sich selbst aufgrund der erwarteten Handlung des Gegenübers, der Verletzung des Vaters, als handlungsunfähig wahrnimmt.

---

den Diskrepanzen z.B. zwischen Ankündigungs- und Handlungsphase, wie Schütze sie beschreibt, nachvollziehbar. Denn die einzelne Handlung ist intentional, d.h. zweckgerichtet und zielorientiert, der gesamte Prozess aber wird meines Erachtens lediglich unter dem „Gestaltschließungszwang" im Rückblick so formuliert. Auch äußere Einflüsse, die Schütze als Verlaufskurven immanent benennt bzw. beschreibt, werden durch diese Bearbeitungsform berücksichtigt.

Konkret gefragt hat sie nur „in der Richtung, so zu der verlorenen Familie". Auch durch die vorherige Sequenz, einer Erzählung über die während des Holocaust ermordeten Verwandten, und die Argumentation, keine Erinnerungen beim Vater hochholen zu wollen, erschließt sich, dass sich die Fragen – wahrscheinlich – auf die individuelle und familiäre Geschichte des Vaters (und „von jemandem") beziehen, die im Zusammenhang mit der Zeit des Nationalsozialismus steht.

Auffällig genau bleibt sie dabei in der Vergangenheit. Sie „konnte" die Fragen, die sie „hatte", nicht stellen. Es bleibt offen, wird aber suggeriert, dass es ihr nur damals nicht möglich war, die Fragen zu stellen.

Es folgen zwei Erklärungen bzw. Argumentationen auf Rebeccas Aussage, Fragen nicht gestellt haben zu können. Zum einen sagt sie, sie kann ihren Vater *und/oder andere Menschen* nicht über die individuellen Bezüge zum Holocaust fragen, aus Angst, den Vater bzw. „jemanden" mit schmerzlichen Erinnerungen zu konfrontieren. Zum anderen nennt Rebecca ihre eigenen Emotionen. Sie hatte Angst und sie weinte.

Rebecca erklärt ihr eigenes fehlendes Handeln. Ihr Nichtfragen liegt dieser Erklärung zufolge nicht an jenen, die sie fragen möchte, sondern an ihr selbst. Sie schließt für sich und den Interviewenden argumentativ aus, dass das Verhalten bzw. die Reaktion des Gegenübers für das Frageverbot verantwortlich sei: Rebecca hatte keine Angst vor den Antworten, vor dem Agieren des Gefragten, sondern vor ihrer Verantwortung. Sie hatte Angst, dem Gegenüber (seelische) Schmerzen zuzufügen. Zunächst beschränkt sich ihre Argumentation auf den Vater und seine Erinnerungen. Im Folgesatz fasst sie dies weiter: Es gehe darum, nicht „jemanden zu konfrontieren". Und sie lässt nahezu offen, ob die Konfrontation die Erinnerung anbelangt, die hochzuholen es zu vermeiden gilt, oder ihre Angst oder etwas ganz anderes, womit sie eine (schmerzhafte) Konfrontation beim Gegenüber, aber auch bei sich selbst auslösen könnte.

Sie setzt ihre Argumentation anschließend in ihren lebensgeschichtlichen Bezug. Es war „schon sehr früh", was die Last ihrer nicht zu bewältigenden Verantwortung unterstreicht.

Wer dieser erweiterte Jemand ist, den sie nicht konfrontieren möchte, bleibt ungeklärt. Da sich die Fragen, die sie nicht zu stellen wagte, wahrscheinlich auf Erinnerungen verbunden mit dem Holocaust beziehen, es aber keine lebende väterliche Familie gibt und andere ihr nahe Menschen mit jüdischem verfolgtem Hintergrund in diesem Zusammenhang nicht genannt werden, kann die Wahl der Abstraktion als Element einer quasi objektivierenden Eigenanalyse gedeutet werden. Sie bricht in diesem Teil der Argumentation kurz aus der Umgangssprache aus, um zu einer Art verallgemeinerbaren Erklärung zu gelangen, nimmt diese aber im Folgenden durch erneute Umgangssprache („heulen") und Personalisierung („ich") zurück.

In Reflexion dieser Analyse ist es möglich, dass die durch „jemand“ eingeführten Personen ihr Vater und sie selbst bezeichnen, die zu konfrontieren sie Angst hat.

Das Benennen ihres Unvermögens, Fragen zu stellen, zeigt, dass dieses Schweigen ihr als etwas Wichtiges im Zusammenhang mit ihrer Verbindung zum Jüdischen einfällt und dass es etwas Außergewöhnliches, Bemerkenswertes für sie ist. Dies kann sich sowohl darauf beziehen, dass es für das psychologisierende Familienklima ungewöhnlich war, etwas nicht zu thematisieren, als auch ihrer heutigen Sicht entspringen, da aus ihrem erwachsenen Bewusstsein Fragen in der Regel ohne Restriktion gestellt werden können.

Die Aussage beinhaltet ebenfalls, *dass* sie regelmäßig („immer“) Fragen gestellt hat. Es handelt sich bei den Fragen aber nicht exakt um die Fragen, die sie nicht stellen konnte, sondern lediglich um Fragen „in der Richtung“.

Im letzten Satz der Sequenz beschreibt sie außerdem, dass sie „immer [...] heulen“ musste, wenn sie Fragen in „Richtung der verlorenen Familie“ gestellt hatte. Durch den umgangssprachlichen Verbgebrauch verharmlost sie die eigenen Emotionen, indem sie diesen durch die Einleitung „ganz abgesehen davon“ einen als weniger wichtig benannten Stellenwert gibt.

Hier entsteht ein Paradox: Sie hat ein Problem damit, Fragen nicht gestellt haben zu können, gleichzeitig gibt sie an, regelmäßig Fragen gestellt und „etwas“ (über die verlorene Familie) gewusst zu haben.

Die Antworten auf die Fragen waren potentielle Auslöser für die Traurigkeit des Vaters und das eigene Weinen.

Fragen nicht stellen zu können, ist für Rebecca ein Phänomen ihrer frühen Kindheit. Möglich ist, dass es ihr jemand (der Vater) untersagte. Wahrscheinlicher ist, dass sie sich durch früher erfahrene *traurige* Emotionen des Vaters das Fragenstellen untersagte und dadurch tabuisierte. Die Fragen beziehen sich auf die Verfolgungsgeschichte der väterlichen „verlorenen Familie“. Sprachlich bleibt sie in der Vergangenheitsform. In der rückblickenden Narration erhält das Frageverbot/Nichtfragen einen Stellenwert als ihre Verbindung zum Jüdischsein bzw. Judentum.

5.2.2.3 Übergreifend

Aus psychoanalytischer Fachliteratur über die sogenannte erste Generation geht hervor, dass das Trauma der Verfolgung für die sogenannte zweite Generation häufig auch präsent ist, wenn es in den Familien nicht thematisiert wurde (Hardtmann: S. 46). Obwohl in einigen der von mir geführten Interviews das Phänomen einer nicht verbalisiert tradierten Erinnerung auftaucht, finden sich für den Zusammenhang des Frageverbots/Nichtfragens in den entsprechenden Sequenzen immer Bezugspunkte zu einem bekannten Fragegegenstand.

Dem *Nichtfragen/Frageverbot* geht in diesen Fällen ein Wissen voraus, über das es „etwas“ zu fragen gibt und es gilt, eine Wissenslücke zu schließen. Das Fragen äußert sich in den Interviews sprachlich „über etwas“. Die Fragen beziehen sich dabei inhaltlich nicht nur auf den Nationalsozialismus, sondern sind auch allgemeiner Natur. Frau BL beispielsweise, die wie Rebecca ein Kind der zweiten Generation ist, sagt: „Ich bin drei oder vier Jahre alt, und ich möchte meinen Vater unbedingt fragen, was Juden sind.“ Das Phänomen des *Frageverbots/Nichtfragens* taucht in der zweiten ebenso wie in der dritten Generation auf. Judith, die in der dritten Generation nach dem Holocaust geboren wurde, hat, wie Rebecca, Fragen über die verstorbene väterliche Familie und schildert, dass in ihrer Familie aufgrund der vorherrschenden „Atmosphäre“ diese Fragen nicht gestellt wurden.

„Reizauslöser“

Im Verlauf der Interviews werden häufig „Reizauslöser“ angesprochen, die die Grundlage eines Wissens bilden. Frau BL erzählt beispielsweise von einem Foto:

> „Es hing neben dem Schreibtisch meines Vaters eine Fotografie, die mir große Angst machte als kleines Mädchen. Dieses Foto zeigte einen Mann, mit einem für mich damals sehr beängstigendem Helm, viel später habe ich erfahren, dass das eine Fliegermütze war, die dieser Mann anhatte, und mich interessierte immer, wer dieser Mann ist. Ich wusste immer, dass der irgendwie mit uns zusammenhängt. Aber wie dieser Mann mit uns zusammenhängt, das wusste ich nicht. Und ich habe mich meine Kindheit hindurch in immer erneuten Anläufen wirklich damit rumgeprügelt, ob ich jetzt den Mut habe, meinen Vater nach diesem Mann zu fragen oder nicht, und ich hab ihn nie gehabt.“

Es ist folglich davon auszugehen, dass – zumindest rückblickend – der Fragegegenstand in Form von realen Geschehnissen, Personen, Erzählungen oder Objekten – zumindest in einem gewissen Ausmaß – den Interviewten bekannt bzw. bewusst ist. Dieser wird aber nicht vertieft bzw. für das Kind erschöpfend ausgeführt. Das natürliche Fragebedürfnis des Kindes wird intuitiv (Rebecca) unterdrückt.

Rückblickender Stellenwert

Das Kind – später der/die Jugendliche und auch häufig noch der/die Erwachsene – hat „Fragen nicht stellen [können], die [es] hatte“ (Rebecca). Aus der Betrachtung der Ankersequenz wird deutlich, dass nicht klar bestimmt werden kann, ob es sich dabei um ein von außen auferlegtes Frageverbot handelt oder um ein Nichtfragen des Kindes, das aus Angst, beispielsweise Traurigkeit bei sich selbst oder anderen zu erzeugen, schweigt. Deutlich ist jedoch, dass dem Kind lediglich die eigene Phantasie zur Beantwortung der Fragen zur Verfügung steht. Denn wenn die „Weitergabe von Familienmythen von einer Generation auf die nächste [...] bestenfalls eine Inszenierung der Phantasien der Kinder über die Geschichte der Eltern" (Brainin 2003: S. 105) ist, wird im vorliegenden Phänomen eine Phantasie über die „Familienchronik" geöffnet bzw. angestoßen, die aber bis auf Schlagwörter unbeschrieben bleibt. Das Kind hat Fragen und kann sie nur mithilfe seiner Phantasie beantworten. Auf viele der Fragen finden die Interviewten erst im späteren Leben real eine Antwort. In den rückblickenden Erzählungen aber bleibt die Situation des *Frageverbots/Nichtfragens*, für Patrilineare erwähnenswert, nicht die Verarbeitung der Antworten.

Zeitlicher Verlauf

Die Interviewpartner/innen, die von dem Phänomen berichten, erinnern sich daran, dass sie das Phänomen des *Frageverbots/Nichtfragens* bereits „sehr früh" (Rebecca) erlebten. Frau BL datiert es präzise auf das Alter von drei bis vier Jahren. Da die Fragen so früh in die Kindheit datiert werden, dass sie dem Kind als „immer da gewesen" erscheinen, können sie als essenziell bezeichnet werden. Die Fragen fungieren mit ihrer frühen Datierung als eine Erklärung dafür, dass man sie nicht stellte. Dass dies im Erwachsenenalter ebenso fortgeführt wird, beschreibt eine typische Routine im innerfamiliären Verhältnis von zumindest Vater und Kind. Judith: „dass einfach nicht die Atmosphäre in unserem Haus herrscht, das man danach fragen kann". Das in der Kindheit begonnene Einhalten des *Nichtfragens/Frageverbots* wird teilweise bis zum Tod des Vaters weiter gelebt.

Tradiertes Schweigen?

Das *Frageverbot/Nichtfragen* liegt meines Erachtens nicht im Schweigen der ersten Generation, das unter anderem Grünberg (2000) als spezifisch für die Überlebenden des Nationalsozialismus beschreibt. Schweigen wird dabei als ein Medium der Eltern beschrieben, in dem sich die traumatischen Geschichten der Überlebenden entfalten.[41] Die Eltern der durch mich zitierten Interviewpartner/innen aber werden häufig als generell offene Menschen bezüglich ihrer Vergangenheit und deren Aufarbeitung dargestellt. Sie gaben Journalisten Interviews oder schrieben autobiographische Bücher, sodass davon auszugehen ist, dass das Schweigen sich tatsächlich auf die Eltern-Kind-Beziehung fokussiert. Besonders in dem jungen Alter ist es meines Erachtens als natürlich anzusehen, Kinder nicht mit „grausamen

41 Es gibt eine große Bandbreite wissenschaftlicher Literatur über „das Schweigen" von Überlebenden gegenüber ihren Kindern. Vergleiche z.B.: Bar-On, D. 1994: Furcht und Hoffnung. Von den Überlebenden zu den Enkeln. Hamburg: Europäische Verlagsanstalt. Und Krystal, H. (ed.) 1968: Massive psychic trauma. New York: International University Press.

Geschichten" zu konfrontieren. Eine mir für meine Untersuchtengruppe plausibel erscheinende Erklärungsmöglichkeit gibt Brainin (2003) an die Hand. Brainin beschreibt, dass Überlebende versuchen, ihre Kinder in erster Linie intakt und angstfrei zu erziehen (Brainin 2003: S. 109). Auch in der dritten Generation würde demzufolge die „Transmission" wirken und die Familiengeschichte deshalb nicht weitergeben werden.

5.2.2.4 Resümee und Konklusion

Als Kind nimmt man also wahr, dass das Fragenstellen den Vater und sich selbst traurig macht bzw. verletzen kann. Man hat Angst, die negativen Erinnerungen des Vaters zu wecken und ist beim Fragenstellen selbst betroffen („weinen"/„heulen"). Die konkreten Konsequenzen des Fragenstellens werden in den Interviews benannt. Zum Großteil bleibt das Verstehen der Situation des *Frageverbots/Nichtfragens* für die Interviewten aber vage, unausgesprochen und fast schon mysteriös. Man „durfte" oder „konnte" nicht fragen, hatte den „Mut" nicht usw. Das eigene aktive Fragen bleibt damit aus. Auch das Fragen zu themenverwandten Biographiefeldern wird rückblickend in das Phänomen des *Nichtstellens* eingebettet, s. die Ankersequenz: „Ganz abgesehen davon, dass ich immer selber heulen musste, wenn ich eine Frage gestellt hab in der Richtung, so zu der verlorenen Familie." Das Nichtfragen wird als Erwachsener als Last empfunden, die eigene Handlungsunfähigkeit wird zu einem Mittelpunkt des Phänomens um die offenen Fragen.

Diese Unfähigkeit des Fragenstellens „akzeptiert" der Betroffene lediglich in der Kindheit. Im Erwachsenenalter (ab dem Alter von ca. 14 Jahren) werden unterschiedliche Wege beschritten, um sich das erwünschte Wissen anzueignen: Es werden das persönliche Gespräch mit dem Vater gesucht (meist ab der Adoleszenz oder im Erwachsenenalter), eine Therapie oder Analyse begonnen, Recherchen angestellt (ab der Jugend) und/oder andere Familienmitglieder als Fragende gewählt. Eine wissenschaftliche Auseinandersetzung mit der Shoah und aktuellen Fragen des Jüdischseins stelle ich verstärkt in der dritten Generation fest.

„Die Ereignisse zu verstehen und zu begreifen, weckt die Phantasie, sie post festum im Griff zu haben, was wiederum eine Strategie der Angstbewältigung ist" (Brainin 2003: S. 108). Die Familiengeschichten, die von Kindern der Überlebenden erzählt werden, können sich dann auch in die anfangs erwähnte „Familienchronik" einschreiben und die Wissenslücke aus der Kindheit kann somit zumindest teilweise geschlossen werden.

Die Auseinandersetzung mit der Familienvergangenheit, der Shoah und dem Jüdischsein hat dabei fallübergreifend stets Bezug zu einer Verarbeitung der Verfolgungsvergangenheit der Eltern bzw. der Familie. Als ich Rebecca nach unserem Interview wiedertraf, fragte ich sie, warum die Fragen nach den Zusammenhängen der väterlichen Familie so viel drängender oder interessanter sind als die nach der mütterlichen. Sie sagte: „Weil es für die väterliche Familie Denkmäler gibt. Denkmäler, Erinnerungstage und Gefahr." Die mütterliche Geschichte sei auf einer anderen, emotionaleren Ebene interessant.

Die Fragen bleiben. Zum einen bleiben Familienschicksale auch trotz Recherche in vielen Fällen undurchdringbar. Rebecca wird nur schwer herausfinden können, was mit der verlorenen Familie auf den Listen des Roten Kreuzes geschah; Avshalom wird nicht rekonstruieren können, wer seine und des Vaters jüdische Familie war, und auch Frau BLs Fragen an ihren Vater werden nach seinem Tod unbeantwortet bleiben müssen.

Wer im Interview argumentiert, als Kind nie Fragen gestellt haben zu dürfen bzw. zu können, hat diese auch im Erwachsenenalter über die Familienschicksale hinaus. Das Forschen nach Antworten stellt sich als das Forschen nach einer Verfolgtengeschichte des Nationalsozialismus, aber auch als Forschen nach den eigenen jüdischen Wurzeln heraus. Das Fragebedürfnis aber bleibt. Die unbeantworteten Fragen weiten sich auf weitere Aspekte des Judentums und Jüdischseins aus, sodass rückblickend das Phänomen *Frageverbot/Nichtfragen* sowie das Fragenhaben als zentrale Aspekte der Verbundenheit zum Judentum und Jüdischsein beschrieben werden.

Das Kind „weiß etwas" über die Familiengeschichte des jüdischen Vaters, woraus ihm ein Fragebedarf erwächst. Der jüdische Vater kann aus unterschiedlichen Gründen die Fragen unbeantwortet gelassen haben: Aus eigenem Schmerz (verschweigen) oder um das Kind nicht mit der schmerzlichen Vergangenheit zu belasten (Schutz). Dem Kind ist es unmöglich, den Vater zu fragen, aus Angst, traurige oder schmerzhafte Reaktionen bei sich und/oder Anderen hervorzurufen. Im Erwachsenenalter versucht der Betroffene, die offenen Fragen zu erschließen. Die Suche dauert, mit Unterbrechungen, an.

Im Gegensatz zu Nachfahren zweier deutscher, nichtjüdischer Eltern zeigt sich, dass zwar versucht wird, die Geschehnisse im Zusammenhang mit dem Nationalsozialismus zu verschweigen, dies aber aufgrund schmerzlicher Erfahrungen, weniger aufgrund von Scham oder unbewusster Vertuschung geschieht. Im Vergleich zu zwei jüdischen Elternteilen zeigt sich, dass weniger die Verarbeitung dessen, was vorgefallen ist, im Vordergrund steht, als vielmehr die Suche nach der eigenen familiengeschichtlich begründeten jüdischen Identität.

5.2.3 Antisemitismus: paradoxe Anerkennungserfahrung

Ein Aspekt jüdischer Identität ist nach Abram (2005: S. 12) der Antisemitismus. Nach der Analyse der Daten wurde deutlich, dass Antisemitismuser*fahrungen*, also subjektive Begegnungen und deren Verarbeitung, in den Interviews beschrieben werden. Die wissenschaftliche Auseinandersetzung mit Antisemitismus allerdings bearbeitet überwiegend dessen Formen, nicht aber dessen *Erfahren* sowohl aus jüdischer als auch aus nichtjüdischer Sicht.[42] Rietschoten (1999: S. 140) erwähnt, dass für Juden die Erfahrung von Antisemitismus Stärkung oder Schwächung der jüdischen Identität bedeuten kann. Dieser Beitrag bestätigt und expliziert die Bedeutung, die die Erfahrung von Antisemitismus auf die jüdische Identität Patrilinearer als Teil eines jüdischen Kollektivs hat.

5.2.3.1 Hintergrund: Formen des Antisemitismus

„Judenfeindschaft gilt als das älteste soziale, kulturelle, religiöse [und] politische Vorurteil der Menschheit" (Benz 2004: Vorwort). Die unterschiedlichen Formen des Antisemitismus eint ihre ausgrenzende Manifestation im Äußeren. Es ist die Mehrheitsgesellschaft, die die Juden als Minderheit und fremd aufgrund stereotyper und teils überlieferter Vorurteile ausgrenzt und stigmatisiert. Dabei fand und findet Antisemitismus in Deutschland in drei wesentlichen Formen seinen Ausdruck: (1) Dem religiösen Antijudaismus, der im Mittelalter begann und bis in die Neuzeit hineinreicht, (2) dem rassistisch motivierten Antisemitismus, der im Holocaust mündete (Benz: 2004: S. 19 f.) und (3) dem sekundären Antisemitismus nach der Shoah.[43] Dieser wiederum wird häufig mit Schuldabwehr begründet und äußert sich zumeist im Zusammenhang mit dem Nahostkonflikt.[44] Hierbei geht es (a) um die „Grenzen der Kritik" an Israel, (b) den Antisemitismus und Antizionismus der deutschen Linken [zu (a) und (b) siehe Kapitel 5.2.3 und 5.2.4] und (c) den islamischen Antisemitismus (Rabinovici u.a. 2004: S. 10).

42 In der überregionalen Forschungsgruppe zu „Psychosozialen Spätfolgen der Shoah" am Sigmund Freud Institut Frankfurt am Main entwickelte sich aus diesem Gedanken eine Tagung, die Antisemitismuserfahrungen zum Thema machte. Aus dieser entstand der Tagungsband: Grünberg, Kurt; Inowloki, Lena (Hrsg.)et al.: Antisemitismus/Erfahrungen – Spätfolgen der Shoah und Antisemitismus heute. Psychoanalyse 17. Jahrgang, Heft 2/2013.

43 Die Benennung der einzelnen Formen variiert in Forschung und Lehre.

44 Ausgehend von Adorno (1997) sind Schuld und Scham seit der Shoah das kollektive, unbewusste Problem der Deutschen. Betrachtet man die Strategien und Beweggründe, die zur Schuldabwehr eingesetzt werden, können deutsche Kinder jüdischer Väter diese kaum verinnerlichen oder einsetzen. Denn die drei von Adorno identifizierten Strategien zur Schuldabwehr (die Leugnung der Judenvernichtung, die Relativierung der Judenvernichtung, indem die Shoah mit anderen Verbrechen gleichgesetzt wird und die Schlussstrichforderung) würden den jüdischen Teil der Familiengeschichte leugnen. Die in allen Strategien der Schuldabwehr immanente Täter-Opfer-Umkehr würde bei Kindern jüdischer Väter zu kaum auflösbaren Widersprüchen führen.

Sowohl jüdische als auch nichtjüdische Deutsche können Antisemitismus erfahren. Antisemitismus*erfahrung* kann dabei zum Beispiel bedeuten, sich aufgrund des Umstands, offen jüdisch zu leben, „besonderem“ Verhalten ausgesetzt zu sehen, oder etwa das Gefühl einer Lähmung zu erfahren, steht man z.B. als deutscher Wissenschaftler unerwartet antisemitischen Äußerungen in einem als sicher vermuteten Raum gegenüber. Hierbei werden von Juden und Nichtjuden Erfahrungen gemacht, die auch heute oft in engem Zusammenhang mit dem Nationalsozialismus und seinen Folgen stehen. Präsent ist so gesehen immer auch das Wissen darum, ob man Nachfahre einer jüdischen oder einer nichtjüdischen deutschen Familie ist. Was aber, wenn man beide Identitäten in sich trägt?

5.2.3.2 Sequenzanalyse: „da wusste ich nicht, ob ich das toll finden soll“

„Der Mensch lebt vielleicht zunächst in seiner eigenen Haut, aber zu existieren beginnt er nur durch den Blick anderer.“ (Todorov 1998: S. 71)

Rebecca berichtet über ein Erlebnis, das sie als Dilemma erlebte. Sie beschreibt eine antisemitische Beschimpfung, die sie als Bestätigung ihres jüdischen Selbst erfährt. Rebecca:

> „Ja, und mir ist mit 14 Jahren einmal nachgerufen worden – oder zwölf war ich, da bin ich durch den Ort gegangen: ‚Alte Judensau‘, und da wusste ich überhaupt nicht, ob ich das jetzt toll finden soll, dass endlich mal mich einer definiert als das, als was ich mich so ein bisschen ja doch fühle, aber was keiner eigentlich wirklich so wahrnimmt, weil ich wollte das eigentlich sein, ich wollte schon eigentlich jüdisch sein. Ich wollt nicht evangelisch oder katholisch oder sonstwas sein, ich wollte eigentlich jüdisch sein, aber ich wusste genau, ich bin's nicht. [lacht] Das war schon auch eine Katastrophe für mich, und deshalb, so schlimm ich das fand und so rassistisch und antisemitisch ich das fand, dass mir ein Jugendlicher sowas nachgerufen hat, so stolz war ich gleichzeitig.“

Zentral für Rebecca ist, dass jemand sie „endlich“ als jüdisch wahrnimmt. Trotz ihrer jüdischen Herkunft wurde sie folglich bis zu diesem Zeitpunkt nicht als jüdisch wahrgenommen; sowohl von der entsprechenden Ingroup („den Juden“), als auch vom Gros ihrer Außenwelt. Trotzdem musste der Jugendliche Rebecca in einen jüdischen Zusammenhang gesetzt haben. Da Jüdinnen und Juden unabhängig von einem jüdischen Zusammenhang nicht als solche zu identifizieren sind, ist es wahrscheinlich, dass der Jugendliche von Rebeccas Herkunft wusste. Möglicherweise war in der Nachbarschaft oder der Schule ihre jüdische Herkunft bekannt.

Dadurch, dass der Jugendliche Rebeccas Verbindung zum Jüdischen verbalisiert, tritt er mit ihr in „Beziehung“. Innerhalb dieser „Beziehung“ gibt der Jugendliche Rebecca eine für sie wertvolle Anerkennung: Durch die Beschimpfung erkennt er Rebeccas Existenz als „jüdische“ an.

Obwohl Rebecca angibt, bis zu diesem Zeitpunkt keine andere Bestätigung ihres jüdischen Selbst erfahren zu haben, sagt sie, dass sie sich jüdisch gefühlt hat. Dabei greift sie in dieser Sequenz drei Aspekte dessen auf, was „Jüdisches“ für sie ist. Zum einen nennt sie den Antisemitismus, der durch ihr konkretes Erlebnis deutlich wird, zum anderen den Nationalsozialismus, an den die Offenheit der antisemitischen Beschimpfung und Rebeccas Wortwahl als eine „rassistisch“ bezeichnete Beschimpfung erinnern. Als dritten Aspekt des Jüdischen spricht Rebecca den religiösen an. Diese drei Aspekte sind Verweise darauf, was Rebecca unter anderem mit dem Jüdischsein verbindet und sie verweisen ebenso auf ihr Selbstverständnis, also warum sie sich jüdisch und auch nichtjüdisch fühlte und fühlt.

Rebecca fühlte sich aber in ihrer Darstellung nicht nur jüdisch, sondern sie wollte es auch sein. Dennoch weiß sie, dass sie keine halachische Jüdin ist. Bereits hier zeigt sich die Widersprüchlichkeit in ihrem jüdischen Selbstverständnis: Rebecca fühlt sich zugehörig und will es auch sein, sie nimmt sich sogar als unterschiedlich zu den christlichen Anderen wahr, weiß aber, dass sie – hier akzeptiert sie den Duktus der religiösen Bestimmtheit – keine Jüdin ist. Die zu Beginn des Buches beschriebenen Dimensionen der differierenden rechtlichen und persönlichen Anerkennungen und die verschiedenen Zugehörigkeitszusammenhänge Patrilinearer treffen nun aufeinander.

Für Rebecca entsteht in dieser konkreten Situation nun ebenfalls ein Dilemma. Sie erfährt „endlich“ die Anerkennung ihrer jüdischen Existenz, aber von einem Gegenüber, dessen Aussage keinerlei Autorität für die jüdische Wir-Gruppe und sie selbst besitzt. So sagt Rebecca, dass sie nicht gewusst habe, ob sie die, wie sie es nennt, „rassistisch[e]“ und „antisemitisch[e]“ Beschimpfung „toll“ finden solle. Fände sie die Beleidigung *toll*, würde sie zum einen positiv auf einen verbalen Angriff reagieren, zum anderen entspräche es nicht „den Erwartungen“: Denn als erwartet und normal gilt es, nicht positiv auf Antisemitismus zu reagieren. Das Erlebnis, mittels einer antisemitischen Beleidigung als jüdisch erkannt und definiert zu werden, kann Rebecca außerdem schwer mit Dritten als positives Erlebnis teilen, weshalb es zu einer sehr persönlichen Erfahrung wird. Dem Gros der Deutschen gegenüber wird sie sich aufgrund der spezifisch deutschen Geschichte nicht positiv über Antisemitismus äußern können. Mit den sogenannten Nazis würde Rebecca sich wiederum wohl trotz des positiven Beigeschmacks ihrer antisemitischen Erfahrung nicht persönlich austauschen wollen. Und es ist ihr nicht möglich, die Zuschreibung als Beleg zu verwenden. Denn gegenüber jüdischen Institutionen und/oder Gruppen würde die Zuschreibung eines deutschen Jugendlichen keinerlei legitimierenden Wert besitzen, sondern allenfalls einen jüdischen Familienhintergrund beschreiben, vor dem sowohl Jüdinnen und Juden, wie Patrilineare Antisemitismus erfahren können.

Was Rebecca hier beschreibt, ist demnach ein persönliches, einsames Erlebnis. Sie erfährt die gewünschte Anerkennung einer Wahrnehmung als Jüdin, obgleich das Gegenüber lediglich als negative „Autorität" für diese Anerkennung verstanden werden kann und von Rebecca auch als solche erlebt wird. Rückblickend kann sie dieses Erlebnis nun erzählen, gerade um das emotionale Dilemma, in dem sie sich aufgrund ihrer patrilinear jüdischen Herkunft sah und evtl. noch sieht, treffend und anschaulich zu beschreiben.

5.2.3.3 Übergreifend

Rebecca erfährt die antisemitische Beschimpfung auch als Bestätigung ihres jüdischen Selbst, weil sie von dem entscheidenden Kollektiv, „den Juden" bzw. „dem Judentum", oftmals nicht als jüdisch anerkannt, teilweise gar ausgeschlossen wird.

Dass es „die Juden" als homogene Gruppe nicht gibt, steht dabei außer Frage. In den Beschreibungen und Aussagen der Interviewpartner/innen und deren Analysen bezeichnet das Konstrukt des Kollektivs „der Juden" jene jüdische Gruppe und/oder jüdische Personen, durch die sich Patrilineare persönlich oder im Gros ausgegrenzt fühlen. Die Ausgrenzung durch „die Juden" basiert in diesem Zusammenhang auf dem oben beschriebenen halachischen Status Patrilinearer.

Manche Patrilineare beschreiben nun konkrete Ausgrenzungserfahrungen durch „die Juden", dem Kollektiv also, zu dem sie sich teilweise zugehörig fühlen. Gleichwohl haben Patrilineare auch vielfach Erlebnisse, in denen ihnen ihre Zugehörigkeit zum Judentum von einzelnen Jüdinnen und Juden, jüdischen Autoritäten und auch jüdischen Gruppen bestätigt wird. In den Beschreibungen der ausgrenzenden Erfahrungen zeigen Patrilineare Ereignisse auf, in denen sie durch „die Juden" auf ihren nichtjüdischen Status reduziert werden. Die „jüdische Existenz" wird ihnen aberkannt. Sprechen Patrilineare über Szenen, in denen sie ausgegrenzt werden, sind diese häufig herabwürdigend oder verletzend. Die in solchen Ereignissen erfahrene Ablehnung kann für die Entwicklung eines jüdischen Zugehörigkeitsgefühls und somit Selbstverständnisses von Patrilinearen zentral sein. Diese Ablehnung beschreibt, wie Patrilineare sich oft von „der jüdischen Welt", von „den Juden", im Sinne einer jüdischen Gruppenzugehörigkeit definiert sehen und unterstützt dabei die Wahrnehmung des jüdischen Selbstbilds als ein persönliches, individuelles. Frau BL:

„Plötzlich sagt die [eine orthodoxe Jüdin aus Amerika – RZ] zu mir:

‚Frau BL, was ich Sie schon den ganzen Tag fragen wollte, ich merke immer wieder, Sie kennen sich ja sehr gut aus. Warum kennen Sie sich denn so gut in jüdischer Geschichte und überhaupt in allem aus?' Und da hab ich dann gesagt: ‚Ja mein Vater ist Jude und ich hab irgendwann angefangen, mich sehr mit der, mit dem Thema zu beschäftigen.' Und der [Name Mitreisende] übersetzt das und dann entfährt ihr auf Amerikanisch so was wie: ‚Mein Gott' oder irgendwie sowas und die Frau war schier nicht zu bremsen. Der [Name Mitreisende] hat teilweise nicht übersetzt, aber die Frau hat mir dann also erklärt, dass aus meinem Leben sowieso nichts mehr werden kann, weil, ehm, DAS ist verdorben von A bis Z. Also wenn so ‚ne Sachen passieren."

Frau BL berichtet darüber, in dieser Situation einen Schock erlitten zu haben. Nur mittels starker Beherrschung konnte sie sich nach dieser Unterhaltung noch auf das Autofahren konzentrieren und resümierte: „Es war schlimm. Es war richtig schlimm". Später beginnt sie, im Internet die Bedeutung der Aussage zu recherchieren. Um diese zu entschlüsseln, zeigte ich das Zitat dem Münchner Rabbiner Folger.

Rabbiner Folger: „Was sie damit meinte, ist wahrscheinlich: ‚So etwas kann ich nicht als Judentum anerkennen.'"

Ruth Zeifert: „Aber ‚verdorben' heißt, es wäre etwas besonders Schändliches, oder?"

Rabbiner Folger: „Ich glaube, was sie sagen wollte, ist: ‚Die Sache ist schon kaputt gegangen, wenn Ihr Vater mit einer nichtjüdischen Frau Kinder hatte.'"

Ruth Zeifert: „Es gibt kein besonders verurteilendes Gesetz, dass man sagt, die Leute aus ‚Mischehen' sind besonders ...?"

Rabbiner Folger: „Nein!"[45]

Auf die primäre, stark emotionale Reaktion folgt bei Frau BL ein kognitiver

45 In der *Jüdischen Allgemeinen* erschien im April 2014 ein kleiner Artikel des Rabbiners Arie Folger. Anlass war die Meldung, dass der Sohn des aktuellen israelischen Premierministers Benjamin Netanjahu möglicherweise eine nichtjüdische Freundin hat. Nach unserem sehr offenen Gespräch überraschte mich Rabbiner Folgers sehr bestimmte Aussage darin: „Ideal wäre es, solche Beziehungen frühzeitig zu verhindern. Das ist aber nicht einfach. Ich beneide Rabbiner, die erzählen können, wie sie, wenn sie von einer interkonfessionellen Eheschließung erfuhren, mit dem jüdischen Partner sprachen und ihn überzeugten, die Hochzeit abzusagen. So etwas habe ich leider nie erleben dürfen." Folger schreibt weiter, in den vermehrten interkonfessionellen Beziehungen eine Abkehr vom Judentum zu sehen. Als Teil des auserwählten Volkes hätten Juden auch Pflichten. Eine davon sei Kontinuität. „Wen ich heirate und wen ich date, ist von Bedeutung für unser Volk." In diesem Artikel zeigt sich also deutlich die Ablehnung interreligiöser Ehen mit Berufung auf den Status als auserwähltes Volk der jüdischen Religionsgemeinschaft. Der Artikel lässt darauf schließen, dass durchaus eine vehementere Ablehnung von „Mischehen" durch orthodoxe Juden gängig sein könnte, als in unserem Gespräch offenbar wurde.

Verarbeitungsversuch der erlebten Ausgrenzung durch Recherche und Verstehen. Die erlebte Szene ist im Rückblick dennoch zentral, nicht die spätere kognitive Reflexion des Geschehenen. Denn Frau BL verbalisiert weder die Ergebnisse der Recherche noch die der Reflexion. Die in der Szene für sich selbst sprechende Ablehnung des – mehr oder minder – jüdischen Status durch eine jüdische Person wird verinnerlicht, die fehlende Anerkennung rumort in ihr.

Zu solchen Erfahrungen kommt eine institutionelle Ebene hinzu. Die in Deutschland gesellschaftlich anerkannten Stimmen der in Deutschland lebenden Juden sind jene des Zentralrats und der Einheitsgemeinden. Diese beiden Institutionen stehen für eine konservative Handhabung der Frage der Anerkennung und Integration von Patrilinearen. Und auch liberale Gemeinden fügen sich strikt in der Frage des formalen halachischen Status Patrilinearer. Hannah erfuhr erst als junge Erwachsene, dass ihre Mutter keine Jüdin war. Ihre Mutter hatte ebenfalls einen jüdischen Vater. Hannah wuchs mit dem Selbstverständnis auf, Jüdin zu sein. Als sie Mitglied in einer deutschen Gemeinde werden will, wird sie abgewiesen. Hannah:

> „Die haben mir dann vorgeschlagen, zum Judentum überzutreten, was ich echt als absolut lächerlich empfand, demütigend und auch völlig gegen meinen Stolz."

Hannah unterscheidet sich in der Eindeutigkeit ihres jüdischen Selbstverständnisses vom Hintergrund der anderen Interviewpartner/innen. Der große „impact", den die institutionelle Zuschreibung, sich als Nichtjüdin identifizieren zu sollen, für sie hat, wird verbalisiert. Hannah erlebt eine Nichtwahrnehmung in ihrem Selbstverständnis. Sie beschreibt, wie anders es sich in Amerika verhält. Hannah:

> „Wenn ich dort [in Amerika – RZ] bin, fühle ich mich absolut aufgehoben in der jüdischen Gemeinde. Da fragte kein Mensch danach, also bzw. ich bin da schon immer so vorsichtig und sag immer so: ‚Jaja, nee, aber eigentlich bin ich gar nicht, gehör ich nicht zu euch, weil meine Mutter ist ja gar nicht Jüdin'. Dann lachen die sich nur tot und sagen immer: ‚Ach, was soll das denn?' und: ‚Hier sind dreiviertel Leute so' und: ‚Natürlich gehörst Du dazu.'"

Auch außerhalb der Interviews fanden sich einige abschätzige Stellungnahmen von jüdischen Personen zum Status Patrilinearer. In einem Gespräch mit einem nun verstorbenen Mitarbeiter des Zentralrats der Juden in Deutschland fragte ich diesen nach seiner Einschätzung zu dem von Hannah erzählten Umgang mit der Zugehörigkeit Patrilinearer in Amerika. Er erwiderte, dass dort ja auch „schwule Rabbiner jeden Hund" trauen würden. Eine Aussage, die seine absolute Geringschätzung offenlegt. Gleichwohl diese Aussage nicht repräsentativ für „die Juden" ist, liegt auf der Hand, dass solche Aussagen bei Patrilinearen die Unsicherheit bezüglich ihrer Zugehörigkeit und ihres jüdischen Selbstbildes durchaus verstärken können.

Ein ähnlich offensives Zitat fand sich in einem Blog, in dem ein „junger Jude" vor einer „Durchmischung" warnt. Zitat Tobi:[46]

> „Auch wenn die ZWST [Zentrale Wohlfahrtstelle] keine Probleme mit den Kindern jüdischer Väter hat, ich habe welche. Es geht einfach darum, dass jüdische Veranstaltungen in Deutschland immer auch dazu dienen, Kontakte zu knüpfen. Ehrlich gesagt habe ich nicht vor, jeden nach seiner Religion zu fragen, vor allem nicht auf jüdischen Veranstaltungen.
>
> Es ist kein Geheimnis, dass sich auf diesen Veranstaltungen auch viele Paare gebildet haben. Ich will aber nicht, wie in der goischen Umgebung, überlegen müssen, ob ich mich vielleicht gerade einer Nichtjüdin nähre, oder nicht. Die progressiven Gemeinden lassen Goim zu, wenn auch nicht zu allen Veranstaltungen. Hat ein Goi das Bedürfnis zu beten, steht ihm sicherlich jede Synagoge offen. Events mit einem jüdischen Hintergrund sollten aber ausschließlich Juden vorbehalten bleiben. Mit Sicherheit stößt meine Meinung vielen auf, damit müssen die Leute leben, tut mir leid."

Hier eröffnet sich eine Sicht eines jungen Juden auf Jüdischsein in Deutschland und speziell auf Patrilineare.

Hatte die Generation in den 1980er Jahren sich aktiv und individuell die Neubelebung der Religion und Tradition erarbeitet (Inowlocki 1999: S. 76 ff.), erwartet Tobi, der Anfang der 2000er Jahre ein junger Mann ist, dass für ihn ein jüdischer Rahmen geschaffen wird. Tobis Wunsch schließt unausgesprochen ein, eine jüdische Partnerin finden zu können, ebenso schwingt der Gedanke an jüdische Kinder bereits mit. An die gangbare Möglichkeit der Konversion von nichtjüdischen Personen, die sich auf ‚solchen' Veranstaltungen jüdisch assoziieren, scheint er nicht zu denken. Vielmehr schließt er speziell „Kinder jüdischer Väter" als ‚Goim', einem nicht positiv besetzten Wort für Nichtjuden, aus.

Ein (großes) jüdisches Umfeld scheint Tobi außerhalb der angesprochenen Veranstaltungen nicht zu haben, da er so über gemeinschaftliche Gottesdienste oder über einen jüdischen Freundes- und Familienkreis zumindest teilweise sein Bedürfnis nach jüdischen Bekanntschaften würde abdecken können. Darüber hinaus hat er sich vermutlich – im Gegensatz zur vorherigen Generation – kein religiöses oder traditionelles jüdisches Wissen erarbeitet, denn er definiert die jüdische Zusammengehörigkeit alleinig als eine biologische, obgleich er ausschließlich mit der Religion argumentiert. Die biologische Begründung scheint aufgrund eines fehlenden

46 Beitrag im Internet nicht mehr verfügbar. Quelle: www.jew.de, 11.01.2007, Tobi.

Wissensfundaments für Tobi unumgänglich und der Ausschluss von Nichtjuden für den Erhalt des Judentums in Deutschland ist ihm essenziell. Die Religion ist zwar aus seiner Sicht als Zugehörigkeitskriterium maßgebend, die Konversion eines jüdischen Partners - oder das gemeinsame jüdische Leben ohne einen jüdischen Status - wird für ihn aber nicht in Erwägung gezogen. Zu ergründen wäre, ob dies ein Trend innerhalb des jungen deutschen Judentums ist, und ob sich ein Pendant der Sicht von biologischer Zugehörigkeit im Selbstverständnis Patrilinearer erkennen lässt.

Zusammenfassend lässt sich festhalten, dass Patrilineare vielfältig Ausgrenzung und Abwertung durch manche Juden und jüdische Gruppen erfahren können. Die Begründungen sind unterschiedlich: Die Ausgrenzungserfahrungen umfassen das religiöse Gesetz (der Halacha), institutionelle Regeln oder persönliche Entwertung. Allen ausgrenzenden Erfahrungen durch Juden ist dabei gemeinsam, Patrilineare als Nichtjuden oder gar besonders unwürdige Nichtjuden vom „Kollektiv der Juden“ auszuschließen.

5.2.3.4 Resümee und Konklusion: Anerkennungstheorie

Wie sich zeigt, erleben Patrilineare vielfach Ausgrenzung aufgrund ihrer jüdischen und zugleich ihrer „nicht ausreichenden“ jüdischen Herkunft. Diese Erfahrungen erleben sie sowohl durch Juden als auch durch Nichtjuden. Auch in sich tragen sie sowohl das Selbstkonzept eines Juden als auch das eines Nichtjuden, das eines „jüdische[n] Mischmasch[s]“ (Frau Elsa).

Todorov (1998: S. 100) beschreibt in seiner Anerkennungstheorie, dass es zwei Stufen der Anerkennung gibt. In der ersten Stufe wird die *Existenz* anerkannt, in der zweiten Stufe der *Wert* des Gegenübers bestätigt. Rebecca hat über die antisemitische Beschimpfung ein Erlebnis verinnerlicht, bei dem sie als Jüdin erkannt und zugleich abgewertet wird. Innerhalb der jüdischen Sphäre wiederum beschreiben Patrilineare regelmäßig Begegnungen, bei denen ihnen ihre jüdische Existenz abgesprochen wird. Sofern dies geschieht, würde nach Todorovs Theorie keine weitere Wertung erfolgen, die Anerkennung wird komplett verwehrt. Werten Juden Patrilineare ab, indem sie diese als besonders unwürdige oder auszuschließende Personen darstellen, gelten sie trotzdem als Juden. Nach Todorovs Theorie erkennen diese Juden die *Existenz* Patrilinearer - wohl ganz im Gegensatz zur eigentlichen Intention - an.

Patrilineare stehen hier in jedem Fall vor der Herausforderung, ihre jüdische Identität durch sich unterscheidende Fremdzuschreibungen infrage gestellt oder bestätigt zu sehen. Einige der besonders ablehnenden Erfahrungen für Menschen jüdischer Herkunft können dabei, wie oben gezeigt, von Juden selbst ausgehen. Denn Patrilineare werden im religiös-rechtlichen Sinne von einem „Kollektiv der Juden“, welches die Halacha in diesem Aspekt als Gesetz unterstützt, nicht geachtet und ihnen in diesem Punkt somit der Status eines gleichberechtigten Interaktionspartners verwehrt. Die Folge ist der soziale Ausschluss aus dem Kollektiv. Honneth bezeichnet dies als „sozialen Tod“ (Blömer 2004: S. 111). Todorov formuliert es ähnlich: „Des Zusammenlebens beraubt zu sein, heißt zu ersticken“ (Todorov 1998: S. 74).

Dieser soziale Ausschluss aus dem Kollektiv ist so stark, dass Patrilineare Anerkennung selbst in antisemitischen Beschimpfungen suchen (Rebecca).

5.2.3.5 Abschlussüberlegung: Rassebegriff und Rassismus[47]

Obiger Text entstand als Überarbeitung meines Vortrages: „‚Vaterjuden‘ – Gibt es ‚positive‘ Antisemitismus-Erfahrungen?“ auf der Tagung „Antisemitismus/Erfahrungen. Spätfolgen der Shoah und Antisemitismus heute“ am 08. und 09. September 2012 in der Fachhochschule Frankfurt am Main. In diesem Vortrag stellte ich eine Hypothese auf, die sich im vergangenen Kapitel nicht wiederfindet. Es war die Frage danach, ob Patrilineare durch „die Juden“ eine biologistische und somit quasi rassistische Ausgrenzung erfahren. Frank:

> „Die Juden haben ja auch für mich so eine komische Rassenauffassung letzten Endes. Wenn man eine Mutter hat, die jüdisch ist, dann ist man automatisch Jude. Das ist ja meines Erachtens auch nur so ein, letzten Endes ein rassistisches Merkmal.“

Das Konzept der „Rasse“ verstehe ich als eine ehemals wissenschaftlich gedachte Erklärung für biologische und auch nichtbiologische Eigenschaften und Merkmale einer Person bzw. Personengruppe. Die Vorstellung von „Menschenrassen“ entwickelte sich dabei über Jahrhunderte und fand auch im Nationalsozialismus kein Ende. Menschen wurden aufgrund biologischen Erbes oder geographisch-klimatisch Voraussetzungen als unterschiedlich in ihren geistigen und körperlichen Fähigkeiten in quasi wissenschaftlich fassbare „Rassen“ unterteilt, begründet durch eine mit dieser Vorstellung einhergehende Auf- oder Abwertung der eigenen bzw. anderer „Rassen“ (Geulen 2007).[48] Nach 1950 schloss die UNESCO in einem Bericht eine „rassische“ Bedingtheit sozialer oder kultureller *Eigenschaften* aus und grenzte den Rassenbegriff als einen sich auf physische und physiologische Unterschiede beschränkenden ein.[49]

Ich selbst distanziere mich von einem Begriff der „menschlichen Rasse“, wie es wissenschaftlich gemeinhin Usus ist. Neben der Absurdität einer

47 Vgl. Kapitel 5.1.6 „Biologisch“ determinierte Ethnie?

48 Siehe hierzu auch Kapitel 5.1.7 Mehrfachidentität: „Hybrid“. Die „Durchmischung“ von Völkern und Kulturen ist eine geschichtliche Realität, ebenso das andauernde Ressentiment gegenüber einer „Vermischung“ des „Blutes“ mit vermeintlich minderwertigeren „Rassen“.

49 http://unesdoc.unesco.org/images/0012/001282/128291eo.pdf, Abruf 3.2.14.

biologischen Vererbung von Eigenschaften verweisen zeitgenössische Genetiker darauf, dass es, und hiermit treibt man den Teufel mit dem Beelzebub aus, eine größere genetische Variationsbreite innerhalb einer Gruppe geben kann, als sie teilweise unter verschiedenen Gruppen gefunden wird (Mecheril 1994: S. 16). Somit ist auch das vielbeschworene „Juden-Gen" als rassistische Annahme belegt, die biologisch nicht haltbar ist.

Dennoch ist anzunehmen, dass heute noch oft gedacht wird, die mittlerweile widerlegte Nachweisbarkeit einer Mixtur aus Eigenschaften und Merkmalen liege gewissermaßen im „jüdischen Blut". So hält sich hartnäckig eine Reihe stereotyper Vorstellungen über die „Gruppe der Juden". Die biologisch bedingten großen Nasen oder der kulturell tradierte jüdische Witz seien Beispiele dieser spannenden Mischung. Solches „Erbe" lässt sich dem Rassedenken gemäß folgelogisch auch durch Konversion nicht verändern.

Dass das Konstrukt „der Juden" Patrilineare aufgrund ihrer halachisch nicht ausreichenden Zugehörigkeit ausgrenzt, ist aus zwei maßgeblichen Gründen nicht als rassistisch zu verstehen. Zum einen richtet sich Rassismus immer gegen eine Gruppe („die Juden", „die Neger" usw.), Patrilineare aber stellen bislang keine selbst- oder fremddefinierte (soziale) Gruppe dar. Zum anderen ist es (ggf.) als Zugehörigkeitskriterium der Gruppe der Juden zu verstehen, das es Gruppen unumgänglich ermöglicht, als solche zu existieren. Im Fußballclub sind es Fußballer, in der spanischen KiTa werden die Kinder Spanisch lernen und der Gruppe der Juden gehört man eben an, wenn man eine jüdische Mutter hat. Die Nicht-Zugehörigkeit ist so gesehen keine rassistische Ausgrenzung. Ebenso ist nicht klar, ob tatsächlich die biologische Linie den Ausschlag für die Matrilinearität gab oder etwas anderes, z.B. die Sicherung der Tradition über die jüdische Erziehung.

5.2.4 Bindung zu Deutschland und Israel: Nähe und Distanz

„**RZ:** Und was hast Du für ein Verhältnis zu Deutschland?
Avshalom: Das ist mein Zuhause.
RZ: Und Dein Verhältnis zu Israel?
A: Ist auch mein Zuhause."

Im Folgenden wird die nationale Bindung zu Deutschland und zu Israel als Teilaspekt jüdischer Identität behandelt. Alle Interviewpartner/innen wurden in Deutschland sozialisiert, der Staat ist ihr Lebensmittelpunkt. Israel kann die Heimat von aufgrund des Nationalsozialismus emigrierten Verwandten oder deren Nachkommen sein und ist zudem der Staat des jüdischen Volkes, zu dem aufgrund der jüdischen Herkunft eine Verbindung, Position oder (gefühlte) Verpflichtung besteht.

Zunächst wird anhand einer Interviewsequenz dargestellt, dass das

Verhältnis Patrilinearer zu Deutschland und dessen politischen Akteuren sowie der Austausch zwischen diesen Akteuren und Patrilinearen ein wichtiges Phänomen innerhalb der Beschreibung des Verhältnisses Patrilinearer zu Israel ist bzw. sein kann. Die Frage nach der Verbindung zu Israel, so stellte sich heraus, scheint untrennbar mit der Frage nach der Verbindung zu Deutschland verbunden. Im Weiteren arbeite ich fallübergreifend heraus, welche Aspekte Patrilineare über das Verhältnis zu Deutschland vermehrt nennen und in welchen Zusammenhängen Israel auf die Frage nach der Verbindung mit dem Judentum und dem Jüdischsein genannt wird.

Das im Folgenden analysierte Zitat und die Themenfelder, die sich daraus erschließen, stellen den umfangreichsten Teil dieser Dissertation dar. Ausschlaggebend hierfür sind sowohl inhaltliche als auch methodische Gründe. So ist die analysierte Ankersequenz lediglich ein Auszug aus der Analyse des ersten Interviews. Zudem ist die Ankersequenz tatsächlich besonders „inhaltsschwer" bzw. inhaltsreich, sodass nicht nur die Aussage selbst analysiert, sondern zusätzliche Exkurse über komplexere historische und politische Zusammenhänge nötig wurden. Alles in allem eröffnet sich in der Lektüre dieses Kapitels m.E. eine als schlicht jüdisch zu verstehende Positionierung und Sicht Patrilinearer ohne jegliche Einschränkung am deutlichsten.

5.2.4.1 Sequenzanalyse: die Linke und die „jüdische Frage"

Frau Elsa:

> „Ich stand von meiner Erziehung her und meinem Denken her sicher tendenziell immer der linken Bewegung eigentlich nahe. Ich stand ihr aber nie nahe, weil zum Beispiel die Haltung der Linken in Deutschland gegenüber der ‚jüdischen Frage', wenn man das mal so benennen möchte, extrem unbefriedigend gewesen ist. Um nicht zu sagen: feindselig. Und erst in den letzten Jahren wird dieser Gedanke ja überhaupt erst zugelassen. Auch auf Seiten der Linken, also die, die Linke erkennt heute, dass sie in den 70er, 80er Jahren, 60er Jahren, auch noch in den 90er Jahren vermutlich in diesem Wunsch, sich sozusagen rigoros abzusetzen von der Gedankenwelt und dem Autoritätsverständnis der eigenen Elterngeneration und in dem Wunsch, diesen sozialistischen Gedanken von ‚wir sind alle gleich' und ‚wir sind alle Brüder' durchzusetzen, völlig übersehen hat, dass es eben etwas gab wie die ‚jüdische Frage', die nicht einfach nur, wie Marx das ja auch fälschlich und vereinfachend gedacht hat, eine ökonomische Frage sei, ja? Und diese, diese Abwehr, die ja sich auch in einer Art von unterschwellig antisemitisch inspirierter Feindseligkeit gegenüber Israel zum Beispiel manifestiert hat, war für mich schon ein extrem distanzierendes Moment hier im Land. Und erst in den letzten Jahren, muss ich zugeben, wird das besser, weil man

> mit diesen ‚alten Linken'[50] in Anführungsstrichen heute besser reden kann. Nicht mit allen. Aber mit vielen."

Frau Elsa offenbart sich im Zusammenhang der politischen Hintergründe der jüdischen Geschichte in Deutschland als Expertin. Sie weicht ihre Aussagen in dieser Sequenz aber ebenso vermehrt auf. Sie stellt der „jüdischen Frage" beispielsweise ein vorsichtiges „mal so benennen" hinten an und verwendet ein „sozusagen", um das zu beschreiben, was in der Gedankenwelt der linken Bewegung geschieht. Dadurch, dass sie Begriffe mittels dieser Formulierungen ergänzt, werden diese Begriffe weiter gefasst, ebenso aufgeweicht. Sie relativiert die teilweise wissenschaftlich oder historisch belegten Begriffe und eigenen Einschätzungen durch diese Formulierungen und erzielt so, dass ihre Aussagen auf die für sie *gemeinten* Inhalte angepasst verstanden werden können. Frau Elsa drückt dadurch keine inhaltlichen Unklarheiten aus, sondern trifft sehr präzis fundierte Aussagen, formuliert aber ihre Einschätzungen und ihre Erlebniswelt auf diese Weise vermittelnd und ausgleichend.

Politische Selbstbetrachtung

Erziehung

Frau Elsa verortet sich zunächst im Präteritum bei der linken Bewegung. Als Begründung für die Verortung und Nähe zur linken Bewegung nennt sie ihre Erziehung und ihr daraus resultierendes Denken. Mit der Erziehung legt Frau Elsa zunächst den Schwerpunkt auf die unmittelbare Erziehung durch Eltern und Familie. Darüber hinaus kann Erziehung auf eine gesellschaftliche Erziehung durch ausgebildete Pädagogen in Kindergarten oder Schule hinweisen. Frau Elsa exemplifiziert dies nicht. Es ist nicht anzunehmen, dass zur Zeit ihrer Kindheit (Frau Elsa ist Mitte der 50er Jahre geboren) eine liberale Erziehung durch Pädagogen bereits gängig war. Über ihre Eltern, implizit also über ihre familiäre Erziehung, sagt Frau Elsa an anderer Stelle:

> „Letztlich waren meine Eltern beide sehr unkonventionelle Leute für ihre Generation und insofern auch, insofern auch wirklich liberal."

Die Nähe zur linken Bewegung von ihrer Erziehung herzuleiten, wird durch Frau Elsas Aussage über die politische Orientierung der Eltern gestützt. Es ist anzunehmen, dass Frau Elsa an einem politischen Diskurs innerhalb der Familie bzw. des engen Freundeskreises teilnahm und/oder diesen zumindest beobachten konnte.

Allerdings spricht Frau Elsa in der 1. Person Singular über ihre Erziehung und ihr Denken („ich stand von *meiner* Erziehung her und *meinem* Denken her"), wodurch sie ihr Denken nicht als gemeinsamen politischen Hintergrund oder als Denktradition eines Kollektivs vorstellt. Es ist nicht der Weg

50 Frau Elsa bezeichnet die etwa in den Mitte der 1960er Jahren entstandene, unter der Bezeichnung „Neue Linke" bekannte Bewegung hier als „alte Linke".

des jüdischen Vaters, nicht der der nichtjüdischen Mutter oder etwa der der Generation, in der sie aufwuchs, sondern ihr eigener, so zu denken.

Nähe und Distanz
Sie begründet sich und ihren Hintergrund der Nähe zur linken Bewegung durch die äußeren Einflüsse („meine[ ] Erziehung“), die in inneren Schlussfolgerungen (vom Denken her nahe stehen) münden. Erziehung kann in diesem Zusammenhang als von außen beigebrachte Denktradition, das Denken als reflektierte Eigenleistung verstanden werden.
Trotzdem sie sich als der linken Bewegung nahestehend bezeichnet und herleitet, relativiert sie diese Aussagen und nimmt sie teilweise zurück. Bei der Beschreibung des Nahestehens verwendet Frau Elsa die absoluten Zeitangaben „nie“ und „immer“. Damit sagt sie sowohl, dass „die Linke“ (im Sinne einer Ausrichtung, nicht einer Partei) „immer“ die politische Richtung war und ist, mit der sie sich am ehesten identifiziert/e, als auch, dass sie sich der Linken „nie“ wirklich zuwenden/öffnen konnte. Hierbei entsteht ein Paradox.

Zunächst sagt Frau Elsa: „ich stand [...] der linken Bewegung eigentlich nahe“. Damit gesteht sie zu, dass es eine linke *Bewegung* ist, der sie handelnd und/oder theoretisch nahestehen konnte.[51] Die Wortwahl „Bewegung“ unterstützt dabei die Annahme einer handelnden *Nähe*, da Frau Elsa ihre politische Nähe sonst weit sozialisatorischer oder inhaltlicher begründet hätte ausdrücken können, indem sie zum Beispiel „ich verorte mich politisch eher links“ hätte formulieren können.

Durch die zeitliche Zuordnung zu ihrer Erziehung und in die 60er bis 90er Jahre verknüpft Frau Elsa die, unter anderem durch die gewerkschaftliche Bewegung oder ihre Studentenproteste historisch namhaft gewordene linke Bewegung mit ihrer eigenen Biographie. Dass sie dieser linken Bewegung *nahestand*, ruft so verstanden das Bild einer – eventuell noch jungen – Frau Elsa hervor, die über ein Studium oder im privaten Umfeld dieser linken Bewegung theoretisch und handelnd zugehörte.

Jemandem *nahezustehen* bedeutet in diesem Kontext gleichzeitig, getrennt von ihm zu sein. Sie *gehört* nicht zur linken Bewegung, sondern ist ihr lediglich *nahe*. Dass Frau Elsa nicht zur linken Bewegung gehört, spricht sie dadurch an, dass sie sich als einzelne in Bezug zu einer Gruppe setzt, die sie als Ganzes wahrnimmt, deren Teil sie aber nicht ist. Auch über die Einschränkungen „tendenziell“ und „immer“ drückt sie aus, dass die *Nähe* zwar da war; im nächsten Satz folgt aber eine Einschränkung. Hier erklärt

51 Unter „Bewegung“ verstehe ich eine politische und soziale Bewegung, in der ein sozialer Wandel von mehreren Personen durch verschiedene Wege erzielt werden soll. Ein Wandel, der in einem bestimmten Bereich, z.B. die Frauen- und Arbeiterbewegung, bestehende Verhältnisse und Einstellungen grundlegend zu verändern trachtet.

sie, dass sie trotz der eigentlichen Nähe nicht zur linken Bewegung finden konnte. Sie beschreibt so in mehrfacher Hinsicht über den positiven Bezug der *Nähe*, gleichzeitig von der linken Bewegung getrennt zu sein.

Frau Elsa revidiert ihre Aussage, der linken Bewegung nahegestanden zu haben, und wendet sich nun sogar von dieser ab: „Ich stand ihr aber nie nahe [...]". Auch dies formuliert sie in der Vergangenheit. Zweierlei Lesarten wohnen dieser ersten Satzhälfte inne: Zum einen kann es bedeuten, dass Frau Elsa der linken Bewegung in *einem speziellen* Punkt nicht nahegestanden hat, der besonders relevant für sie war. Zum anderen kann es bedeuten, dass sie der linken Bewegung *generell nie* nahestand. Dies kann durch den vorherigen Satz aber ausgeschlossen werden. Da sie die Haltung der linken Bewegung zur „jüdischen Frage" lediglich als Beispiel bezeichnet, ist davon auszugehen, dass es weitere Gründe für ihre Distanzierung von der deutschen Linken gab.

Trotz des Paradox' von *Nähe* und *Distanz* beschreibt Frau Elsa an keiner anderen Stelle eine Zugehörigkeit. Da sie keine alternative politische Richtung als ihr nahe erwähnt, ist anzunehmen, dass sie sich in Punkten, in denen eine politische Verortung notwendig wäre, auf die deutsche Linke beziehen würde.

Politisch fachkundig und definiert

Frau Elsas Aussage, der „linken Bewegung" nahezustehen, setzt voraus, dass sie sich innerhalb der politischen Richtungen eine Position gesucht und sich bei dieser verortet hat.[52] Ein Wissen über die politische Landschaft und die verschiedenen Richtungen kann somit bei Frau Elsa vorausgesetzt werden. Über dieses Grundwissen hinaus verfügt sie über Detailwissen, zumindest bezüglich der Haltung der deutschen linken Bewegung gegenüber der „jüdischen Frage" (vgl. Kapitel 5.2.4.1 Exkurs: „jüdische Frage"). Möglicherweise verfügt sie über ein umfangreiches politisches Wissen und nennt den Aspekt der „jüdischen Frage" lediglich aufgrund des Forschungszusammenhanges, vielleicht hat, Frau Elsa zu diesem Themenfeld auch ein differenziertes Wissen, nach dem sie die politische Landschaft Deutschlands bewertet.

Frau Elsa könnte das Beispiel der „jüdischen Frage" also lediglich aufgrund der Forschungsfrage fokussieren, wobei sie die Frage der Politik an

52 Als „linke Bewegung" verstehe ich in erster Linie eine politische Bewegung. In einer Interpretationsrunde wurde ich darauf hingewiesen, dass die „linke Bewegung" möglicherweise eine umfassendere Bedeutung beinhaltet. Diese würde über das Politische hinaus eine Art Gesamtstimmung der damaligen Gesellschaft widerspiegeln, in der sich gerade Menschen, die in irgendeiner Form der Verfolgung während des Nationalsozialismus ausgesetzt waren, gegen den negativen Nachgeschmack der Überbleibsel des Nationalsozialismus (Stichwort „Beredtes Schweigen") auflehnen mussten. Beide Deutungen beinhalten das Politische, was ich hier im Fokus behalte.

dieser Stelle des Interviews selbst aufwirft und ihren jüdischen Hintergrund quasi als Ausgangspunkt und Grund für ihre politische Einstellung nennt. Der Szene geht folgende Sequenz voraus:

> „Das ist nämlich wirklich eine wirklich unliebsame Erkenntnis, dass man da sozusagen auf etwas Vages rekurriert und es definiert als einen so bestimmenden Part von sich selbst, der eben im Zweifel entscheidet über Fremdheit und Nähe zum Beispiel. Ich glaube auch, dass die politische Entwicklung in Deutschland da eine bestimmte Rolle gespielt hat."

Frau Elsa zeigt sich mit einer vertieften Kenntnis deutlich als politikinteressiert, zumindest in dem Aspekt, der im Zusammenhang mit ihrer jüdischen Herkunft steht. Offen bleibt, ob sie aufgrund ihres familiären Hintergrundes das Interesse ausbildete. Ihre Tradition verankert sie jedenfalls familiär. Ein Reizauslöser aber, der sie dazu führt, ihre jüdische Identität zu spüren und zu vertreten, ist die politische Entwicklung in Deutschland.

Fremdsicht auf die deutsche Linke

Inhaltliche Kritik an: (1) Haltung, (2) „jüdische Frage" und (3) „Speziell in Deutschland"

In diesem Zitat beschreibt Frau Elsa ihre Selbsteinschätzung, aber auch das kritisierte Gegenüber. In der Fremdsicht auf die deutsche Linke kritisiert sie namentlich drei inhaltliche Aspekte: die „Haltung", die „jüdische Frage" und den Umstand, dass dies „speziell in Deutschland" stattfindet.

Kritikpunkt „Haltung"

> „Ich stand ihr aber nie nahe, weil zum Beispiel die Haltung der Linken in Deutschland gegenüber der ‚jüdischen Frage', wenn man das mal so benennen möchte, extrem unbefriedigend gewesen ist."

Frau Elsa verwendet den Begriff „Haltung", was über Geistiges hinaus auch eine körperliche Position beschreiben kann. Um eine körperliche Haltung zu beschreiben, wird diese in der Regel durch ein Attribut wie „aufrecht" oder „krumm" sprachlich erweitert. Die Haltung, die sie beschreibt, ist eine „extrem unbefriedigende". Die Verwendung von „extrem" ist wie „immer" und „nie" besonders stark. Wäre die „Haltung" der Linken nur „unbefriedigend", könnte Frau Elsa bzw. „man" sich eventuell mit dieser Haltung abfinden, so aber wird sie zum Ausschlusskriterium. Die Haltung war für Frau Elsa in einem zu hohen Maße unbefriedigend – „extrem", liegt etymologisch außerhalb eines Toleranzbereichs.

Eine Haltung steht, ähnlich einer Meinung oder Einstellung, immer im Zusammenhang mit einem Sachverhalt, einer Situation oder einer Person bzw. Personen. Beschreibt man eine Einstellung bzw. die Meinung einer Person als Haltung, so zeichnet sich das Bild einer geistigen Einstellung, die durch eine körperliche Haltung unterstützt wird. In diesem Kontext versinnbildlicht häufig das Verwenden des Wortes Haltung (zu etwas) eine gewisse Festigkeit, was wiederum impliziert, dass es für die Person mit der Haltung schwierig wird, in eine andere Haltung zu wechseln. Denn eine geistige Haltung ist etwas sehr Umfassendes, die es einzunehmen eines inneren Prozesses bedurfte, der im Körperlichen seine äußere, überzeugte Entsprechung entfaltet. Spricht Frau Elsa von der Haltung der linken Bewegung, benennt sie damit eine gefestigte innere und äußere *Einstellung*, die gegebenenfalls bereits eine *Überzeugung*, also noch starrer und gefestigter als eine Einstellung ist. Dass Frau Elsa die Haltung der deutschen Linken kritisiert, zeigt somit, dass sie die Einstellung dieser gegenüber der „jüdischen Frage“ als sehr tiefsitzend, eventuell sogar starr und auch nach außen getragen wertet.

Die Wörter „befriedigend“ und „unbefriedigend“ stehen z.B. im Zusammenhang mit dem Stillen körperlicher Bedürfnisse oder mit der Bewertung bzw. Benotung in der Schule. Frau Elsa nimmt mit diesen Wörtern eine Bewertung vor. Die Haltung der Linken als „unbefriedigend“ zu bezeichnen, klingt dabei wie eine höfliche, aber deutliche Kritik. Im folgenden Satz bestätigt und konkretisiert sie diese Bewertung, indem sie die Haltung der Linken als eine nahezu „feindselig[e]“, also deutlich negative bezeichnet. Im Weiteren wird deutlich, dass das Unbefriedigende darin besteht, dass sich die Linke nicht mit der „jüdischen Frage“ auseinandergesetzt hatte. Basiert die Wortwahl „unbefriedigend“ auf der Schulnote, würde eine fundierte Auseinandersetzung bereits eine negative Benotung wettmachen können, ihre inhaltliche Konkretisierung der Feindseligkeit beinhaltet jedoch, dass zum Abwenden des Unbefriedigenden auch die negative Position, die Feindseligkeit, verändert werden muss. Frau Elsas Kritik beinhaltet folglich sowohl den Mangel an Auseinandersetzung als auch die inhaltliche Richtung, die ohne Auseinandersetzung innerhalb der Linken unfundiert, fast feindselig ist.

Die „jüdische Frage“

Den Punkt, in dem sie eine zur Linken im Wesentlichen unterschiedliche Haltung einnimmt, bezeichnet Frau Elsa als „jüdische Frage“. Sie „benenn[t]“ diesen inhaltlichen Kritikpunkt. Das Wort „benennen“ entspricht mehr einem „anzeigen“, als einem „nennen“, was eher dem Verb „bezeichnen“ entspricht. Wenn sie „das“ (die „jüdische Frage“) also „benennt“, zeigt sie damit an und deckt damit auf, was „das“ ihrer Ansicht nach eigentlich ist. Etwas zu benennen weist zumeist darauf hin, dass es im Allgemeinen vielleicht so erkannt, aber nicht offen ausgesprochen wird. Frau Elsa deckt auf, was die Linke nicht beim Namen nennt und ist dabei in Hinblick auf die Richtigkeit der verwendeten Begriffe trotzdem sensibel.

Sie platziert die Diskussion in der Vergangenheit. Ihrer Einschätzung nach ist die „jüdische Frage“ demnach keine mehr, die man sich heute stellt. Zumindest nicht so, wie sie sich in der damaligen Weise stellte.

In der Wortwahl „jüdische Frage“, die sie unter anderem mit einer Kritik an Karl Marx’ Überlegungen verknüpft (siehe Zitat oben), spiegelt sich, wie erwähnt, wider, dass Frau Elsa in diesem Aspekt über ein nicht unbedingt dem Allgemeinwissen zugehöriges politisches und historisches Wissen verfügt.[53]

Exkurs: „jüdische Frage“

Unter „jüdischer Frage“ verstehe ich im Sinne der Ausführungen von Frau Elsa vor allem die aus der Außenperspektive problematisierte politische Haltung und evtl. Handhabung im Umgang mit der jüdischen Bevölkerung. Zeitlich einzuordnen ist die „jüdische Frage“ ab dem 18. Jahrhundert bis zu den Jahren des Nationalsozialismus, ja sie reicht sogar bis zu heutigen antizionistischen Ressentiments. Geografisch erfolgte die Auseinandersetzung mit der „jüdischen Frage“ vorwiegend in England, Frankreich, Deutschland und Russland. Die „Judenfrage“ als Synonym zur „jüdischen Frage“ ist seit Mitte des 19. Jahrhunderts ein feststehender Begriff. Dies beinhaltet auch die Überzeugung der Andersartigkeit der Juden als „Rasse“ (vgl. Kapitel 5.2.3.5 Abschlussüberlegung: Rassebegriff und Rassismus).

Frau Elsa spricht in obigem Zitat Karl Marx’ Haltung bezüglich der „jüdischen Frage“ an. Sie bezieht sich damit wahrscheinlich auf Marx’ grundsätzliche Haltung und auf seinen – nicht unumstrittenen – Text *Zur Judenfrage* (Marx 1844). *Zur Judenfrage* ist eine 1844 veröffentlichte Rezension eines Artikels von Bruno Bauer über *Die Judenfrage*. Bauer stellte in seinem Artikel dar, dass es ohne die Loslösung des Individuums von der Religion keine politische Akzeptanz des Staates geben könne. Marx bestreitet dies in seiner Gegenrede. Die Emanzipation des Staatsbürgers bedeute nach Marx nicht die Entledigung der Religion, sondern vielmehr, dass der Staat sich von der Religion lossage und diese zur Privatsache werde. Der „abstrakte“ Staatsbürger allerdings müsse als zentral vom Individuum in sich aufgenommen werden, um die Emanzipation zu vollenden (Marx 1844).

Dass Marx die „jüdische Frage“ als eine „ökonomische“ versteht und darstellt, erklärt sich durch einen übergeordneten Zusammenhang des speziellen Artikels. Marx äußerte an mehreren Stellen seines Werkes, dass Juden im Weltlichen dem Geld, dem Schacher oder dem Handel als „Gott“

53 Während der Interpretationsarbeit zur Wortwahl der „jüdischen Frage“ reagierten die Interpretierenden auf zweierlei Weisen: Bei einigen kam die Frage auf, ob es sich hierbei um einen Begriff der Nazis handelte und was die „jüdische Frage“ überhaupt sei; bei zwei Personen aus dem linken Spektrum hingegen war der Bezug zu Marx und die Haltung eines Großteils „der Linken“ gleich vorhanden.

dienen würden (Rose 2008). Der Duktus einer „jüdischen Geldwirtschaft“ bzw. eines „jüdischen Finanzfeudalismus“ zieht sich ebenfalls durch das Denken einiger deutscher Frühsozialisten, neben Karl Marx etwa Richard Wagner und Eugen Dühring (Brumlik o. J.). Diese Zuschreibung, Juden als einem quasi sozioökonomischen System zu unterstellen, eine „jüdische Wirtschaftsmacht“ zu bilden, rechtfertigte für Bauer, Juden die politischen Rechte absprechen zu wollen. Auch heute ist der Gedanke, dass Juden maßgeblich an Wirtschaftsaktivitäten teilhaben, die politischen Einfluss und Macht beabsichtigen und mit sich bringen, kein unbekanntes, aber ein weniger direkt geäußertes Denkmuster (Benz 2010).

Theodor Herzl verfasste 1895 ein Buch, in dem er die „Judenfrage“ zu klären suchte. Er schuf damit die Grundlage der zionistischen Idee. *Der Judenstaat. Versuch einer modernen Lösung der Judenfrage*[54] war weniger eine religiöse Idee als vielmehr eine politische, die als Reaktion auf Antisemitismus und Judenhass zu verstehen war und ist.

Nach dem Nationalsozialismus kann eine manifeste Bezeichnung als „jüdische Frage“ als weitestgehend tabuisiert bewertet werden. Sie tritt dennoch, neben den alten, in neuen Formen z.B. über einen latent reproduzierten Antisemitismus und Antizionismus bzw. Antiisraelismus auch im Nachkriegsdeutschland wieder auf, z.B. auch in Vorwürfen gegenüber „der deutschen Linken“ (Siehe Exkurs: Sekundärer Antisemitismus/Antizionismus/„Die deutsche Linke“). Die Generation der 1968er habe nach einer Analyse von Götz Aly aufgrund der Schicksale ihrer Elterngeneration, selbst etwa ohne Väter und freie Adoleszenz aufgewachsen zu sein, nach ideologischer Eindeutigkeit gestrebt (Aly nach: Brumlik o. J.). Das „dichotome“ Weltbild wiederum, das gegen die Eltern und ihre Mitschuld und Schuld am Nationalsozialismus ausgerichtet war, entfaltete sich laut Brumlik (o. J.) nun im Hass auf die imperialistischen USA und den Zionismus. Ideologisch unterstützt wurden jene, die von den Imperialisten (wozu Israel als westlicher, kapitalistischer und von den USA unterstützter Staat gehört) bekämpft und unterdrückt wurden, sympathisiert wurde mit jenen, die für eine „befreite Gesellschaft“ standen. Robert Kurz (2010) nennt diese Bewegung der ‚Neuen Linken‘ dann auch eine „postmoderne Krisenideologie des Kapitalismus“. In weiten Teilen der Linken zeigt sich nach wie vor eine antiimperialistische oder als antisemitisch zu bezeichnende Denktradition. In den Jahren um die deutsche Wiedervereinigung veränderte sich dies langsam, bis heute, wo zu vielen Linken durchgedrungen ist, dass der bürgerliche Rechtsstaat einer antiwestlichen Diktatur vorzuziehen ist, ohne dass dabei die antikapitalistische Ideologie aufgegeben werden müsste. Weite Teile der Linken jedoch bleiben von ihren Ressentiments beseelt. Die

54 *Der Judenstaat. Versuch einer modernen Lösung der Judenfrage.* Manesse-Verlag, Zürich 2006.

„jüdische Frage“ ist spätestens seit Postone (1979) in der Linken wieder im Gespräch (vgl. Kapitel 5.2.4.1 Sequenzanalyse: die Linke und die „jüdische Frage“). Die Gedanken, die zunächst nur eine kleine Gruppe vertrat, werden aber auf immer größerer Fläche, wie von Frau Elsa erwähnt, diskutierbar.

Speziell in Deutschland

> „weil zum Beispiel die Haltung der Linken in Deutschland gegenüber der ‚jüdischen Frage‘ [...]“

Frau Elsa spezifiziert die Haltung der Linken als die der Linken in Deutschland. Hierzu entwickelten die Interpretationsgruppen drei Lesarten, über die besonders anschaulich die Methode und auch deren Problematik deutlich wird.

(1) In Frau Elsas Aussage drückt sich möglicherweise ihr Wissen über die Haltung der Linken in anderen Ländern aus, die unterschiedlich zu jener der deutschen Linken ist. In jedem Fall ist es eine Haltung, die speziell in Deutschland auf ihr Interesse stößt, eventuell ohne Vergleich zu anderen Ländern, da sie keine anderen Länder erwähnt.

Die Spezifizierung auf Deutschland würde als Vergleich zu anderen Ländern beinhalten, dass die Haltung der Linken in anderen Ländern gegenüber der „jüdischen Frage“ eine Haltung ist, die möglicherweise nicht der deutschen entspricht. Da diese Haltung Frau Elsas Aussage zufolge eine „unbefriedigend[e], geradezu feindselig[e]“ war, ist anzunehmen, dass Frau Elsas Auffassung nach in anderen Ländern eine positivere, befriedigendere und weniger feindselige Haltung vorherrscht. So verstanden würde Frau Elsa hier über Wissen und politische Tatsachen sprechen, weniger über eine persönliche Betroffenheit. Denn die Linke eines anderen Landes ist für sie, möchte sie ihre Existenz in Deutschland nicht aufgeben, kein realistischer, persönlicher Anlaufpunkt, sondern lediglich eine Vergleichsmöglichkeit dafür, welche anderen Haltungen bezüglich der „jüdischen Frage“ möglich sind. Dass es sich um einen Vergleich zu anderen Ländern handelt, ist dennoch unwahrscheinlich, da sie zu keinem Moment des Interviews ein anderes Land als Israel erwähnt. Möglich wäre, dass sie gedanklich mit einem Vergleich zu Amerika spielt oder aber durch die Formulierung „in Deutschland“ ihre Referenz im Land des Holocaust spezifiziert.

(2) Frau Elsa kontrastiert die Linke Deutschlands mit der „jüdischen Frage“, indem sie „gegenüber“ verwendet („die Haltung der Linken in Deutschland *gegenüber* der ‚jüdischen Frage‘“), was, stärker als die Präposition *zu* oder *mit*, die Linke und die „jüdische Frage“ bildhaft in zwei Lager platziert. Diese *Gegenüber*stellung durch ihre Hervorhebung „in Deutschland“ führt nahezu zwangsläufig zu Gedanken über das Verhältnis von Deutschen und Juden mit ihrer spezifischen Geschichte der Shoah.

(3) „In Deutschland“ kann als „hier bei uns in Deutschland“ verstanden

werden. So verstanden würde Frau Elsa schlicht das Land nennen, in dem sie lebt und agiert. Sie bezieht durch diese Phrase als Betroffene in Deutschland Stellung zu der Position, der Haltung der Linken. Sie begründet ihre Haltung aus einer Involviertheit in das politische Geschehen in Deutschland heraus, nicht aus einer hypothetischen Distanz. Frau Elsa also fühlt sich Deutschland zugehörig und ist sogar Teil des politischen Geschehens, nicht Außenstehende.

Die Konsequenz ist allen Herleitungen gleich: Sie fühlt sich immer wieder auch „fremd in Deutschland". Denn sowohl der Aspekt der Zugehörigkeit zu Deutschland als auch der des Zusammenhangs zwischen Deutschland und der „jüdischen Frage" betreffen Frau Elsa. Sie lebt als berufliche und private Person in Deutschland und hat jüdische Wurzeln. Sie sieht sich zugleich mit Deutschland und mit dem Jüdischen verbunden. Damit ist sie eingebunden in die Spannung, mit jüdischen Wurzeln ein positives Verhältnis zu Deutschland auszubilden.[55]

Dass die Haltung „der deutschen Linken" dazu führt, dass sie diese als „distanzierendes Moment hier im Land" erlebt, zeigt, dass Frau Elsa sich über „die deutsche Linke" mit Deutschland verbunden sah. Die Differenz im Inhalt der „jüdischen Frage" führte allerdings zu einer Distanzierung zwischen ihr und Deutschland. Auch hier entsteht ein Paradox: Distanziert fühlt sie sich „hier im [gesamten] Land", ist aber gleichzeitig zumindest biographisch und beruflich mit dem Land verbunden.

Die „alte Linke" in Deutschland

Frau Elsa grenzt den Zeitraum des politischen Unbehagens auf die 60er, 70er, 80er und 90er Jahre ein („Die Linke erkennt heute, dass sie in den 70er, 80er Jahren, 60er Jahren, auch noch in den 90er Jahren [...]"). In dieser Zeit entwickelte sich die sogenannte Neue Linke, eine Linke in Abgrenzung zu ihren Eltern, der Generation, die der erwachsene Teil des Nationalsozialismus war. Die Tradition dieser Linken zeichnet sich im Groben darüber aus, ein den Kapitalismus kritisierendes, antiimperialistisches Weltbild zu vertreten. Frau Elsa zielt somit auf die Generation der Kinder der Kriegsgeneration und auf jene, die zu dieser Denktradition hinzukamen.

Frau Elsa bezeichnet es als einen Wunsch der Linken, „sich sozusagen rigoros abzusetzen von der Gedankenwelt und dem Autoritätsverständnis der eigenen Elterngeneration". Auffällig ist, dass Sie hier das Wort „Wunsch" verwendet, welches wesentlich weniger konkret ist als ein „Ziel". Außerdem ist der Rahmen für den zu erfüllenden „Wunsch" ein politischer. Die Verbindung von Politik und die Erfüllung von *Wünschen* ist unreifer und

55 Vgl. Cohn (1998: S. 417) über die Problematik, mit jüdischen Wurzeln in Deutschland ein positives Nationalgefühl aufzubauen.

jugendlicher formuliert als Politik und die Erfüllung von *Zielen*. Dies unterstützt Frau Elsas Gesamtbild einer „jungen“, sich personell und ideell in den Anfängen befindenden linken Bewegung.

Frau Elsa spricht außerdem davon, dass dieser Gedanke „überhaupt erst zu[ge]lassen“ werden musste. „Zulassen“ ist in diesem Zusammenhang eher im Sinne von „erlauben“ zu verstehen als im Sinne von „billigen“ oder „akzeptieren“. Dass „dieser Gedanke“ nun also erst zugelassen werden muss, bedeutet im Umkehrschluss, dass er wahrscheinlich zu einer bestimmten Zeit und von bestimmten Personen oder Gruppen nicht zugelassen, sozusagen verboten war. Dies wirft die Frage auf, wer ihn innerhalb der deutschen Linken bis zu diesem Zeitpunkt nicht zugelassen hat. „Dieser Gedanke“ war scheinbar nahezu unangreifbar feststehend. Sie spricht hier in jedem Fall von der Mehrheit, die ihn nicht zuließ und sieht sich dieser diffusen, großen Gruppe gegenüber, deren Überzeugung sie nicht ins Wanken bringen konnte, als sie den Diskurs (mit Einzelnen) suchte.

Heute wird dieser Gedanke zugelassen, wobei dies lediglich bedeutet, dass man (wie sie später sagt) mit Einzelnen der „alten Linken“ reden kann.[56]

Frau Elsa thematisiert über den Begriff der „Haltung“, dass es mehr als rationale Argumente waren, die sie von der Linken fernhielten. Eine „Haltung“ der Linken, die auch als Abwehr gegenüber jenen verstanden werden muss, die Andersartigkeit nicht zulassen.

Obschon es ihr oder der Linken unangenehm sein könnte, *benennt* sie die „jüdische Frage“ als Grund ihrer Differenz, die speziell in Deutschland eine unwiderrufliche Geschichte hat. Die Auseinandersetzung mit der Elterngeneration, die sich quasi während des Nationalsozialismus einhellig schuldig machte, führte zu einem antikapitalistischen Denken zurück, das, auf Juden heruntergebrochen, diese doch wieder für ökonomisch ungerechte Machtverhältnisse verantwortlich machte.

Frau Elsa versteht sich als politisch und problematisiert, aufgrund des unüberbrückbar differierenden Ansatzes bezüglich der „jüdischen Frage“ auch zu Deutschland in einem quasi stetigen Abseits zu stehen. Die jüdischen Wurzeln ihrer Familie verunmöglichen es, die Haltung der deutschen Linken einzunehmen, was es für Frau Elsa wiederum unmöglich macht, Teil der Gruppe zu werden, in der sie ihre politische Verortung am ehesten wiederfinden würde. Es ist ihr also generell möglich, ihre politische Identität in einer konkreten Gruppe zu realisieren. Durch ihre Aussage konnte ich ein Paradox zwischen Identifikation (politischer Sozialisation) und

56 In diesem Zusammenhang bleibt die Frage offen, ob und wie andere politische Positionen zu „diesem Gedanken“ aussahen. Denn so, wie Frau Elsa es ausdrückt, könnte das Zulassen der deutschen Linken sowohl für die gesamtgesellschaftliche Haltung als auch im Gegensatz zur Haltung anderer politischer Akteure und/oder Gruppierungen stehen.

Zugehörigkeit (jüdischer Herkunft) mit der politischen Wirklichkeit (deutsche Linke) herausarbeiten.

Exkurs:
Sekundärer Antisemitismus/Antizionismus/„Die deutsche Linke"

Ohne die Geschichte der deutschen Linken im Nachkriegsdeutschland zu erklären, wird die von Frau Elsa thematisierte Problematik jedoch nicht deutlich. Das Folgende ist ein Erklärungsversuch der politischen Einstellung der deutschen Linken und des Verlaufs bis heute.

Ausgehend von der Annahme, dass die antisemitischen Gedanken, Vorurteile oder Stereotypisierungen der Deutschen des Nationalsozialismus nicht einfach nach dem Einmarsch der Alliierten verschwunden waren, wurden von Theodor W. Adorno ([1954] 1997) in *Schuld und Abwehr* die Gedanken dieses subtilen Antisemitismus formuliert. Nach dem religiös motivierten Antijudaismus und dem rassistischen Antisemitismus, der in der Shoah gipfelte, etablierte sich im Nachkriegsdeutschland die Vorstellung des „sekundären" Antisemitismus. Der Nationalsozialismus habe nicht zu einer vehementen Ablehnung des Antisemitismus geführt, sondern zu einer neuen Form (ebd.: S. 323). Dieser neue Antisemitismus sei davon geprägt, „Schuld und Scham" von sich abzuwenden. Wohl mit am plakativsten drücken die Äußerungen des israelischen Psychoanalytikers Zvi Rex „Die Deutschen werden den Juden Auschwitz nie verzeihen" sowie Henryk M. Broders ([1986] 2006) Formulierungen eines Antisemitismus „nicht trotz, sondern wegen Auschwitz" diese Schuldumkehr aus.

Die Weitergabe der antisemitischen Vorurteile erfolgte Studien zufolge innerfamiliär (Kistenmacher 2012). Um die eigene Haltung während des Nationalsozialismus zu rechtfertigen, konnten hier z.B. in kleinbürgerlichen und proletarischen Familien antisemitische Vorurteile weitergegeben werden. Speziell ökonomische oder machtspezifische Stereotype wie die vom „reichen Juden" oder deren großem politischen Einfluss während der Weimarer Republik wurden dabei innerfamiliär reproduziert (ebd.).

Hinzu kommt, dass eine positive Identifizierung mit Deutschland nach der Shoah oft nur durch die Abwehr „der Schuld" möglich ist. Alles Jüdische erinnere an die Gräueltaten der Nationalsozialisten. Macht „der Jude" sich den Holocaust gar noch „zunutze" oder fordert Gedenken und Verarbeitung, zieht „er" erneut den Hass auf sich. „Schlussstrichforderungen" werden in diesem Zusammenhang laut (Haury o. D.). Diese „Schlussstrichforderung" steht oft im Zusammenhang mit der Relativierung des Nationalsozialismus im Vergleich zu Gräueltaten anderer Staaten oder dem Einfordern eines eigenen Opferstatus (ebd.).

Innerhalb der deutschen Linken entwickelte sich Ende der 1960er Jahre ein Antizionismus, der als eine Form des „sekundären" Antisemitismus nach Auschwitz – auch als Folge von Schuldabwehr – formuliert ist. „Die deutsche Linke" postulierte, dass das israelische Militär „den Palästinensern" antäte, was die Nationalsozialisten den Juden angetan hatten.[57] Israel, das einstige Opfer des Faschismus, sei nun selbst zum Faschisten geworden. Extreme Linke waren teilweise gewillt, über Anschläge in Deutschland auf diese Misere aufmerksam zu machen und dafür auch jüdische Opfer hinzunehmen (Kistenmacher 2012).

Kritik an der deutschen Linken der 70er und 80er Jahre findet sich besonders in dem Punkt, dass sich diese nahezu blind mit den Minderheiten in einem Konflikt solidarisiert habe. Diese Minderheit werde mit dem Status des wehrlosen Opfers gleichgesetzt. Diese – teilweise vermeintlichen – Opfer gälte es dem linken Denken nach zu unterstützen und zu schützen. Im Nahostkonflikt nehmen die Palästinenser linkem Denken nach oft die Rolle der zu schützenden Minderheit ein, die um die Befreiung vom kapitalistischen Imperialismus kämpfe. Dass sich Teile der linken Bewegung mit der PLO solidarisch zeigten, sei ein Beispiel, um den Gedankengang des Antizionismusvorwurfs zu verdeutlichen. Antizionismus bedeutet auch, die Juden und den jüdischen Staat Israel politisch anzugreifen, was bis zur Forderung der Aberkennung von dessen Existenzrecht geht. Israel und seine Politik auf faktischer Grundlage kritisieren zu dürfen, ist eine demokratische Gegenforderung zu diesen Vorwürfen.

Mit der Wiedervereinigung 1989 spaltete sich eine israelsolidarische Bewegung von der Linken ab – die sogenannten Antideutschen. Das Gros der deutschen Linken aber behielt seine friedensbewegte Haltung bei oder lehnte, z.B. im Zuge der nun stärker bearbeiteten Anti-Globalisierungsbewegung, die „Vergangenheitsbewältigung" gänzlich ab (Postone 2005: S. 7).

Neben dieser politisch aktiven Linken sollte m. E. erwähnt werden, dass ein großer Teil der Nahost-Berichterstattung selektiv und wertend das Bild des Konflikts prägt. Über die letzten Jahrzehnte unterstützt sie die gesellschaftlich weithin anerkannte Haltung einer Solidarität mit den Opfern. Dass Israel als mit dem US-Imperialismus verbündet eine tendenziell unterdrückerische und unbesiegbare Großmacht gegenüber den in Flüchtlingslagern unterdrückten „Heimatvertriebenen" darstellte, ist trotz der unumstößlich israelsolidarischen Politik von Angela Merkel (CDU) als Duktus der deutschen Presse zu erkennen (Sahm 2006) und gilt gemeinhin als salonfähige Kritik an Israels Politik. Oft fehlt die Reflexion über antisemitische

57 Bis zur PLO-Charta im Jahre 1968 „Arab Refugees from palestine" bzw. „palästinensische Flüchtlinge" genannt. Diese Beschuldigung zeigt m. E. über ihre Unverhältnismäßigkeit besonders deutlich den Wunsch der eigenen Entschuldung. Die industrielle Massenvernichtung von Millionen Juden ist zweifelsfrei nicht mit der Vertreibung zu vergleichen.

Anteile. Vielmehr wird regelmäßig bemängelt, dass aufgrund der Fehler der Vorfahren keine Kritik an Israel geäußert werden dürfe.

Dennoch ist in weiten Teilen der Linken zu erkennen, dass Israel zunehmend ein Recht auf Verteidigung eingeräumt wird. Parallel entwickelt sich gar eine Linke, die von Postone (2005) überdacht wurde. In Deutschland ist dies allerdings jüdischen Intellektuellen vorbehalten. Beschreibt Brumlik (2000), einmal glühender Zionist gewesen zu sein, wird er heute für seinen Vorschlag einer „Einstaatenlösung" von der antideutschen Linken verbal zerrissen. Dass friedensbewegte jüdische Intellektuelle einen israelsolidarischen Vorschlag von nichtjüdischen Deutschen ebenfalls abschätzig bewerten, ist heute aber ebenfalls denkbar.

Zwischenfazit

Es bleibt festzuhalten, dass (1) „die deutsche Linke" und die Mehrheitsgesellschaft zumeist eine israelkritische Haltung nach außen tragen, (2) dass die israelsolidarische Bewegung zu den „Extremisten" gezählt wird und (3) es keine nichtjüdische, deutsche politische Partei für linke Juden gibt, die Israel grundlegend unterstützt. Ein politisches Minenfeld, in dem sich Akteure nicht nur verorten müssen, sondern die jeweilige Herkunft zur legitimierten Sicht und Haltung ebenso wichtig ist (vgl. Kapitel 5.2.4.2 Übergreifend: Deutschland und Israel).

Linker Diskurs mit der Elterngeneration

Frau Elsa führt zwei Argumente dafür an, warum die Linke die „jüdische Frage" „übersehen" hat. Dabei entschuldet sie den Weg, der zu dieser Haltung geführt hat, vor allem aber macht sie ihn ein wenig nachvollziehbar. Laut Frau Elsas Analyse standen bei der deutschen Linken im Vordergrund: (a) die Abgrenzung gegen ein Autoritätsverständnis und die Gedankenwelt der Generation ihrer Eltern und (b) die Durchsetzung des/eines „sozialistischen Gedankens". Die Linke habe es dabei „übersehen", sich mit der „jüdischen Frage" zu beschäftigen – was Frau Elsa möglicherweise aufgrund ihrer Familiengeschichte aber nicht „übersehen" konnte. Es wird, der Eindruck vermittelt, als hätte die feindselige, in Teilen sogar von Frau Elsa als antisemitisch bzw. antizionistisch entlarvte Haltung der Linken „aus Versehen" so lange angehalten, gleichsam als Überbleibsel einer vorrangigen Auseinandersetzung mit der Gedankenwelt und dem Autoritätsverständnis der Elterngeneration und einem nicht überdenkenswürdigen Marx. Jetzt aber, da eine neue Generation Linker heran gewachsen ist, welche Sozialismus und Antisemitismus nicht mehr als unmittelbare Phänomene des Nationalsozialismus betrachtet, scheint sich ein Horizont zu öffnen, der auch die „alten Linken" erreicht.

Dadurch, dass Frau Elsa Gründe aufführt, die zeigen, warum und wie sich die deutsche Linke nicht mit der „jüdischen Frage“ beschäftigte, macht sie diese Lücke ein Stück weit nachvollziehbar und entschuldet sie gleichermaßen. Sie entlarvt dabei die Haltung der Linken zwar als Verteidigungsmechanismus, sieht und benennt aber dessen feindselige Manifestation im Außen.

Austausch mit der Linken

Frau Elsa ordnet sich in eine nicht näher bestimmte Gruppe von wahrscheinlich linksgerichteten Gleichdenkenden ein („man“) und grenzt sich gleichzeitig gegen die linke Bewegung ab. Es ist folglich anzunehmen, dass sie sich in einem Umfeld (Gruppe oder Einzelpersonen) befand, mit dem sie zumindest bezüglich der Gedanken über die „jüdische Frage“ harmonierte (vgl. Frau BL). Gleichzeitig ist unwahrscheinlich, dass es eine relevante Gruppe gab, da dann die Paradoxien bei Frau Elsa aller Wahrscheinlichkeit nach nicht in dieser Intensität aufgetreten wären. Hätte es eine linke Bewegung oder Gruppe mit einer kritischen Größe oder äußerem Einfluss gegeben, wäre zu dieser die Nähe ohne Distanz bezüglich der Haltung zur „jüdischen Frage“ möglich gewesen. Auch hier wird noch einmal deutlich, dass Frau Elsa an keiner Stelle des Interviews auf die Nähe (oder die Distanz) zu anderen für sie relevanten politischen Gruppen oder Zusammenhänge verweist.

Zu relevanten Akteuren der von ihr kritisierten Linken hingegen stand Frau Elsa wahrscheinlich nicht in intensivem Kontakt, sonst wäre es ihr zumindest möglich gewesen, diese aus der von ihr kritisierten „Unbewusstheit“ herauszuholen und die „Art von antisemitisch inspirierter Feindseligkeit“ in einem Diskurs zu verhandeln.

Was „erst in den letzten Jahren“ geschieht, ist das „Zulassen des Gedankens“, aber noch keine Überzeugung, sodass diese Formulierung den Prozess in der Linken beschreibt, innerhalb dessen sie die bislang durch Frau Elsa kritisierte Haltung wird ändern können. Dabei steht eine Haltungsänderung in Aussicht, durch die die deutsche Linke der „jüdischen Frage“ nicht mehr nur feindselig oder unbefriedigend gegenübersteht. Denn Vergangenheitsbewältigung durch die Eröffnung einer Diskursmöglichkeit mit den „alten Linken“ und den nachwachsenden Generationen ist ausschlaggebend für den Prozess dieser Haltungsänderung, die eine weniger feindselige und unbefriedigende Haltung der deutschen Linken zur „jüdischen Frage“ zur Folge haben wird.

> „Und erst in den letzten Jahren muss ich zugeben, wird das besser, weil man mit diesen ‚alten Linken‘ in Anführungsstrichen heute besser reden kann. Nicht mit allen. aber mit vielen.“

Die „den letzten Jahren“ können zeitlich auf die Jahre seit den 1990ern bis zum Interview 2007 beschränkt werden. Die „letzten Jahre“ sind auch im Sinne einer Kontinuität zu verstehen, die in die Zukunft weist.

Frau Elsa spricht in diesem Zusammenhang von einem Entwicklungspotential innerhalb der deutschen Linken, da man heute mit der Linken bereits teilweise besser reden könne. Damit sagt sie, dass die Möglichkeit des Meinungsaustauschs eröffnet wurde. Die Haltung der Linken war demnach früher eine feststehende und indiskutable.

Grundlegend scheint sich die Haltung der deutschen Linken aber (noch) nicht geändert zu haben. Man kann lediglich mit „ihnen“ reden, wenn auch nicht mit allen. Hier könnte Frau Elsa sowohl auf Einzelpersonen (der „alten Linken“) als auch auf linke Gruppierungen mit unterschiedlichen Positionen zielen.

Letzten Endes gesteht Frau Elsa sich sogar ein, dass eine Einstellungsänderung auch bei ihr stattfinden muss. Nicht bezüglich der „jüdischen Frage“, aber bezüglich ihrer Einschätzung der deutschen Linken.

Dass „man“, inklusive der Interviewten, mit der deutschen Linken „heute besser reden kann“, lässt zudem darauf schließen, dass Frau Elsa dies nicht nur passiv verfolgt, sondern sich in Kreisen bewegt, in denen sie persönlich mit „der Linken“ reden kann.

Resümee und Konklusion

Eine politische Disposition ist über die Eltern bereits in der Kindheit gelegt. Die liberale Tradition führt sich im eigenen Denken fort. Als politisches Subjekt besteht die Nähe zur Linken. Die Linke hat allerdings eine Haltung gegenüber der „jüdischen Frage“, die es – unter anderem –Personen jüdischer Herkunft eigentlich unmöglich macht, der linken Bewegung zuzugehören, ohne sich dabei selbst zu verleugnen oder abzuurteilen. Die Gruppe, mit der die Identifizierung stattfindet, trägt in diesem Aspekt eine innere Überzeugung nach außen, die sich nicht unbedingt mit einer loyalen jüdischen Identität vereinbaren lässt und die unterschiedliche Nachkommenschaft aus Täter- und Opferfamilien zum entscheidenden differierenden Moment werden lässt.

Zu diesem Paradox, sich überwiegend links zu verorten, in einem relevanten Aspekt aber grundlegend zu differieren, entsteht für Frau Elsa ein weiteres, nämlich dieser Haltung just in Deutschland zu begegnen. Gerade von einer Linken, die im Nachkriegsdeutschland politisch aktiv war, müsste eine Auseinandersetzung in Bezug auf die „jüdische Frage“ erfolgen und nicht auf veraltete Konstrukte rekurriert werden.

Trotz dieser als Kritik einzuordnenden Frage nach der geschichtlichen Verantwortung stellt sie eine Analyse der Bedingungen vor, unter denen sich die rückschrittliche Haltung der Linken erklären lässt. Die Auseinandersetzung mit der Elterngeneration, einer Generation, die den

Nationalsozialismus bewusst miterlebt und ggf. gestaltet hat, stünde im Vordergrund der Neuen Linken. Dabei aber wird Israel (und somit auch „die Juden") manifest kritisiert, gar für seine Politik abgeurteilt. Diese Haltung verunmöglicht eine Auseinandersetzung und die Zugehörigkeit zur Linken. Zugehörigkeit also zu einer realen deutschen linken Großgruppe war (und ist teilweise) aufgrund dieser eklatanten Verschiedenheit in der Perspektive schier unmöglich. Dennoch ist Frau Elsas Position gefestigt. Mit Einzelpersonen und kleineren Gruppen kann sie ihre politischen Ansichten diesbezüglich durchaus teilen.

In den letzten 20 Jahren sind nun Entwicklungen bezüglich einer Auseinandersetzung über die „jüdische Frage" in der deutschen Linken zu verzeichnen. Die deutsche Linke arbeitet an sich. Ebenso beschreibt Frau Elsa, sich durch die Bereitschaft, der Linken ein Umdenken zuzugestehen, auch entwickelt zu haben. Die Zugehörigkeitsstrukturen von damals aber bleiben wahrscheinlich, denn es sind die alten Neuen Linken, von denen sie aus einer gefestigt wirkenden persönlichen und gesellschaftlichen Einbettung berichtet. Die politische Arbeit der Jungen findet andernorts statt, ebenso wie die gesellschaftliche Überformung einer durchschnittlichen neuen Haltung.

Sie verknüpft ihre jüdische Herkunft mit ihrer politischen Zugehörigkeit und Ansicht. Ihre patrilinear jüdischen Wurzeln werden so zum Grund für die Gefühle von *Nähe und Distanz* zu Deutschland. Ihre eindeutige Identifikation mit einem politischen Lager kann aufgrund ihrer inhärent doppelten Zugehörigkeit (zu Deutschland und Israel) nicht stattfinden. Ihre Eigen- und Fremdanalysen sind dabei in höchstem Maße tief reflektiert.

5.2.4.2 Übergreifend: Deutschland und Israel

Deutschland

Verhältnis zu Deutschland mit Bezug zum Nationalsozialismus

Das Verhältnis von Patrilinearen zu ihrer jüdischen Identität steht im Zusammenhang mit Israel, welches wiederum im Zusammenhang mit dem Verhältnis zu Deutschland steht. In den Interviews zeigt sich, dass dieses Verhältnis zu Deutschland ein ambivalentes ist. Zum einen ist es kritisch, obschon Deutschland auch als Zuhause empfunden wird, zum anderen ist es ein Verhältnis, in dem sich die Interviewten im Laufe des Lebens eine Position erarbeiteten, die sich durch unterschiedliche Stadien entwickelt hat.

Nationalsozialismus

Erlebnisse bezüglich Deutschland von patrilinearen Zeitzeugen des Nationalsozialismus

Als Kinder aus sogenannten „Mischehen" wurden Patrilineare zwischen 1933 und 1945 von den Nationalsozialisten als „jüdische Mischlinge",

„Mischlinge ersten Grades" oder „Halbjuden" bezeichnet und sahen sich persönlich und/oder ihre Familien Schikanen, Restriktionen und/oder Verfolgung ausgesetzt. Frau Café und Herr Falkus berichten als Zeitzeugen über ihre Erinnerungen im Deutschland des Nationalsozialismus. Es wird deutlich, dass Deutschland für Patrilineare, die während des Nationalsozialismus dort aufwuchsen und lebten, das Land schmerzlicher Erinnerungen und Verluste ist und zugleich das Land, indem sie Zuhause waren und teilweise noch sind.

Herr Falkus z.B. erklärt zunächst, dass er und sein Bruder katholisch erzogen wurden. Seine Mutter legte großen Wert auf eine solche Erziehung. In ihrem Zuhause wurden keine jüdischen Feiertage gehalten und beschnitten waren die Geschwister auch nicht. Der Vater war Herrn Falkus' Beschreibung nach ein sehr liberaler Jude gewesen, der „all diese Dinge, die bei Juden verpönt [sind]", tat: z.B. hielt er den Schabbat nicht und aß Schweinefleisch. Innerhalb der Familie, so Herr Falkus, gab es keine Probleme wegen des Glaubens und auch außerhalb des familiären Kreises waren die Geschwister weitgehend im katholischen Umfeld integriert und akzeptiert. Durch den Nationalsozialismus veränderte sich ihre Situation. Die Familie, so wie sie bis dahin existierte, wurde zerstört. Herr Falkus:

> „Ich glaube, dass dieses Faktum meines Transportes [in ein Arbeitslager], ich war der jüngste in der Familie, meinen Vater sehr bewegt hat. Zumal mein Bruder zwei Monate vorher 1944 von der Gestapo auf offener Straße erschossen worden ist."

Der Bruder, der in einer kleinen Widerstandsgruppe war, wurde zunächst denunziert und schließlich von den Nationalsozialisten ermordet. Herr Falkus selbst erhielt, was die paradoxe Situation, in der sich „Halbjuden" befanden, sehr greifbar beschreibt, einen sogenannten Gestellungsbefehl zur Wehrmacht und nahezu zeitgleich den Transportbefehl zum Arbeitslager. Er entschied sich für das Arbeitslager. Sein Vater, der selbst mehrfach auf der Transportliste ins Konzentrationslager stand, konnte diesen zwar abwenden, erlag aber kurze Zeit nach Herrn Falkus' Transport einem Herzleiden; vermutlich aufgrund der zahlreichen Restriktionen, die er durch die Nationalsozialisten erfuhr sowie des Verlusts der beiden Söhne.

Herr Falkus wiederum erfuhr einen Tag nach der Befreiung aus dem Arbeitslager, in dem er sich befand, dass auch für ihn und seine Mitgefangenen der Erschießungsbefehl bereits vorgelegen hatte. Bis zum Nationalsozialismus hatte Herr Falkus sich als katholisch und deutsch empfunden.

Auch Frau Café berichtet als Tochter eines jüdischen Vaters über die Paradoxie, während des Nationalsozialismus ein deutsch-christliches Selbstverständnis zu haben. Sie wuchs als Kind zweier evangelischer Eltern auf und erfuhr erst durch das Abschlagen ihres Wunsches, zum „BDM" zu gehen, dass ihr Vater und ihre Großeltern väterlicherseits jüdisch waren. Die

Großeltern wurden beinahe vor ihren Augen deportiert. Der Vater überlebte.

Frau Café beschreibt, dass sie sich noch heute für die damaligen Geschehnisse schämt. Judenfeindliche und geschäftsschädigende Schmierereien an den Schaufenstern des elterlichen Geschäftes sind unter anderem Grund für ihre Scham, einer Art Schande der Betroffenen.[58] Nur durch den juristischen „Trick“ einer Scheidung konnte ihr Geschäft wieder als „arisch“ deklariert werden. Mutter und Kinder wurden vorerst nicht mehr wegen der Herkunft belangt. Der Vater konnte nach Amerika emigrieren. Die Entscheidung, nach dem Krieg nach Deutschland zurückzukommen, lag einzig an dem Wunsch, wieder mit der Familie zusammenleben zu wollen. Keine leichte Entscheidung für Frau Cafés Vater.

Die Behandlung dieser sogenannten Halbjuden manifestierte sich häufig in Paradoxien. Herrn Falkus' doppelte Einberufung zur Wehrmacht und in das Arbeitslager verdeutlicht dies. Das Paradox wird gelöst, indem es in der Praxis zur Wahlmöglichkeit wird. So lag die Entscheidung, welcher Aufforderung Herr Falkus nachkommen würde, zunächst bei ihm. Und auch Frau Cafés Eltern konnten sich dem Schein nach innerhalb ihres Paradoxes entscheiden: Für eine Scheidung und damit dafür, dass ein Teil der Familie zunächst als „arisch“ weiter –, aber auch überleben konnte. An zahlreichen Geschehnissen zeigen Herr Falkus und Frau Café, wie sie als Juden und auch als Deutsche im nationalsozialistischen Deutschland lebten.

Emigration, Remigration und vaterjüdische Nachfahren

Im Gegensatz zu Frau Café und Herrn Falkus, die während und nach dem Nationalsozialismus in Deutschland lebten und leben, verließen Max' Großeltern das „Dritte Reich“. Er ist der Enkel von Zeitzeugen und berichtet darüber, was seine Großeltern und Verwandten ihm überlieferten. Max erzählt von der Zeit, in der die Großeltern in Deutschland lebten, als einer Zeit der Assimilation. Seine Großeltern und deren Eltern seien „einfach Deutsche“ gewesen, was sich durch den Nationalsozialismus schlagartig änderte. Sie emigrierten nach Israel. Auch Rebeccas Vater ging nach Israel. Er hatte das Glück, bei der Jugend-Alija dabei sein zu können und überlebte so, während seine Familie bleiben musste und ermordet wurde. Über die Gründe, aus denen ihr Vater zurück nach Deutschland kehrte, sagt Rebecca:

„[...] und mit dem Gedanken, dass also in Israel alle die Waffe zur

58 Dass Opfer des Nationalsozialismus Scham empfinden, ist ein Phänomen, das nicht ungewöhnlich ist. So verstanden kann Scham mit der erlebten Verletzlichkeit und Hilflosigkeit der Opfer entstehen, obwohl aus heutiger Sicht die Verletzung der sozialen Verhaltensweisen und der Menschlichkeit auf der Täterseite verankert ist und diesen daher folgelogisch das Schamgefühl ob ihrer unmoralischen Handlungen vom heutigen Betrachter abverlangt wird. Vgl. hierzu Literatur zu Schampsychologie, etwa Stephan Marks (2013) über „Die Scham des Nationalsozialismus“.

> Hand nehmen müssen und er dagegen ist und die Sehnsucht nach der deutschen Sprache, da ist er wieder zurück gekommen."

Auch Frau BL berichtet, dass zum einen die Sprache für ihren Vater ein wichtiger Grund zur Rückkehr nach Deutschland war. Er war Autor. Zum anderen war er politisch aktiv und wollte – neben kulturellen Gründen – am politischen Aufbau Deutschlands mitwirken. Dieser Grund gilt oft als wesentlich für die Remigration und ist durch Studien belegt (Kliner-Fruck 2001: S. 291).

Die Großeltern von Max blieben in Israel. Er wurde als Kind eines israelischen Vaters und einer deutschen Mutter in Deutschland geboren. Rebecca hingegen ist die Tochter eines nach Israel emigrierten, aber nach Deutschland remigrierten Vaters. Die Zeit des Vaters in Israel ist Geschichte. Und zwar seine persönliche, nicht die beider Eltern oder der Familie.

Die Kinder beider Familien, die während des Nationalsozialismus nach Israel emigrierten, leben nun in Deutschland. Nach dem Krieg standen beide Familien vor der Wahl, in Israel zu bleiben oder nach Deutschland zurückzukehren. Max' Großeltern entschieden sich für Israel und Rebeccas Vater für Deutschland. Das Bereuen dieser Entscheidung wird von beiden nicht tradiert (zumindest berichten meine Interviewpartner/innen nichts darüber). Beide Interviewpartner/innen berichten außerdem nicht von Problemen ihrer emigrierten Verwandten als Nachfahren in Deutschland, dem Land der Täter, zu leben und selbst Deutsche zu sein.[59] Tradiert wurden in diesen Beispielen vielmehr Erlebnisse und Folgen des Nationalsozialismus, aber ebenso die Verbundenheit mit der deutschen Kultur.

Wiedergutmachungsbemühungen im Nachkriegsdeutschland[60]

Trotz der hier nur beispielhaft aufgeführten schicksalsbestimmenden Erlebnisse verließen Frau Café und Herr Falkus Deutschland nicht. Dass es auch nach 1945 einen erschreckenden Judenhass in der deutschen Bevölkerung gab, wies unter anderem ein Gruppenexperiment nach, das vom Frankfurter Institut für Sozialforschung 1951 durchgeführt wurde (vgl. Pollock 1951). Auch in der Öffentlichkeit und der Politik war das Ressentiment gegenüber Juden noch stark sichtbar. Anfang der 1950er Jahre erst

59 Eine patrilineare Gesprächspartnerin berichtet, dass der Großvater den Vater sehr davor gewarnt hatte, eine polnische Frau zu heiraten. Ob dies daran lag, dass seine eigene Frau polnisch war oder die Erlebnisse während des Nationalsozialismus in Polen Ausschlag dazu gaben, ist nicht überliefert.

60 Unter „Nachkriegsdeutschland" verstehe ich zunächst die unmittelbaren Jahre nach dem Krieg bis zur Gründung der Bundesrepublik Deutschland. Ich verwende den Begriff hier allerdings teilweise noch bis Ende der 1960er Jahre, um die Beschreibungen der Zeitzeugen in den Rahmen zu setzen, in dem berichtete Geschehnisse für sie stattfanden: In einem Deutschland nach dem Krieg.

„verschwindet er [der Judenhass] für einige Jahre aus dem öffentlichen Bewusstsein“ (Bergmann 2001: S. 204).

Auch Herr Falkus und Frau Café berichten über ihre Erfahrungen mit der deutschen Nachkriegsgesellschaft. Nicht über konkrete antisemitische Erlebnisse, sondern darüber, wie sich im richtenden und gerichteten Nachkriegsdeutschland die Misere fortsetzt. Herr Falkus gibt dafür zunächst ein Erlebnis aus der Zeit des Nationalsozialismus an:

> „Der [Name eines Lehrers während des Nationalsozialismus] hat mich unter die Bank gelegt, hat mich mit einem Seil, Tau malträtiert. Aber das schluckt man. Es war einfach nicht abwendbar gewesen und ich wurde oft gefragt, ob ich nach dem Krieg irgendwas gegen diese Leute unternommen hätte, da habe ich gesagt ‚Nein‘. Es hätte das Geschehen nicht mehr rückgängig gemacht und die Spruchkammerurteile, die es damals gab – es gab ja nach dem Krieg zur Entnazifizierung sogenannte Spruchkammern [Anmerkung RZ: 1946–1949], man hat also politisch unbelastete Menschen, Männer zusammen getan und man hat so Dreier-Kopf-Gremien gebildet, einen Spruchkammerausschuss, und da wurden dann die Leute, die schuldig waren, erkennbar oder durch Anzeigen zur Rechenschaft gezogen. Das waren alles Urteile, nein, alles nicht. Ich muss sagen, es gab auch Entscheide, über die man lachen konnte. Deswegen habe ich auch nichts mehr unternommen.“

Herr Falkus sah also, dass die Täter in Deutschland zwar vor Gericht gestellt, die Urteile aber teilweise alles andere als dem Gerechtigkeitssinn nach zufriedenstellend ausfallen konnten. Die Auswertung der tatsächlichen Urteile unterstützen Herrn Falkus’ Einschätzung. In den zweieinhalb Millionen Verfahren in Westdeutschland wurden über 54% der Beklagten als Mitläufer verurteilt und bei 34,6% das Verfahren eingestellt (vgl. Gross 2010). Demnach wurden nur 11,4% aller Angeklagten tatsächlich verurteilt. Dennoch gründet Herr Falkus seine Existenz in eben diesem Land. Er berichtet über seine Ausbildungen, seine Familie, seinen beruflichen Werdegang. Deutschland ist das Land, in dem er sein Leben lebt und lebte.

Auch Frau Café berichtet über das Geschehen im Nachkriegsdeutschland. Sie berichtet über einen Vorfall, der ihre Familie und deren Behandlung betraf. Ihrem Vater war eine Wiedergutmachung angeboten worden, die er ablehnte. Das Geld floss dann quasi automatisch als Gedenken nach Israel. Frau Café:

> „Ach ja und dann hat mein Vater Geld gekriegt, ich weiß gar nicht mehr für was, für den Nachlass von den Eltern oder von der Stadt für die Möbel [...]. War nicht viel und die Jüdische Gemeinde sollte ihm das auszahlen. Da sagt er: ‚Was wäre ich für ein Mensch, wenn ich dieses Geld auch noch annehmen würde? Das mach ich doch nicht.

> Im Leben nicht. Machen Sie, was Sie wollen, ich nehme solches Geld nicht!' So. Und da haben sie an die jüdische Gemeinde geschrieben: ‚Der [Name des Vaters] nimmt des Geld nicht, was soll'n wir denn machen?' ‚Ah, dann pflanzen wir einen Baum für den Herrn [Name des Vaters]' in Yad Vashem. Da ist ein Baum für meinen Vater gepflanzt. Das fand ich wiederum schön."

Schoeps (2001: S. 10) zeigt, dass der Wiedergutmachungsprozess häufig im Materiellen seinen Ausdruck fand. Frau Café beschreibt in obiger Szene, dass viele Juden mit dieser materiellen Form der Wiedergutmachung nicht unbedingt einverstanden waren. Ihr Vater lehnte den materiellen Weg ab und sie bestätigt, dass die Investition in einen ideellen Gedenkort oft in eine positivere Bewertung mündete.

Herr Falkus bemängelt Urteile der Spruchkammern als teilweise unbefriedigend. Dafür zeichnet er zwei Gründe verantwortlich. Zum einen waren die Mitglieder der Spruchkammern keine ausgebildeten Juristen, die hier Recht sprachen, zum anderen waren jene „politisch unbelasteten Deutschen" möglicherweise gar nicht so frei von Schuld.[61]

Die Wiedergutmachung, die Frau Cafés Vater angeboten wurde, ist moralisch für diesen nicht annehmbar. Mit Geld war das Erlebte nicht wiedergutzumachen. Ob die Alternative, der gepflanzte Baum in Israel, auch vom Vater Frau Cafés positiv aufgenommen wurde, bleibt offen. Beide Zeitzeugen betrachten die Aufarbeitung des Nationalsozialismus ein Stück weit aus der Distanz. Sie kritisieren die Handhabung der Aufarbeitung, sehen sich aber individuell nicht involviert und nicht zu persönlichen Handlungen motiviert.

Nachkriegskindheit in der DDR

Frau BL erlebte die Nachkriegszeit[62] als Kind in der DDR. Ihr Vater wurde Mitte der 1910er Jahre geboren und war Frau BLs Aussagen zufolge bereits in jungen Jahren Kommunist geworden. Sie suchte immer wieder das Gespräch mit ihm über die deutsche Vergangenheit und die der Familie. Er aber wich aus. Sie erinnert sich in diesem Zusammenhang an eine Szene, in der sie 13 oder 14 Jahre alt war, ihr Vater ihr den Schlüssel zu seiner frühen und aktuellen Überzeugung vom Kommunismus erklärte:

> „[Er ging zu] so niedrigen braunen Regalen, diese endlosen braunen Leder gebundenen Wladimir Iljitsch Lenin gesammelte Werke, und ohne auch nur eine Sekunde nachzudenken, griff er ins Regal, genau den richtigen Band, und schlug mit einem Mal die richtige Seite auf

61 Gross (2010) beschreibt die Umstände, unter denen die Moral nach dem Nationalsozialismus von diesem Phänomen durchzogen war.

62 Den Begriff der „Nachkriegszeit" verwende ich an dieser Stelle, weil Frau BL die Erlebnisse als direkte Folge des Krieges beschreibt.

> und las mir diesen eben zitierten Satz vor ‚Der Kommunismus kennt nur Klassenfragen, keine Rassenfragen.'"

Die Sicherheit, mit der der Vater das Zitat findet und vorträgt, verweist darauf, wie wichtig und tief verwurzelt dieser kommunistische Gedanke für ihn gewesen sein muss. Die politische Bearbeitung der nationalsozialistischen Geschichte empfand Frau BL allerdings sowohl vom Vater als auch vom Staat, als vom kommunistischen Gedanken versteckt und verlogen. Frau BL:

> „Als ich über die Verlogenheit vorhin auch gesprochen habe [...] die DDR war ein Land, das sich ständig, zu allen möglichen Gelegenheiten, zum 1. Mai, dem Kampftag der Arbeiterklasse, zum 8. Mai, dem Tag der Befreiung, zum 7. Oktober, dem Tag der Republik, zu allen denkbaren Anlässen schmückte sich dieses Land mit irgendwelchen Parolen. [...] Eine feststehende Formulierung in diesen Losungen war immer wieder ‚Sieger der Geschichte'. In der DDR, und das unterschied sie mal ganz grundsätzlich, wenn ich Ihnen da [eine] ganz kleine Nachhollektion geben darf in Sachen Geschichte; in der DDR wohnen nämlich die ‚Sieger der Geschichte'. Und im Westen wohnen die ganzen bösen Täter. In der DDR gab es diese Täter nicht."

In ihrer Kindheit nahm Frau BL folglich bereits wahr, dass die DDR ihre nationalsozialistische Geschichte von sich abspaltete und verfälscht darstellte. Sogar ihr Vater bemühte sich offensichtlich darum, seiner Tochter den kommunistischen Gedanken und nicht die geschichtlichen Tatsachen der NS-Herrschaft zu vermitteln. Bergmann (2001: S. 192) beschreibt, dass sich die DDR aufgrund des dem sozialistischen Selbstverständnis nach nicht vorhandenen Antisemitismus weder öffentlich, politisch noch wissenschaftlich veranlasst sah, sich mit diesem oder der nationalsozialistischen Geschichte auseinanderzusetzen. Frau BLs Beschreibung bestätigt diese Aussage. In ihrer Lebenswirklichkeit erlebt sie diesbezüglich allerdings Widersprüchliches, nämlich sehr wohl Antisemitismus und eine Differenz aufgrund ihrer jüdischen Herkunft und ihrer Familiengeschichte.

Frau BL nimmt sich dann auch zunächst als different zum Gros ihrer Mitschüler/innen wahr. Sie hat einen Freundeskreis, zu dem „nur halbe oder ganze Juden" gehören. Sie findet Menschen mit ähnlich differierenden Familiengeschichten und einen Halt durch geteilte antisemitische Erfahrungen.

Frau BL sieht sich als in der Nachkriegszeit unmittelbar vom Nationalsozialismus betroffen. Die DDR als Staat, der sich von jeglicher Verantwortung freispricht, steht hier zusammen mit einem kommunistisch überzeugten Vater, der diese Staatsform als frei von Rassenproblematik verstehen will. Dass ihre Lebenswirklichkeit eine andere ist, wird nur von Menschen mit ebenfalls jüdischem Hintergrund wahrgenommen.

Zwischenüberlegung – Resümee zu Krieg und Zeitzeugen

Gerade Zeitzeugen des Nationalsozialismus sowie deren Kinder berichten szenisch über Erlebnisse aus dieser Zeit. Sie werten diese selten aus, sondern lassen sie so stehen, als sagten diese Szenen bereits alles. Die Erlebnisse beschreiben unanalysiert ihr Verhältnis zu Deutschland und zu nichtjüdischen Deutschen. Die Familiengeschichten sind oft tragisch in dem Sinne, dass die Familien nicht mehr in der Form existieren, wie sie es vor dem nationalsozialistischen Deutschland taten. Beschrieben werden sowohl das räumliche Auseinanderreißen der Familien als auch der Tod von Familienmitgliedern aufgrund des Nationalsozialismus. Die Aufarbeitung des Nationalsozialismus im Nachkriegsdeutschland wird von den Interviewten, gleich ob BRD oder DDR, in ihrer rechtlichen Bearbeitung, dem Wiedergutmachungsangebot und/oder der politischen Neufindung als unbefriedigend und der Lebenswirklichkeit nicht gerecht werdend bewertet. Anzunehmen ist, dass ihre christlich-deutsche Identität durch den Nationalsozialismus tief erschüttert wurde. Dennoch bleibt Deutschland für die dritte Generation, von den jüdischen Großeltern tradiert und von Patrilinearen persönlich geäußert, kulturell ein, manchmal gar *das* Zuhause.

Für die patrilinearen Kinder von Zeitzeugen, also die zweite Generation, stellt sich Heimatgefühl möglicherweise anders dar. Frau BL beispielsweise problematisiert ihr Verhältnis, Rebecca hingegen tut dies nicht. Im Folgenden wird das Verhältnis von Patrilinearen zu Deutschland betrachtet, die selbst oder deren Vater den Nationalsozialismus nicht erlebten.

Die „junge Generation" bleibt in Deutschland

Als „jungen Generation" definiere ich auf deutscher Seite die dritte Generation nach der Shoah. Bei Patrilinearen verschiebt sich dies auf die zweite und die dritte Generation, da die Generation der Zeitzeugen, welche auf deutscher Seite die zweite Generation hervorbrachte, häufig erst sehr spät Kinder zeugte, die dem Alter der dritten deutschen Generation entsprechen können.

Die von den Zeitzeugen szenisch beschriebenen Erlebnisse resümieren die jüngeren Generationen in einer Haltung gegenüber Deutschland. So sagt Judith, sie habe oft gedacht, dass sie Deutschland aufgrund des Holocaust nach ihrer Schulzeit verlassen würde, denn „hier will ich nicht leben". Dennoch bleiben alle meine Interviewpartner/innen in Deutschland oder sind zurückgekehrt.[63]

63 Jene, die nicht in Deutschland leben, standen für ein Interview nicht zur Verfügung.

Verschiedene Blickwinkel der jungen Generationen

Der Haltung der zweiten und dritten Generation von Patrilinearen können Stimmen einer deutschen nichtjüdischen dritten Generation gegenüberstehen und -gestellt werden. Diese sieht sich – zumindest teilweise – nicht als „schuldige" deutsche Generation und möchte von Juden auch nicht als solche in die Pflicht genommen werden (Klafke 1999: S. 119 ff., Cuntze 1999: S. 209 ff.). Sie sehen den Holocaust vielmehr als geschichtliche Gräuel. Patrilineare der (zweiten und) dritten Generation hingegen beschreiben sich als in einer lebendigen und persönlichen Geschichte des Holocaust verhaftet.

Obwohl Menschen jüdischer und nichtjüdischer Herkunft „die zeitliche und geographische Nähe zu den Verbrechen des Holocaust" (Cuntze 1999: S. 220) teilen, wirkt das jeweilige Verhältnis zu Deutschland und dem Holocaust also in solchen Fällen gegenteilig. Hier ist vermutlich zu erkennen, dass die Tradierung im Familiengedächtnis deutscher Familien weniger einen persönlichen Bezug zu den Tätern und Mitläufern des Nationalsozialismus herzustellen scheint[64] als jene in den Familien jüdischer Herkunft bezüglich der eigenen Opfer- und Verfolgtengeschichte.

Die nationalsozialistische Geschichte ist auf beiden Seiten Grund für ein schwieriges Verhältnis zu Deutschland. Stehen die jungen nichtjüdischen Deutschen vor der Herausforderung, ein positives nationales Verhältnis zu Deutschland aufzubauen, versuchen Patrilineare, ihre kritische Haltung zu Deutschland in eine Haltung zu integrieren, mit der sie „im Land der Täter" leben können und wollen. Rebecca beschreibt die Veränderung, die sie vollzieht: zunächst als Tochter eines Überlebenden wird sie zu einer Deutschen jüdischer Herkunft, die angekommen ist. Zweifelnd, aber angekommen:

> **RZ:** „Dein Verhältnis zu Deutschland?"
>
> **Rebecca:** „Naja, vorne halt Deutsch und hinten halt anders [lacht]. Mein Verhältnis zu Deutschland ist schon, sagen wir mal so, die ersten 40 Jahre bin ich schon auch mit dem Gedanken rumgelaufen, wenn ich ältere Leute gesehen habe, dass ich gedacht habe: ‚Oh. Der hat vielleicht Deinen Großvater erschossen.' Oder der oder die oder sonst was. Also da bin ich schon sehr stark auf Distanz gegangen. Ja, ich denk', also ich denke es ist schon so meine Heimat, so von der Sprache her, von den Jahreszeiten, von allem Drum und Dran."

Rebecca nimmt hier die Gründe des Vater auf, um zu benennen, warum sie für Deutschland heimatliche Gefühle hegt. Die deutsche Sprache ist ihrer Erzählung nach zum Beispiel für den Vater ein Grund, nach Deutschland zurückzukehren. Auch für sie wird die Sprache zum Grund, sich in Deutschland heimisch zu fühlen. Es zeigt sich, dass der Weg des Vaters, sich mit

64 Vgl. Welzer, H. und Moller, S. Opa war kein Nazi 2002.

Deutschland zu arrangieren, möglicherweise jener ist, der auch den Nachfahren ermöglicht, einen Bezug zu diesem Land zu eröffnen – legitimiert durch den Zeitzeugen.

Agnes möchte ihren Sohn mit zweitem Namen nach ihrem jüdischen Großvater benennen, glaubt aber, dies ihrem Kind in Deutschland nicht „antun" zu können, weshalb sie hierfür eine Strategie anwendet und die niederländische Form des Namens nutzt.

Neben dieser wird eine weitere Strategie deutlich, die Menschen jüdischer Herkunft anwenden, um mit ihrem Hintergrund in Deutschland leben zu können. Einerseits wird etwas verdeckt, was sich möglicherweise als nachteilig auswirken könnte (der Name des Großvaters), andererseits wird „behalten", was zuvor von den Zeitzeugen, zumindest nahestehenden Verwandten, „legitimiert" wurde (z.B. die Sprache).

Ankommen und Aufbauen

In Deutschland lebende Patrilineare bauen auf der Familiengeschichte und der Geschichte des Landes „etwas auf" und „kommen an". Nicht als gesellschaftliche Bewegung, sondern als Ergebnis einer inneren und äußeren Auseinandersetzung jedes einzelnen Patrilinearen mit den eigenen Wurzeln, der Geschichte Deutschlands und dem Lebensalltag. So verdienen sie mit der Sprache dieses Landes Geld (Lektor) oder haben ein Kind, welches ein wichtiger Grund für die Verbundenheit mit Deutschland ist. Agnes:

> „Ich lebe hier. Es hat sich total viel geändert seit ich [Name des Kindes] habe. Ich bin auch in eine Partei eingetreten, was ich früher dachte geht gar nicht. Ich kann mir zunehmend vorstellen, hierzubleiben. Früher habe ich immer gedacht, ich lebe mal woanders. Irgendwann bin ich wo ganz anders. Ganz bestimmt nicht in Deutschland."

Diese Verbindungen werden in einer Art Akzeptanz resümiert, in Deutschland zu leben und Teil des Staates zu sein: „Ich will hier auch mit dieser Geschichte sein" und/oder „ich bin Deutsche".

Avshalom spricht gar von einer Verantwortung, die er durch seine jüdische Herkunft trägt. Er trägt diese nicht nur für den Fortgang seines eigenen Lebens, sondern ebenso für das Judentum, mit dem er sich verbunden sieht. Avshalom möchte

> „in irgendeiner Art und Weise einen Beitrag [...] leisten. So dass das Judentum in irgendeiner Form weitergeht. Also Teil einer Kette zu sein. Auch ein Teil des europäischen Judentums zu sein. Ganz bewusst. Das ist mir auch aufgefallen, wo ich in Amerika war, oder in Israel war, wo ich merkte, das ist nicht mein Erbe. Das ist interessant und hilfreich, aber ich gehöre nach Europa. Da, hier sind meine, hier haben meine Vorfahren gelebt."

Es zeigt sich, dass der jüdische Hintergrund zur Aufgabe zur Verantwortung werden kann und integriert wird in ein wachsendes deutsches Selbstverständnis. Der Holocaust ist hierbei nicht mehr alleinig bestimmend für das Verhältnis zu Deutschland. Die eigene Biographie steht zunehmend im Vordergrund sowie die notwendigerweise zu bedenkende eigene Zukunft, die in diesem Land gelebt werden soll.

Lernumgebung mit „nichtjüdischen Eiferern"

Es fällt Patrilinearen schwer, sich zum Beispiel in Hebräischkursen gegenüber nichtjüdischen Deutschen zu positionieren. Rebecca beschreibt ihre Erfahrung, nicht in diesem Umfeld Zuhause zu sein:

> „Ich hab getanzt, Tänze aus aller Welt, hier in [Name der Stadt], bei [Name der Lehrerin], also Folkloretänze, und irgendwann hab ich mich spezialisiert auf israelische Tänze und hab gemerkt, dass mir das sehr liegt, dass mir das sehr gefällt, und diese Gruppen wurden aber immer schwieriger, weil einfach so komische Leute da kommen, wenn man israelische Tänze macht, weil, wie gesagt, was ich finde, christliche Leute und überchristliche Leute und Leute mit Helfersyndrom und, ach, Leute, die dauernd über Israel reden wollen, und irgendwie war mir das dann letztlich doch wiederum fern."

Für Patrilineare gibt es oft einen Zugang zur israelischen und jüdischen Kultur über Kurse. Die beinhalten israelischen Tanz, die hebräische Sprache, israelisches Kochen usw. Dabei hat sich hervorgehobene Übereifrigkeit oder übertriebene Zugewandtheit zu Jüdischem und Israelischem anderer Kursteilnehmer nach den Vorstellungen Patrilinearer als oft problematisch herausgestellt. Es ist übertriebener Philosemitismus, mit dem Patrilineare hier in Konflikt geraten. Auswirkungen sind der Ausstieg von Patrilinearen aus den Kursen zur israelischen Kultur usw. Innerhalb der deutschen Gesellschaft israelische und jüdische Themen zu bearbeiten, stellt sich für Patrilineare in jedem Fall als schwer dar, denn ihre Beweggründe und Bedürfnisse unterscheiden sich von jenen, die nichtjüdischer Herkunft sind.

Zwischenüberlegung:
Deutschsein für die junge patrilineare Generation

Meine Interviewpartner/innen lehnen Deutschland zunächst in seiner Gesamtheit ab. Ein Zugehörigkeitsgefühl kommt erst mit der Zeit und entspricht einer Art Akzeptanz, deutsch zu sein. Wahrscheinlich steht die Ablehnung des eigenen Deutschseins auch im Zusammenhang mit der Unmöglichkeit, nach der Shoah ein positives deutsches Nationalgefühl zu haben.[65] Dass sich die Voraussetzungen hierbei ändern, indem zunehmend

65 Vgl. etwa Kolpatzik, Andrea (2009): Die Waden der Nation : Fußballweltmeisterschaft als deutsch-deutscher Erinnerungsort oder Berlin LIT und König, Daniel (2012): Patriotismus

wieder ein positives Nationalbewusstsein – wenngleich vornehmlich durch Sportveranstaltungen wie z.B. die Fußball-WM 2006 – aufgebaut wird, wird erst bei den kommenden Generationen zu beobachten sein. Derzeit verwenden Patrilineare unterschiedliche Strategien, um ihr Leben in Deutschland für sich und andere zu legitimieren. Diese können z.B. in der Verantwortung für die Tradierung jüdischen Lebens oder in einem vom Vater vermittelten Zuhausegefühl manifestiert sein.

Israel

Das Verhältnis zur Nation ist für Personen jüdischer Herkunft in Deutschland immer auch mit dem Verhältnis zu Israel verbunden. Auch die von Frau Elsa angesprochene „jüdische Frage“ beinhaltet seit 1948 immer auch Israel. Patrilineare haben, wie gezeigt, aufgrund des Nationalsozialismus ein nicht unproblematisches Verhältnis zu Deutschland, dessen politischen Akteuren und oftmals auch eine Verbindung zu Israel: Über die väterliche Familie oder die Zuweisung, wegen der jüdischen Herkunft für die Politik Israels in die Pflicht genommen zu werden. Die Beziehung Patrilinearer zu Israel wird in der Regel über die Aufenthalte und Gefühle zu diesem Land wie im Folgenden dargestellt.

Zugehörigkeit zu Israel

Voranstellen möchte ich das Rückkehrgesetz Israels (Law of Return), dass Patrilinearen auch heute noch rechtlich in diesem Punkt den jüdischen Status einräumt. Wer mindestens einen jüdischen Großelternteil hat darf aufgrund des Rückkehrgesetzes nach Israel einwandern und erhält die israelische Staatsbürgerschaft.

> „Grundlage der israelischen Einwanderungspolitik ist das Rückkehrgesetz vom 5. Juli 1950. Demnach ist es jeder Person jüdischer Herkunft bzw. jüdischen Glaubens erlaubt, in das Land ihrer historischen Vorfahren zurückzukehren. Um den Realitäten der Familieneinwanderung gerecht zu werden, wurde die Reichweite des Rückkehrgesetzes sogar vergrößert. Denn nach jüdischem Recht (Halacha) ist eine Person nur dann jüdisch, wenn entweder die Mutter Jüdin ist oder wenn die Person nach den Regeln des Rabbinatsgerichts konvertiert ist. Dies erschwerte Familienzusammenführungen. Seit 1970 bezieht das Einwanderungsrecht auch Nicht-Juden ein, wenn sie über ein jüdisches Großelternteil verfügen. Auch nichtjüdische Ehepartner erhalten einen Rechtsanspruch auf Einwanderung und Staatsbürgerschaft.“ (http://www.migration-info.de/mub_artikel.php?Id=080708, Stand 25.03.2009)[66]

in Deutschland. Hamburg Diplomica-Verl.

66 Vgl. hierzu auch Law of Return, Artikel 4A. (http://www.knesset.gov.il/laws/special/eng/

Auf dieser rechtlichen Ebene wird Kindern jüdischer Väter eine jüdische Identität zugebilligt. Israel stellt für die Interviewpartner/innen somit eine realistische nationale Alternative zu Deutschland dar. Eine Alternative zum Geburtsland, die in der Regel nur Menschen mit Migrationshintergrund haben.

Entgegen des Law of Return werden in der Gesetzgebung innerhalb Israels wiederum Patrilineare als Nichtjuden betrachtet. Auswirkungen hat dies beispielsweise auf das Ehegesetz, welches die Eheschließung zwischen Juden und Nichtjuden in Israel verunmöglicht. Einige der Patrilinearen formulieren diesen nichjüdisch religiös determinierten Status als einen der wichtigen Gründe, nicht nach Israel zu gehen:

> „Da ich ja kein Jude bin und Israel mehr oder weniger ein jüdischer Staat ist. Was soll ich da?"

Den Militärdienst hätten sie, egal ob männlich oder weiblich, trotzdem zu leisten. Hierin haben Patrilineare einen Spielraum, innerhalb dessen sie sich unterschiedlich äußern und/oder verhalten. Herr Falkus hätte sich bei der Luftwaffe gesehen, wäre er nach Israel emigriert. Die junge Agnes möchte nicht nach Israel, auch und gerade weil sie den Militärdienst nicht leisten will, und ein weiterer junger Gesprächspartner ging nach dem Abitur nach Israel, um freiwillig den Militärdienst zu leisten. Solche Variationen sind aus der Ferne als persönlicher Umgang mit einer vermuteten und gelebten jüdischen Identität möglich.

Die Staatsbürgerschaft nahm meines Wissens nach keiner der Interview- und Gesprächspartner/innen an.[67] Teilweise wissen Patrilineare nicht um die Möglichkeit, die Staatsbürgerschaft zu erhalten. Wissen sie es doch, bleibt oft das Gefühl „ich gehöre hier nicht hin". Die Zugehörigkeit zu Israel nicht zu erkennen, trägt dabei aber möglicherweise dazu bei, das eigene Deutschsein nicht infrage zu stellen.

Gründe für Aufenthalte in Israel

Trotz der überwiegenden Akzeptanz, deutsch zu sein oder zumindest in Deutschland zu leben, zeigt sich, dass Israel ein bewusster und realer Aspekt der jüdischen Identität Patrilinearer ist bzw. sein kann; zumeist bevor sie sich mit ihrer deutschen Identität arrangieren. Die Verbindung zum

---

return.htm) Stand 4.4.2014.
„4A. (a) The rights of a Jew under this Law and the rights of an oleh under the Nationality Law, 5712-1952***, as well as the rights of an oleh under any other enactment, are also vested in a child and a grandchild of a Jew, the spouse of a Jew, the spouse of a child of a Jew and the spouse of a grandchild of a Jew, except for a person who has been a Jew and has voluntarily changed his religion."

67 Bis 1975 erhielt ein Kind nach BRD-Recht die Staatsbürgschaft des Vaters. Patrilineare, die vor 1975 als Kind eines israelischen Vaters in Deutschland geboren wurden, wurden selbst israelische Staatsbürger.

Judentum und Jüdischsein wird in diesem Aspekt zumeist über Gründe für oder gegen einen Aufenthalt in Israel erklärt.

Erzählungen über das Verhältnis der Interviewpartner/innen zu Israel sind untrennbar mit Erzählungen über Aufenthalte dort und deren Anlässe verbunden. Diese Aufenthalte lassen sich unterteilen in kurze Aufenthalte wie Besuche, oder längere, z.B. Arbeitsaufenthalte. Hauptsächlich werden zwei Begründungsstränge verfolgt. Zum einen die Reise zu den eigenen oder familiären Wurzeln und zum anderen eine (objektive) Bildungsreise nach Israel.

Persönliche Beziehungen als Grund für Aufenthalte

Ein Grund für den Aufenthalt sind familiäre Wurzeln und die Auseinandersetzung mit diesen. Speziell Patrilineare mit einem israelischen Vater beziehen sich hier auf ihre israelischen und nicht ihre jüdischen Wurzeln. Max beispielsweise berichtet darüber, dass er es sehr spannend fand „noch 'ne Wurzel in einem anderen Land zu haben“. Er habe sich deshalb auch mit Israel und mit der Geschichte seiner Familie, in diesem Fall seinen Großeltern, die in Israel leben, auseinandergesetzt, aber nicht so sehr „mit dem Judentum“.

Lebt oder lebte der Vater und/oder dessen Familie nicht in Israel, kann die Reise dennoch im Zusammenhang mit dem Vater stehen. Avshalom berichtet hier beispielsweise darüber, dass es eigentlich der Wunsch des Vaters war, zu seinen eigenen Wurzeln zu reisen, die der Sohn unwissentlich stellvertretend angetreten hat.

Nicht immer sind familiäre Verbindungen so eng, dass sie ein Grund für einen Aufenthalt in Israel sind. Vielfach wird von Verwandten berichtet, die meist aufgrund des Nationalsozialismus nach Israel ausgewandert waren und eventuell dort eine Familie gründeten. Hier wird in der Regel lediglich über die Beziehung des Vaters zu den Verwandten erzählt. Das eigene Verhältnis zu Cousins und Cousinen ist meist nicht sehr ausgeprägt. Eine Differenz wird wahrgenommen und räumliche Nähe, wenn überhaupt, nur zu großen Festen wie Hochzeiten herbeigeführt.

Andere Beziehungen, die emotional wiederum als sehr persönlich dargestellt werden, spielen für Aufenthalte in Israel eine wichtige Rolle. Hierbei wird von Frau BL beispielsweise beschrieben, dass Freunde ihres Vaters sie einluden, bei ihnen in Israel zu leben. Von Beziehungen zu Menschen in Israel, die von Patrilinearen selbst aufgebaut wurden, erzählen die Interviewten allerdings kaum.

Die persönlichen Beziehungen zu Israel über Familie, Akteure und Zusammenhänge sind für Patrilineare häufig ein Ausdruck der Zugehörigkeit zu „den Juden“. Denn diese persönlichen Beziehungen setzen eine quasi natürliche Zugehörigkeit, und eine Involviertheit ohne zwangsläufiges aktives Hinzutun voraus, die Nichtjuden verwehrt sind. Das Nennen familiärer Gründe ist dabei also sowohl als tatsächlicher Anlass als auch als implizit rechtfertigender Grund einer Zugehörigkeit zu verstehen.

Bildende Aufenthalte als Grund

Neben den persönlichen Beziehungen werden bildende Aufenthalte genannt. Hier reichen die Erzählungen vom allgemeinen Wunsch, Israel kennen und verstehen zu lernen bis zu dem konkreten Ziel, die hebräische Sprache zu lernen, was die meisten meiner Interviewpartner/innen übrigens letztendlich nicht verwirklichten.

Agnes beispielsweise berichtet davon, bereits in der Grundschule die Vorstellung gehabt zu haben, „dass ich gerne Hebräisch lernen würde, um das irgendwie zu verstehen, was da in den Büchern steht und was die dort in Israel so machen“. Zunächst versucht sie, diesen Wunsch in Deutschland, später in Israel zu realisieren. Ein Interviewpartner entschloss sich, als Vorbereitung seines Übertritts ein Jahr in einer Jeschiva, einer Talmudschule, zu leben. Und Max wollte außer der Sprache auch das Land kennenlernen. Er nimmt es in Angriff, als er erfährt, „dass ich aufgrund meiner jüdischen Abstammung weder Bund noch Zivildienst machen muss“.[68] Es sollten mehrere Aufenthalte werden, in denen er zwar Urlaub genoss, aber auch viel lernte, Praktika machte und arbeitete.

Zwischenüberlegung persönliche und bildende Aufenthalte

Urlaub stellt in der Regel nicht den Grund oder Hauptgrund für einen Aufenthalt in Israel dar, sondern die Bildung über das Land und die Pflege persönlicher Beziehungen. Beides zeigt die Intensivierung von Wissen und die Bindung zu der Wurzel, der Verbindung, die aufgrund der jüdischen Herkunft auch zu Israel besteht. Es ist ein Zugang speziell zu Israel, den Patrilineare suchen. Immanent ist dabei immer auch der Bedarf nach Klärung der Bezüge und des eigenen Status.

Gründe, nicht für einen längeren Zeitraum nach Israel zu gehen und gegangen zu sein

Den Gründen, nach Israel zu gehen oder gehen zu wollen, setzen Patrilineare Gründe entgegen, dies nicht zu tun oder nicht getan zu haben. Manche Interviewpartner/innen geben an, dass sie lediglich *noch nicht* gegangen

68 „Jüdische Wehrpflichtige [...], deren nächste Angehörige (Großeltern, Eltern, ältere Geschwister) aus rassistischen Gründen nationalsozialistischen Verfolgungsmaßnahmen ausgesetzt waren, werden auf Antrag nach § 12 Abs. 4 Satz 1 in Verbindung mit § 12 Abs. 6 Satz 2 WPflG (Zurückstellung wegen unzumutbarer Härte über die Einberufungsaltersgrenze) bis auf weiteres vom Wehrdienst zurückgestellt. (Verfügung vom 22.3.1989 - WE 2 - Az 24-05-04)“ Dabei müssen sie nachweisen, „daß ihre Angehörigen im Machtbereich des Nationalsozialismus gelebt haben.“ (http://www.zentralstelle-kdv.de/z.php?ID=255)

sind. Für andere ist die Entscheidung, generell nicht zu gehen, bereits gefallen. Rebecca lebt in Gedanken beide Entscheidungen:

> „[Eine Reise nach Israel] hebe ich mir auf, bis ich alt bin und bis mal Ruhe da drüben ist. Und wenn keine Ruhe ist, dann komme ich da auch nicht mehr hin."

Überwiegend werden Gründe gegen einen längeren Aufenthalt bzw. die Emigration nach Israel beschrieben, eine kürzere Reise wird kaum abgelehnt.

Konfliktsituation im Nahen Osten

Als Grund, nicht für einen längeren Zeitraum in Israel leben zu wollen, wird die Konfliktsituation im Nahen Osten angegeben.

Rebeccas Entschluss, nicht nach Israel zu reisen, liegt ausschließlich hierin begründet. Sachlich und distanziert nimmt sie eine Reise nach Israel allein als Urlaub wahr, den sie auch in keinem anderen Land machen würde, in dem Krieg herrscht. Rebecca:

> „Nein, also, wo Krieg ist oder rumgeschossen wird, also da gehe ich überhaupt nicht hin. Nie und nimmer gehe ich da hin, freiwillig. Und dann sagten mir Leute immer: ‚Also komm', wenn Du da hingehst, kriegst Du nichts mit davon.' Denk ich: ‚Was ist das für eine Art? In ein Land zu gehen, wo Raketen rumfliegen, wo die Leute sich fürchten, wo es Tote gibt?'"

Avshalom bezieht sich auf die gesamte Situation im Nahen Osten und sieht diese als Grund, nicht nach Israel gehen zu können. Er sieht sich betroffen:.

> „Ich sehe wirklich beide Seiten. Aber ich glaube, ich würde die Spannung nicht aushalten. Ich würde auch, glaube, dieses, dieses beidseitige Leiden auf Dauer nicht ertragen. Es leiden ja beide. Und ich könnte, ich kann mit der Situation, mit der Israelis und Palästinenser leben, mit der ganzen Situation schlecht umgehen. Und ich merke auch, die Situation belastet mich."

Manche Interviewpartner/innen erleben ihrer Erzählung nach nur einmal im Leben den richtigen Zeitpunkt, um den lebensverändernden Schritt der Emigration nach Israel zu gehen. Frau BL erlebte diesen 1967. Ihre Koffer waren bereits nahezu gepackt, um zu den Bekannten der Eltern nach Israel auszuwandern. „Und der Sechs Tage Krieg 1967 ist es gewesen, der diesen Traum zerstört hat." Auch Agnes berichtet, dass der Nahostkonflikt ihre Pläne eines längeren Aufenthalts zunichte gemacht hat. Agnes:

> „Und dann wäre ich nach dem Abi gerne mal nach Israel gegangen, da fing dann gerade die zweite Intifada an. Und dann war es irgendwie auch so, dass ich dachte: ‚Ach, dann doch nicht.'"

Der Nahostkonflikt ist somit sowohl als ideeller als auch als praktischer Grund gegen einen Aufenthalt in Israel zu verstehen.

Pragmatische Gründe

Weitere Gründe, nicht nach Israel zu gehen, sind neben dem Nahostkonflikt v.a. pragmatische. So beschreibt Herr Falkus, dass er und seine katholische Mutter durchaus nach dem Nationalsozialismus die Idee hatten, nach Israel auszuwandern. Nachdem ihr aber ein jüdisch-amerikanischer Offizier die Verhältnisse geschildert hatte, in welchen sie in Israel zunächst würden leben müssen, habe sie erwidert: „Ich geh nicht aus Deutschland weg [...] nach Israel, um dann dort in Baracken zu wohnen." Der Nationalsozialismus hatte von der Familie bereits zu viele Opfer gefordert, sodass der Vergleich des Lebensstandards zwischen Deutschland und Palästina zu der Entscheidung führte, im Nachkriegsdeutschland zu bleiben und zu leben.

Bei jüngeren Interviewpartner/innen sind die pragmatischen Gründe jene nach Fragen der Machbarkeit. Als ein Hindernis wird die Unkenntnis der hebräischen Sprache genannt. Darüber hinaus gibt es die Begründungen, nicht die Zeit für einen längeren Aufenthalt zu haben und finanziell nicht in der Lage zu sein, die Reise zu realisieren.

Die pragmatischen Gründe, nicht nach Israel zu gehen, liegen demnach sowohl in den Gegebenheiten Israels als auch in den individuellen Möglichkeiten. Dass es sich dabei um existenzielle äußere Einflüsse handelt, ist, sofern Patrilineare pragmatische Gründe angeben, allen gleich.

Erwartungen an den Aufenthalt, der nicht stattgefunden hat

Mit dem nicht stattgefundenen Aufenthalt gehen Erwartungen an diesen einher, hätte man ihn realisiert. Die Erwartungen betreffen in erster Linie die persönliche Entwicklung. Es geht dabei um das Entwicklungspotential der Persönlichkeit und das Eingebundensein in die jüdisch-israelische Gesellschaft.

Die Frage „ich weiß nicht, was aus mir geworden wäre, wenn" zeigt dabei, dass mehr Träume als Befürchtungen mit dem potentiellen anderen Leben verbunden werden. Frau BL:

> „Ich hab mich unendlich viele Male in meinem Leben gefragt, was aus mir geworden wäre, wenn ich damals tatsächlich nach Israel gegangen wäre. Irgendwas ganz anderes."

Auch konkrete Vorstellungen an Lebensverläufe werden mit Israel verbunden. Herr Falkus spricht von seiner beruflichen Laufbahn:

> „Ich habe das erst vor Kurzem wieder gesagt, wenn ich ausgewandert wäre, ich wäre zur Luftwaffe. Ich wäre vielleicht Luftwaffengeneral."

Als sozialen Traum, der nicht mehr umgesetzt werden möchte, wirft Rebecca mit einem Augenzwinkern ein: „[da] ich ja jetzt auch keinen jüdischen Mann mehr finden muss".

Den Träumen steht die Realität des tatsächlich gelebten Lebens in

Deutschland gegenüber. Darin findet Rebecca in Deutschland einen nichtjüdischen Mann, mit dem sie glücklich wird, und Herr Falkus wird zwar nicht Luftwaffengeneral der israelischen Armee, erwirbt aber privat einen Pilotenschein. Die Aspekte, die man gerne jüdisch gefüllt hätte, wurden im nichtjüdischen, deutschen Umfeld realisiert.

Gefühle zu Israel

Israel wird als Land beschrieben, zu dem Patrilineare Gefühle entwickelten. In erster Linie sind es die Gefühle des Zuhauseseins und dieses schützen und verteidigen zu müssen.

„Zuhause“

Sich in Israel Zuhause zu fühlen, bezieht sich sowohl auf Kulturelles als auch auf die gesellschaftliche Integration. Avshalom beschreibt ein Gesamtbild an Bedeutung, als er rückblickend über das erste Mal erzählt, als er israelischen Boden betrat.[69] Avshalom:

> „Und ich weiß noch, als ich in Israel ankam, also ich habe mich eigentlich nie Zuhause gefühlt. Also dieses Gefühl, Zuhause zu sein, hatte ich weder in meiner Familie noch in meinem Ort. Und ich weiß noch, als ich in Israel ankam, das Flugzeug landete und die israelische Musik lief, da fing ich an zu heulen [lacht]. Und etwas, was ich also nicht so tue. Also das war, ich war einfach emotional völlig aufgewühlt, als wir da ankamen. [...] Ja, und hatte dann auch da so zum ersten Mal den Eindruck, so Zuhause zu sein. Also ein Gefühl, dass ich so nicht hatte. Das mir eigentlich so eher fremd war. Zuhause in der Sprache, in den Riten [...].“

In dieser Beschreibung ist Israel seine emotionale Heimat. Dies äußert sich über kulturelles und religiöses Erkennen und Zugehörigkeitsempfinden. Rebecca beschreibt, was sie emotional mit Israel verbindet. Ihr Vater hatte aus seinem israelischen Exil „eine sehr, sehr alte Hebräische Bibel“ mitgebracht, die er, wie Texte von Martin Buber auch, bis heute liest. Rebecca ist von der intellektuellen Nähe des Vaters zu Israel fasziniert. Für sie stellt dies eine emotionale Verbindung zu Israel in ihrem Zuhause dar, die sich im Objekt der sehr alten Hebräischen Bibel manifestiert.

Max beschreibt Israel als räumliches Zuhause, in dem Jüdischsein plötzlich für seine aufgrund des Nationalsozialismus emigrierten Großeltern Normalität sein konnte. „In Israel waren dann irgendwie alle Juden“, und

69 Avshalom wusste zu diesem Moment noch nicht, dass er einen jüdischen Hintergrund hat. Seine inhaltlich wichtige Aussage möchte ich an dieser Stelle als rückblickende Beschreibung werten, die er mit seinem heutigen Wissen, patrilinear jüdischer Abstammung zu sein, vornimmt.

Jüdischsein, auch säkulares, stand nicht als konträr zum Interesse einer christlichen Mehrheitsgesellschaft.

Die religiöse und kulturelle Heimat, die Israel Juden und Patrilinearen bietet, ist meist als ein Gefühl verbalisiert. Patrilineare beschreiben dann häufig eine Emotion, die eher ihre jüdischen Verwandten betrifft oder betraf, über die wiederum dann die eigene emotionale Verbundenheit ausgedrückt wird. Man fühlt sich intellektuell nahe, in den Riten Zuhause und in der Gesellschaft aufgenommen. Eine formale Bestätigung für diese Emotion ist nicht notwendig. Sollte dem doch so sein, äußern Patrilineare vermehrt eine formelle Bestätigung ihres gefühlten jüdischen, nicht eines *israelischen* Status.

Israel schützen

Ein anderes wesentliches Gefühl ist verbaler Schutz und Verteidigung Israels vor anderen. Die Analyse von Frau Elsas Sequenz zeigt, in welcher Inhaltstiefe ihr dies möglich ist. In Deutschland beispielsweise verteidigt sie vor der Kritik Deutscher. So nehmen Vaterjuden bezüglich Israel gegenüber Dritten oft eine schützende Position ein, obschon sie, wie oben bereits ausgeführt, selbst möglicherweise die Situation und das Verhalten Israels nicht unkritisch bewerten. Die „Dritten" können dabei Fremde und Vertraute sein, Gruppen und Einzelpersonen. Eine tiefe Bindung zu Personen, die eine differierende Haltung zur israelischen Politik vertreten, scheint selten möglich. In manchen Fällen führte eine solche differierende Meinung gar zu einem Eklat. Frau BL spricht von unmissverständlichen Äußerungen des Ehemanns, die zur Trennung führten, und Agnes beschreibt ihre politischen Differenzen mit einem Mitbewohner:

> „Ich hatte zum Beispiel eine WG in Freiburg mit zwei sehr links orientierten Studenten, die immer sehr israelkritisch und propalästinensisch eingestellt waren. Das war unheimlich schwer. Ich habe da auch ungern gewohnt. Mit dem einen war es okay. Mit dem anderen, der war immer so aufrichtig links. Das hat mich so genervt. Ich mochte den am Ende nicht mal mehr in der Küche treffen, weil er hatte immer die Arbeiteridentität mit Löffeln gefressen und irgendwie die Solidarität mit allen Unterdrückten dieser Welt und so."

Die Einstellung von Nichtjuden wird von Patrilinearen oft als nicht fundiert und nicht betroffen oder/und als unter falschem Vorwand vorgebracht wahrgenommen und kritisiert. Frau BL beispielsweise nimmt versteckten Antisemitismus in einem offeneren Antizionismus wahr:

> „Also etwas, was ich als sehr weit verbreitet erlebe, ist so ein als Antizionismus getarnter Antisemitismus, wo es dann scheinbar immer nur um die aktuelle israelische Politik geht, aber ich glaube schon, dass ich sehr genau unterscheiden kann, wo ich, also, darüber lass

> ich jederzeit mit mir diskutieren, über die israelische Politik, da hab ich überhaupt kein Problem, aber ich denke, ich kann das sehr genau unterscheiden, wo das so eine Tarnkappe ist und das gibt es ganz viel."

Solche verbalen Angriffe auf Israel müssen nicht immer in einer Diskussion oder einem Eklat enden. So verbucht Frau BL manche antisemitische Äußerung als eine der „kompletten Unkenntnis" und erzielt so für sich, nicht mit jedem in eine Auseinandersetzung verwickelt zu werden.

Auch über Auseinandersetzungen, Diskussionen oder Streitgespräche bauen Patrilineare Wissen über das Judentum, Antisemitismus und den Nahostkonflikt auf. Brumlik (2000: S. 125 ff.) beschreibt, wie sich gegenüber ihm als Juden in einem von ihm als politisch sicher eingestuften Umfeld eine Unterhaltung entfaltet, in der er sich - unter anderem - antizionistischen Annahmen gegenübersieht. Er bemüht sich, diese zunächst durch Argumente zu bestreiten, ergänzt aber, seine persönliche Betroffenheit, Jude zu sein, schließlich als endgültig polarisierendes Moment und Argument zu sehen. Aus dem Wissen persönlicher Betroffenheit und einer emotionalen Sensibilität gegenüber Israel entsteht somit das Verantwortungsgefühl, Israel in Gesprächen schützen zu wollen.

Ambivalente Position zur israelischen Politik

Nicht immer wird Israel von Patrilinearen geschützt. Ein Zusammenhang besteht vielmehr in der jüdischen Identifikation: Wer sich jüdisch fühlt, verteidigt Israel eher als jemand, der sich nichtjüdisch fühlt. Zumindest in den Auseinandersetzungen, die Patrilineare hier beschreiben. Aber auch jene Interviewpartner/innen, die sich jüdisch fühlen, stehen der israelischen Politik überwiegend eher kritisch gegenüber. Entscheidend ist in beiden Fällen, wem gegenüber Kritik geäußert wird. Im Familienkreis scheint diese beispielsweise eher möglich als vor nichtjüdischen deutschen Israelkritiker/innen.

Oft ist es ein ambivalentes Verhältnis, das von Patrilinearen beschrieben wird. Israel wird darin gleichzeitig verteidigt und kritisiert. Agnes reflektiert dies beinah wörtlich:

> **RZ:** „Wie ist denn dein Verhältnis zu Israel? Kannst du das beschreiben?"
>
> **Agnes:** [lacht] „Völlig ambivalent, glaube ich. Einerseits denke ich, dass die israelische Politik an vielen Stellen komisch und total verfehlt ist. Andererseits kann ich aber viele Formen der Kritik an Israel auch nicht ertragen oder finde es unangenehm, wenn Leute, die damit eigentlich nichts zu tun haben, immer wissen, wie es richtig gehen würde."

Neben dieser Sicht beschreibt Avshalom einen Perspektivwechsel, den er durch den Aufenthaltsort erlebte. Gegenüber der Mehrheit nimmt er dabei stets den anderen Blickwinkel ein, um dieser die andere existierende Seite zu zeigen:

> „Gut. Sagen wir so, ich denke, es ist eigentlich eine ganz eigenartige Sache: Wenn ich in Israel bin, also wenn ich selber in Israel bin, gehöre ich, dann nehme ich oft so die kritische Seite ein unter Israelis, unter Juden, also diese Position, wo ich einfach versuche, die andere Seite darzustellen. Und wenn ich in Deutschland bin, dann steh ich stark auf der israelischen Seite und versuche die Situation Israels darzustellen, auf die gegenseitige Abhängigkeit der Ereignisse. Ohne alles für gut und richtig zu halten."

Avshalom und Agnes ist es nicht möglich, ohne Ambivalenz Stellung zu beziehen. Deutsch sozialisiert und gleichzeitig durch die Abstammung für Israel sensibilisiert, nehmen beide ihre Position zu Israel nach der jeweiligen Herkunft des Gegenübers ein und bewerten diese je nach Gesprächssituation (vgl. Kapitel 5.2.4 Bindung zu Deutschland und Israel: Nähe und Distanz). Patrilineare erkennen und verbalisieren im Interview, dass sie paradoxer Weise beide Seiten vertreten.

Politisches Engagement der Patrilinearen in Deutschland

Für Patrilineare ist es oftmals schwierig bis unmöglich, in Deutschland bestehenden Parteien beizutreten, da sie bezüglich Israel eine zu unterschiedliche Haltung einnehmen. Zumindest, wenn der/die Patrilineare sich jüdisch fühlt. So beschreibt Agnes, erst nach langem Hadern einer Gruppe beigetreten zu sein. Ein eindeutiges Gegenbild ist Frank. Er fühlt sich nichtjüdisch und äußert sich offen kritisch zur amerikanischen und israelischen Politik. Er ist der einzige Interviewpartner, der schon seit Langem politisch in einer bestehenden Partei aktiv ist.

Eine Alternative beschreibt Frau BL. Sie war in jungen Jahren Teil einer Gruppe, mit dem „inoffizielle[n] Name [...] ‚das Judenkomitee'". Dieses bestand aus Kindern zwischen „so ungefähr 13 und 25 Jahre[n], lauter Kinder von Verfolgten des Naziregimes und zwei Drittel von denen waren eben jüdischer Herkunft, irgendwie. Halb oder ganz." Dass sich eine solche Gruppe finden konnte, ist in den Berichten der Patrilinearen eher ungewöhnlich.

Es zeigt sich, dass Patrilineare in jüngeren Jahren, bis zu einem Alter von ca. 25 Jahren, gerne in einer Gruppe politisch aktiv geworden wären. Für die Interviewpartner/innen, die um die 1950er Jahre geboren wurden, ist zu beobachten, dass diese in jedem Fall politisch involvierter und engagierter waren. Fand dieses Engagement nicht innerhalb einer Gruppe statt, dann in der Tiefe einer geistigen Auseinandersetzung. Dass die Abnahme politischen Engagements spezifisch für Patrilineare ist, scheint mir allerdings unwahrscheinlich. Wahrscheinlich spiegelt sich hier eher ein gesamtgesellschaftlich oft erwähnter Trend.

5.2.4.3 Resümee und Konklusion

Der Lebensmittelpunkt der Kindheit, Adoleszenz und des Erwachsenenalters der für diese Untersuchung interviewten Patrilinearen liegt in Deutschland. Es zeigt sich, dass diese Patrilinearen sich maßgeblich auch politisch, kulturell oder ggf. historisch etwa in Deutschland verorten, ohne die hiesigen Positionen oder Gegebenheiten teilen oder pflegen zu müssen. Frau Elsa beispielsweise ist in die Politik Deutschlands involviert, obschon sie zu dieser, speziell aufgrund ihres jüdischen Hintergrunds, differiert. Die Identifikation mit der deutschen Identität muss nicht offen ausgesprochen werden und ist in den Interviews nie frei von wiederkehrenden Zweifeln, in denen neben inhaltlichen Disputen auch die Zugehörigkeit zu Deutschland infrage gestellt werden kann. Durch kulturelle Aspekte z.B. wird dennoch auch die Identifikation mit Deutschland ausgedrückt. Die nationale Identität Patrilinearer, so lässt sich aus obigen Ausführungen schließen, ist vornehmlich eine deutsche.

Dennoch ist Israel im Leben Patrilinearer präsent. Israel wird im Zusammenhang mit Emotion, verwandtschaftlichen Beziehungen oder differierenden Ideologien relevant. Haben Patrilineare eine Bindung zu Israel, bleibt oft das Gefühl, aufgrund ihres patrilinearen Status etwa oder der fehlenden sprachlichen, ggf. allgemein kulturellen Voraussetzungen auch dort nicht dazuzugehören. Dies wiederum kann dazu führen, die eigene deutsche Identität mehr zu akzeptieren, denn hier versteht man die sozialen Regeln und kann sich durch das Wissen der gruppeninternen Gepflogenheiten „frei“ und zugehörig fühlen.

Eine transnationale Identität aufgrund der jüdischen Herkunft scheint im herkömmlichen Sinne nicht zu entstehen. Der Hintergrund, selbst wenn es ein jüdisch-israelischer Hintergrund ist, wird vor dem Hintergrund der deutschsprachigen Sozialisation und der überwiegend säkularen Erziehung lediglich zu einem Teil des eigenen Deutschseins. Keine Fremdzuschreibung stellt das migrationshintergrundfreie Deutschsein, ganz im Gegensatz zum eigenen jüdischen Status, infrage.

5.3 Resümee: Jüdische Identität Patrilinearer

Grundlegend konnte nachgewiesen werden, dass Patrilineare, gemessen an den überprüften Kategorien jüdischer Identität nach der Shoah in Deutschland, in Teilen eine jüdische Identität haben können und diese leben. Ihre Familiengeschichten zeigen im vorgestellten Sample immer eine Verbindung zur Schicksalsgemeinschaft der Juden auf, ebenso zu jüdischen Zusammenhängen in den Familiengeschichten und/oder aktuellen

Bezügen. Patrilineare können darüber hinaus antisemitische Zuschreibungen oder Ausgrenzung aufgrund ihrer jüdischen Herkunft erfahren. Sie sehen sich häufig mit Israel verbunden und fühlen sich teilweise verpflichtet, Israel zu verteidigen, wodurch sie sich gegenüber Deutschland und seinen Akteuren teilweise distanzieren.

Bezüglich des Aspekts der Religion zeigt sich allerdings in der Regel lediglich eine säkulare Ausprägung. Die kulturelle Identität, als Teil derer die Religion gesehen werden kann, ist hingegen jene, die durchweg zum Aspekt gelebter jüdischer Identität Patrilinearer wird bzw. werden kann.

Im Sinne von Selbst- und Fremddefinition ließe sich nun recht einfach eine jüdische Identität feststellen und auch belegen. Eine Übereinstimmung in allen Bereichen oder eine stetige Eigenidentifizierung in hohem Maße in allen Lebensbereichen und -abschnitten ist nicht notwendig, da der „Prototyp Jude" Abrams Konzept von jüdischer Identität gemäß ebenfalls nicht alle Identitätsaspekte gleich stark oder unverändert intensiv im gesamten Leben aufweisen muss.

Es wird deutlich, dass Patrilineare eine jüdische Identität im Sinne einer ethnischen Identität, die aus Sozialisation, übermittelter Tradition, Wurzeln und Abstammung besteht, haben können. Die ethnische Identität beinhaltet dabei den ent- und unterscheidenden Aspekt der Zugehörigkeit über Geburt. Im institutionellen Judentum wird dies zunehmend anerkannt: zum Teil über Auslegungen bezüglich der historischen Relevanz Patrilinearer sowie über die Praxis in liberalen Gemeinden und dem Reformjudentum (vgl. Kapitel 4.3 Herleitung und Handhabe des matrilinearen Prinzips/Patrilinearer), was Patrilinearen dieses Samples bis zum Zeitpunkt des Interviews in der Regel noch nicht bekannt war.

6. Spezifische Bedingungen und Betrachtungen

Die Ausgangsüberlegung der Arbeit war zu betrachten, ob Patrilineare eine Verbindung zum Jüdischsein und/oder Judentum haben bzw. haben *können*. Während der Forschung kristallisierte sich heraus, dass es über die Verbindung zum Judentum und Jüdischen hinaus Spezifika zu beschreiben gilt. Hierbei geht es vornehmlich erneut um die fehlenden und vorhandenen Bedingungen der Ausformung eines jüdischen oder in Teilen jüdischen Selbstverständnisses; im Speziellen um den jüdischen Vater und die kulturelle Tradierung und Tradition.

Abschließend arbeite ich die Daten heraus, die Patrilineare als wichtig in Bezug auf ihr Verhältnis zum Jüdischsein in ihrem Leben nannten, um fallübergreifend erste Rückschlüsse auf relevante Wendepunkte und Altersgruppen zu ziehen.

Da die Auswertung nach den Interviews stattfand, ließ dies keine erneuten Nachfragen bei den Interviewpartner/innen zu, sodass die dargestellten Kategorien in der Regel nur lückenhaft erschlossen werden konnten, aber Anregungen für mögliche weitere Forschungsvorhaben eröffnen.

6.1 Der jüdische Vater

Der Vater ist das unmittelbarste Bindeglied, das Vaterjuden mit dem Judentum und Jüdischsein verbindet, gebürtig und in der Regel sozial. Im Folgenden wird ausgearbeitet, was Patrilineare über ihre Wahrnehmungen und Beziehungen zu den Vätern erzählen.

„Der Vater" wird zunächst meist über biographische oder charakterliche Eigenschaften beschrieben. Außerdem werden die Rolle und der Einfluss auf das Verhältnis zum Jüdischen angesprochen, und zwar sowohl von den Vätern auf Patrilineare als auch andersherum.

Relativ unwichtig scheint, ob die Väter in der Familie leben bzw. lebten. Bei Trennungskindern ziehen sich dieselben Phänomene durch die Erzählungen wie bei Kindern zusammenlebender Eltern. Es gibt hier lediglich wenig Distanz in der erzählten Nähe vom Patrilinearen zum Vater.

6.1.1 Familiengeschichtliche Darstellung des jüdischen Vaters

Der Vater wird in den Interviews häufig als Person beschrieben, die mit ihrem Kind nicht über die eigene Familiengeschichte spricht. Der Vater kann, wie in Kapitel 5.2.2.4 Resümee und Konklusion dargestellt, schweigen, um sich selbst und/oder seine Kinder nicht mit den schmerzlichen Erinnerungen zu konfrontieren. Manche Patrilineare beschreiben, dass dieses Schweigen daher rühre, dass der Vater selbst wenig oder nichts über die Familiengeschichte weiß. Judith:

> „Dann hab ich viel erfahren und hab auch fest – und hab dann aber eben auch so festgestellt, dass mein Vater und meine Tante beide auch vieles selber nicht wissen."

Geht man im Sinne der Sozialisationstheorie Talcott Parsons (1986) davon aus, dass Erziehung sowohl das interne System eines Individuums als auch die Integration in die Gesellschaft zu formen hat, könnte in einer Folgestudie untersucht werden, inwieweit der Vater durch den Schutz seines Kindes auch sein Vertrauen in die Gesellschaft zeigt. Das Verschweigen mit dem Ziel des Schutzes könnte demnach bewusst oder unbewusst vom Vater eingesetzt werden, um dem Kind eine integrierte Identitätsentwicklung in der nichtjüdischen Mehrheitsgesellschaft zu ermöglichen. Die Grundlage ist die Annahme des Vaters, dem Kind drohe aufgrund seiner jüdischen Herkunft keine Gefahr.

6.1.2 „Schützer" und „Beschützte"

Sowohl der Vater als auch der/die Patrilineare haben bezüglich der Familiengeschichte häufig die Rolle des Geschützten, aber auch des Beschützers inne. Diese Rollen bestehen in aktuellen Lebenszusammenhängen fort. Beispielsweise können Väter Patrilinearer versuchen, ihre Kinder vor antisemitischen Erfahrungen zu schützen. In diesen Fällen verdeutlichen die Väter ihren Kindern, nichtjüdisch zu sein oder verheimlichen ihnen ihre jüdische Herkunft gar vollständig. Überspitzt formuliert hat der Vater den größtmöglichen Schutz seiner Kinder vor antisemitischer Verfolgung durch die Zeugung eines nichtjüdischen Kindes erreicht. Diesen Schutz muss er im weiteren Leben des Kindes vervollkommnen. So verheimlicht auch Herr Falkus, der nun bereits lediglich patrilinear jüdischer Herkunft ist, seiner Tochter ihre jüdische Herkunft. Das Zurückhalten der Information bedeutet für Herrn Falkus, seine Tochter sowohl in deren innerem System als auch vor der Gesellschaft zu bewahren. Erst als die Tochter 17 Jahre alt ist, sucht er das Gespräch. Herr Falkus:

> „Und dann habe ich gesagt: ‚[Name der Tochter], du musst etwas wissen, was ich dir eigentlich schon früher hätte sagen müssen, aber das nicht getan habe, um dir das junge Leben leichter zu machen als ich es gehabt habe.' Und dann saßen wir zusammen, drei Stunden, und redeten."

Umgekehrt bemühen sich Patrilineare auch häufig darum, den Vater vor aktuellen Verletzungen oder Übergriffen zu schützen. So stellen sie sich verbal schützend vor den Vater– mag dieser auch nicht dabei sein – oder brechen gar den Kontakt zu Personen ab, wenn diese sich problematisch gegenüber Juden allgemein oder ihrem Vater äußern. Bei Frau BL zum Beispiel führt die drastische Meinung des zweiten Ehemannes zur zeitnahen Trennung nach seiner Äußerung:

> „Also mein zweiter Ehemann hat mir ins Gesicht geschrien: ‚Dein Vater hat die Opfer von Auschwitz verraten und trampelt auf ihnen herum und Du machst das mit.' Und das ist so ungefähr das Schweinischste ..."

Der/die Patrilineare kann danach trachten, den Vater zu schützen. Zugleich muss der Vater dabei aber nicht als hilflos wahrgenommen werden. Es gilt gemeinhin als bekanntes Phänomen, dass Kinder und Enkel Überlebender ihre Eltern schütz(t)en (Rosenthal 1997: S. 19). Dennoch ist es auch Ausdruck einer ungewöhnlichen Rollenverteilung zwischen Vater und Kind.

6.1.3 Lebensgeschichtliche Darstellung des jüdischen Vaters

Patrilineare berichten in den Interviews über die individuellen Lebensgeschichten der Väter. Häufig spielt dabei die eigene und familiäre Erfahrung des Nationalsozialismus eine einführende Rolle. Frau Elsa:

> „Ich glaube, dass auch die ‚Scham des Überlebens' für ihn [den Vater] eine ganz große Rolle gespielt hat. Also, das war selbstverständlich nicht mit rechten Dingen zugegangen. Da war viel Geld im Spiel. Und ich weiß nicht, was noch alles. Ich nehme auch an, dass er es nie versucht hat rauszufinden. Also er hat nie, was heißt ‚ich nehme an?' Ich weiß, dass er nie den Versuch unternommen hat, die Bedingungen des eigenen Überlebens zu erforschen."

Danach berichten Patrilineare von den Leben, die sich die Väter in Israel oder in Deutschland nach dem Nationalsozialismus aufbauten. Frau Elsa:

> „Sein Leben war auch wirklich so kompliziert und geprägt von schweren Schicksalsschlägen, so dass man sagen kann, er hatte auch weiß Gott anderes zu tun [Anmerkung RZ: als sich mit den ‚Bedingungen des eigenen Überlebens' auseinanderzusetzen]."

Die individuellen Lebensgeschichten der jüdischen Väter sind schließlich auch das, was Patrilineare als besonders wahrnehmen, weil sie zu den ihnen bekannten nichtjüdischen Lebensläufen und ihrem eigenen differieren. Sie müssen emigrieren, leben in Israel oder Amerika weiter, bewahren sich trotz handwerklicher Arbeit ihre intellektuellen Fähigkeiten oder werden Künstler. Die spezifischen Lebensgeschichten bauen in dem Sample dieser Forschung zumeist auch auf den familiären Erfahrungen im Zusammenhang mit dem Nationalsozialismus auf und bieten häufig eine Erklärung für das Verhalten und „das Besondere" des Vaters (vgl. Kapitel 6.1 Der jüdische Vater). Frau BLs Vater erhält seine charismatische Ausstrahlung auch, indem er die Zeit der Unterdrückung fast blind mit den Gedanken des Kommunismus wegzuwischen sucht. Frau Cafés Vater zeigt sich über eine disziplinierte und menschliche Haltung während des Nationalsozialismus als moralisches Vorbild, und Rebecca lässt die unvergleichbaren Erlebnisse des emigrierten Vaters in persönlichen Eigenschaften des Intellekts und eines kulturell agierenden Vorbilds münden. Die Geschichten, aber auch das, was die Väter als Halt über die schwere Zeit hinaus transportierten, beschreiben zumeist eine „eigene Welt", in der die Väter lebten oder leben. Eine Art unüberwindbare Trennung von ihren Kindern, zu denen sie dennoch auf anderen Ebenen und mit anderen Inhalten und Ritualen intensive Beziehungen führten und/oder führen.

6.1.4 Diskrepanz zum Vater als Träger des Familiengeheimnisses und jüdischen Wissens

Viele Patrilineare vermuten, dass der Vater nicht alles erzählt. Er wird somit häufig zum Träger eines dem/der Patrilinearen unbekannten, aber vermutet existierenden Familiengeheimnisses. Frau BL berichtet in diesem Zusammenhang, dass sie ein Familiengeheimnis für sich selbst entschlüsselt, indem sie eine lange existierende Verfolgungsvorstellung mit realen Erfahrungen des Vaters in Verbindung bringen kann.

> „In diesen Träumen spielte so ein Eingesperrtsein in einem Raum mit ganz viel Holz eine Rolle. Und ich fahre […] nach Berlin und komme zu meiner Stiefmutter. […] Und meine Stiefmutter sagt zu mir ‚Du, ich hab ein neues Video mit einem Interview mit Deinem Vater, möchtest Du das angucken?' […] und ich hab natürlich ‚Ja' gesagt und in diesem Interview erzählt mein Vater Sachen, die hatt' ich noch nie im Leben bewusst gehört. Und er erzählt unter anderem von einer Situation in Frankreich […] Und ich habe diesen Film gesehen und ich habe diese Geschichte gehört, und mir ist eiskalt geworden. Ich zittere heute noch innerlich, wenn ich Ihnen das erzähle. Das war mein Holzraum, von dem ich seit meiner Kindheit geträumt habe."

Es ist selten, dass durch Patrilineare so konkret beschrieben wird, welches Familiengeheimnis es geben könnte und sie dieses dann sogar in Erfahrung bringen.[70] Der Zugang zu Erzählungen über die Familie und ihre Geschichte ist für Patrilineare in der Regel leichter über andere Verwandte als über den Vater herzustellen. Denn dieser schweigt, weil er nicht erzählt oder aber nicht gefragt wird. Judith:

> „Und dann hab ich mich angefangen mit der Shoah zu beschäftigen und meine Tante zu fragen, mehr als meinen Vater, wie das denn war mit meinen Großeltern und so und die lebt in Berlin, ist irgendwie selber Psychologin, ist wesentlich reflektierter und kann darüber wesentlich mehr erzählen oder schafft zumindest eine Atmosphäre, in der es mir leichter fällt, danach zu fragen."

Avshalom beschreibt in diesem Zusammenhang, dass die Suche des Vaters nach Antworten zur eigenen Suche wird:

> „Und dann fiel mir ein Groschen nach dem anderen. Plötzlich wurde mir klar, dass seine Suche nach seinen Wurzeln nicht nur sein Problem ist, sondern auch, sondern auch meins. Das es auch was mit mir zu tun hatte […] rückwirkend ich plötzlich merke, dass ich sein Leben lebte. […] Ich hab seine Suche aufgeschnappt […]."

Rebecca hingegen spricht davon, dass der Vater in ihr den Wunsch auslöst, seine Suche fortführen zu wollen, um ihm Ergebnisse zu präsentieren:

> „Und dann denke ich, dann mal ich mir aus, wie das wäre für meinen Vater, wenn ich sagen würde: ‚Guck mal, ich hab den gefunden' [lacht]. Dass er vielleicht einen Herzschlag kriegen würde, das wäre

70 Gabriele Rosenthal (1997: S. 23) beschreibt das bekannte Phänomen, dass sich in der zweiten und dritten Generation häufig unbewusst sehr detaillierte Phantasien über die nichterzählten Geschichten und Familiengeheimnisse ausbilden.

> vielleicht auch nicht so gut [lacht]. Also diese, es spielt sich eigentlich alles nur in meiner Fantasie ab."

Das Familiengeheimnis wird in seinem Eindruck auf Patrilineare verstärkt, wenn Väter oft selbst nicht genau wissen, was geschehen ist. In diesen Fällen lebt der suchende Anteil des Trägers des vermeintlichen Familiengeheimnisses in den Patrilinearen weiter. Hier beispielsweise gälte es zu analysieren, ob eine Übertragung im freudschen Sinne (evtl. auch Projektion) einen Erklärungsansatz bietet.

Im erfahrenen Verschweigen Überlebender, die ihre Nachkommen beispielsweise vor den eigenen Tag- und Nachtträumen schützen wollen (Rosenthal 1997: S. 19), scheinen Patrilineare oft eine gewisse Lücke im Erzählten des Vaters zu vermuten. Durch die Diskrepanz zwischen Wissen und Erlebtem wird ein gewollter oder ungewollter Abstand zwischen Vater und Patrilinearem/r aufgebaut (vgl. Kapitel 6.3 Die Familien: Tradition und Tradierung kultureller Identität).

Eine Ausgrenzung aus der Lebenswirklichkeit des Vaters erlebt das Kind ebenfalls in Bezug auf „das Jüdische". Bezieht der Vater das Kind in Jüdisches ein, erlebt das Kind die Involviertheit in ein Geheimnis und erfährt die Tradierung des Jüdischen der In-Group. Meist aber vermittelt der Vater Jüdisches eher als Lehrer, nicht über Praxis und Integration, sodass Patrilinearen bereits früh deutlich wird, dass diese Lebenswirklichkeit nicht die ihre ist. Rebecca:

> „Ich wusste die Namen. Ich wusste, ja, da hat er gesagt: ‚Jetzt ist Laubhüttenfest' oder ‚Jetzt ist Pessach' und ‚ja klar' und ‚Dann wird das und das und das gemacht' und so weiter. Das hat er schon immer erzählt. Oder, wie sie Schabbat gefeiert haben und so. Also, so erzählt, ne? Aber wenn Du das nicht selber tust, wächst Du da nicht rein. Das bleibt, Du hast das Gefühl, Du kennst das alles, und hast trotzdem gleichzeitig keine Ahnung davon."

So wird über Festtage berichtet, diese aber nicht gehalten, und der Gang in die Synagoge zwar als Anhang miterlebt, nicht jedoch als erste Einführung zum eigenen jüdischen Leben. Ebenso wird von der Familie und deren Geschichte erzählt, aber diese Erzählungen bleiben lückenhaft und zahlreiche Familienmitglieder unbekannt und/oder weit weg. Sie sind nicht fassbar.

Trotzdem sich Patrilineare also involviert fühlen, empfinden sie gleichzeitig eine andere Lebenswirklichkeit als die des jüdischen Vaters. In einigen Bereichen erlangen sie Wissen, das nicht über Erlernbares hinausgeht, wie z.B. die Namen der jüdischen Festtage. In anderen Bereichen werden sie selbst zum Träger persönlicher Erfahrungen und familiärer Erzählungen. Die Kombination aus Persönlichem und Faktenwissen versetzt Patrilineare so in die Rolle eines Menschen, der zwar kein Jude, aber – ein wenig – jüdisch sozialisiert ist.

6.1.5 Religiöse Darstellung des jüdischen Vaters

Alle interviewten Patrilinearen berichten, dass ihre Väter teilweise seit Langem Abstand zum religiösen Judentum gewonnen haben. Besonders durch einen Bruch mit Institutionen wie der Gemeinde wird dies deutlich. Dieser wird beispielsweise mit der Ablehnung der nichtjüdischen Frau durch die Gemeinde oder mit der Emanzipation des Vaters von seinen Eltern begründet. Judith:

> „So wie ich das eben sehe, als mein Opa gestorben ist [haben meine Tante und mein Vater] so diese beengte Welt [lacht] der wenigen Juden dort verlassen."

Generell werden die Väter als assimiliert oder säkular bezeichnet, verstärkt durch eine Beschreibung als dem religiösen Judentum ganz abgekehrte Christen und Kommunisten. Gleichzeitig wird in den meisten Fällen trotzdem eine Nähe des Vaters zu jüdischen Personen oder einzelnen, vermehrt eher kulturellen als religiösen Riten beschrieben. Darüber hinaus wird immer deutlich betont, dass der Vater unwiderruflich den gebürtigen Status als Jude hatte bzw. hat. Judith:

> „Und da ist mir so klar geworden, dass er sich [lacht] anscheinend doch irgendwie als jüdisch definiert, also er sich selber so sieht, uns natürlich gar nicht, ja? Also, warum auch immer, aber er sich selber eben natürlich doch irgendwie als jüdisch sieht. Was er ja auch ist. Auch wenn er nicht religiös ist."

Die Abkehr des Vaters vom Judentum wird von den Patrilinearen oft als Abkehr vom Religiösen und Institutionellen beschrieben, begründet mit einer Enttäuschung oder Irrelevanz des Jüdischen für das eigene Leben. Gleichzeitig wird es in Form von Personen oder Riten nicht verteufelt oder ausgeschlossen, sondern nur ohne die Zugehörigkeit zur Gemeinde weiterverfolgt. Ein gemeinsames Praktizieren innerhalb der Familien gibt es selten; der Vater allein hat den „wahren" jüdischen Status inne. Dabei reagieren Väter positiv darauf, wenn ihr patrilineares Kind sich für das Judentum interessiert und damit in Kontakt tritt. Dies äußert sich besonders in Zusammenhängen, mit denen der Vater persönliche Erinnerungen verbindet. Judith:

> „Ja war es halt auch so, dass wir halt auch relativ viel in der Gemeinde waren und [....] dass es a.) für uns alle schön war und b.) mein Vater es sehr genossen hat."

Ein Wandel des Verhältnisses des Vaters zum religiös Jüdischen im Sinne des Wunsches nach einer innerfamiliären jüdischen Praxis ist dabei immer wieder im Dialog. Das erwachsene oder junge Kind kann dem Vater in diesen Auseinandersetzungen einen erneuten oder neuen Zugang eröffnen.

6.1.6 Rolle und Einfluss Patrilinearer auf das Verhältnis der Väter zum „Jüdischen"

In den Beschreibungen der Patrilinearen stellen diese auch ihre eigene Bedeutung für das Verhältnis des Vaters zum Jüdischen dar. Einige Patrilineare berichten, dass ihre Väter durch sie ein neues Verhältnis zum Judentum aufbauen konnten. Zum einen war dies beispielsweise möglich, wenn Patrilineare im Kindesalter die Nähe zu der Gemeinde suchten. Manche Väter reagierten positiv auf solche Annäherungen zum Jüdischen oder nahmen gar wieder aktiv an Gemeindeveranstaltungen teil.

Jedoch hatten solche keinen bleibenden Einfluss auf die Kinder, da alle Patrilinearen letztendlich von den Gemeinden aufgrund ihres fehlenden jüdischen Status zurückgewiesen wurden. Es wird nicht berichtet, dass einer der Väter nach solch einer Erfahrung weiterhin den Kontakt oder eine Mitgliedschaft zur Gemeinde suchte. Über die Reaktion der Väter auf die Ablehnung ihrer patrilinearen Kinder durch die Gemeinden wurde nur sehr wenig gesprochen. Lediglich Judith berichtet von der massiven Enttäuschung ihres Vaters.

Erst „später", berichten viele Patrilineare, fanden intensive und wichtige Gespräche zwischen Vätern und Kindern statt. Diese werden von ihnen als einflussreich auf das Verhältnis des Vaters zum Jüdischen beschrieben. Frau Elsa:

> „Mein Vater stammte aus einer weitgehend assimilierten Familie und hatte selbst aus, wie ich annehme, unterschiedlichen Gründen eigentlich sehr wenig Bezug zu seinem Judentum. Das heißt, dieses Judentum war für ihn in einem gewissen Sinne inexistent. Das änderte sich eigentlich erst später und wesentlich übrigens durch mich, weil er durch mich sozusagen zurückgeführt wurde, dorthin."

Trotz des Schweigens, welchem Patrilineare sich oftmals im Zusammenhang mit der Familiengeschichte und der Shoah ausgesetzt sahen, wird zum Teil von einem intensiven Austausch über Religion und Weltanschauung mit den Vätern gesprochen, der bei Vätern gar zu einer veränderten Einstellung gegenüber ihrer jüdischen Identität geführt haben kann.

6.1.7 Rolle und Einfluss des Vaters auf das Verhältnis Patrilinearer zum „Jüdischen"

Schließlich beschreiben Patrilineare ihren Vater, der das direkteste Bindeglied zur jüdischen Herkunft ist, als *charismatisch*. Diese Beschreibung ist nicht in fassbaren Worten ausgedrückt, sondern äußert sich im Gesamtbild und unspezifisch, nämlich durch nonverbale Gesten oder Stimmveränderungen und Betonungsverschiebungen (Prosodie).

Im Folgenden wird *Charisma* als eine besondere Ausstrahlung verstanden, die sich etwa in vermittelter Erkenntnis oder empfundener Weisheit manifestiert. Diese Ausstrahlung macht unter anderem aus, dass sie nicht ganz erklärbar (und somit möglicherweise als von etwas Göttlichem beeinflusst zu verstehen) ist. Sie äußert sich in einer (unangreifbaren) Anerkennung des Vaters (auch im abgeschwächten Sinne gewissermaßen eines Herrschers als Autoritätsperson).

Die individuellen Lebensgeschichten der Väter spielen, wie beschrieben, hierbei eine Rolle. Es sind Lebensgeschichten, die häufig von Schmerz und Verlust durch den Nationalsozialismus und von Neubeginn handeln. Die Familien wurden zerstört, auseinandergerissen, Familienmitglieder ermordet. Rebecca:

> „Und mein Vater hat, als er erfahren hat, dass alle umgekommen sind, als diese offizielle Todeserklärung gekommen ist, dann am Ende des Krieges 1945, so als er das in Israel erfahren hat, da hat er alle Fotos zerrissen, alle Postkarten. Die haben ihm noch geschrieben von der polnischen Grenze da in der Nähe von Breslau, [...], da waren die in irgend so einem Arbeitslager und da hat sich die Restfamilie getroffen, seine Brüder und seine Eltern, und danach hat er alles kaputt gemacht."

Die „charismatischen Beschreibungen" des Vaters beginnen mit und nach den Schicksalsbeschreibungen, in welchen erzählt wird, auf welchen Wegen die Väter ihre Leben aufbauten. Zumeist sind das Erzählungen, die aus heutiger Sicht unglaublich erscheinen, denn sie verlangten den Vätern oft emotional Unmögliches ab. Teilweise führt dies zu Beschreibungen, die Heldengeschichten zeichnen und teilweise werden durch die individuellen Lebensgeschichten Erklärungen für verschrobene, von der deutschen Gesellschaft sich ausgrenzende Lebenswege nachgezeichnet. Das *Charisma* wird unterfüttert mit der Bildung der Väter. Sie werden in der Regel als – trotz der schwierigen Umstände – lesende, wissende und intelligente Männer beschrieben. Rebecca:

> „[...] mein Vater hat eine alte hebräische Bibel, in der hat er immer gelesen, also mein Vater ist Landschaftsgärtner gewesen, hat 15, ich glaube 15 Jahre in Israel gelebt [...] und in der hat er immer gelesen, und das hat mich natürlich fasziniert."

In der Lebenswirklichkeit der eigenen Kindheit können die charismatischen Beschreibungen des Vaters über familiäre Schlüsselerlebnisse stattfinden. In diesen werden dann Entscheidungen als eingekapselte Erzählungen tradiert, die richtungsweisend oder zumindest relevant für die Familie sind. Dass der Vater Jude ist, ist ausschlaggebend für die Weitergabe der Erzählung:

> „Und da hat er [der Vater] mir erzählt, dass er einen seiner schlimmsten Streitigkeiten mit meiner Mutter hatte, als sie schwanger war, und es darum ging, was passiert, wenn es ein Sohn wird, ob das Kind

> beschnitten wird oder nicht. Und er das wollte und sie gesagt hat: ‚Das finde ich unnötig, wenn das für dich eine religiöse Bedeutung hat, okay, aber, wenn wir beide sagen, wir sind nicht religiös, ist das doch nicht nötig.' Und das Problem hat sich, dieses, diesen Streit gab's wohl drei Mal. Drei Mal hat er sich damit gelöst, dass wir Mädchen geworden sind."

Patrilineare möchten sich mit ihren Vätern gerne auseinandersetzen. Für manche Patrilineare bleibt der Vater aber unerreichbar, so dass sie lediglich in Gedanken Gespräche mit ihm führen können und die erzählten Geschichten als Parabeln für das eigene Leben zu Rate ziehen. Manche erst nach dem Tod des Vaters, wie Avshalom, der am Sterbebett den Auslöser sieht, historische und persönliche Informationen des Vaters zu einer schlüssigen Geschichte zu rekonstruieren:

> „Ja und als er dann starb und im Krankenhaus war, ich hatte meinen Vater nie nackt gesehen, war da sehr geschwächt, [...] und da sah ich, dass er beschnitten war. Und dann fiel mir ein Groschen nach dem anderen."

6.1.8 Resümee und Konklusion

Aufgrund der persönlichen Geschichte im historischen Geschehen, eigener Anlagen und Anstrengungen und seines jüdischen Status kann der Vater vom Patrilinearen als eine außernormative, gegebenenfalls charismatische Person wahrgenommen werden. Dies gilt auch dann, wenn Beziehungen als problematisch dargestellt werden und Schweigen oder Schutz das gegenseitige Verhältnis (zusätzlich) belasten.[71]

Über wechselseitiges Schützen und Lernen wiederum kann die Beziehung auch zu einer Beziehung gegenseitiger Anerkennung werden. Hierin spiegelt sich möglicherweise eine für das Judentum spezifische dialogische Denk- und Beziehungstradition wider (vgl. Martin Buber [1922] 1984).[72]

Der Vater ist darüber hinaus als mitverantwortlich für ein Dilemma zu begreifen, in dem sich Patrilineare befinden. So wird hier deutlich, dass der jüdische Status nicht allein von den Gemeinden aberkannt wird, sondern auch der Vater auf das Selbstbild des/der Patrilinearen großen Einfluss

71 Die Wertschätzung eines jüdischen Vaters gilt in den Generationen der ca. 1880 bis 1960 geborenen zudem weithin eher als möglich, als die Wertschätzung nichtjüdischer, deutscher Väter und Familien in diesem Zeitraum. Denn dieser entspricht sowohl grob dem Zeitraum der Geburtsjahrgänge der jüdischen Väter, wie auch dem Zeitraum der Verfolgten bis hin zu dem Zeitrahmen, in dem die geschichtliche Aufarbeitung des Holocaust (in den 1970er Jahren) ihren Weg in Wissenschaft und Schulen fand.

72 Buber beschreibt einen Unterschied zwischen Judentum und Christentum: in der jüdischen Religion gelangt man durch Diskussion und Dialog zu Auslegung und Erkenntnis, in der christlichen Tradition unterlag die Auslegung Gelehrten ohne jedwede Möglichkeit zur Diskussion.

hat. Er lebt dem Kind zum einen das Nichtreligiöse vor, und verunmöglicht somit weithin, einen Bezug zum religiösen und kulturellen Judentum und der In-Group aufzubauen, der nur durch theoretisches Wissen hergestellt werden kann. Meist verdeutlicht er dem Kind seinen nichtjüdischen Status, den der Vater – ob praktizierend oder nicht – hat. Ohne die entsprechende Sozialisation einen Weg als Jude einzuschlagen, würde nahezu ausschließlich auf der Eigeninitiative des/der Patrilinearen begründen können. All dies findet zumeist ohne die Unterstützung des Vaters, dem originär Verantwortlichen für die Konstellation und Situation, statt. Es ist daher aus den beschriebenen Vater-Kind-Beziehungen bereits nachvollziehbar, dass aus dieser Konstellation und den Signalen des Vaters ein uneindeutiges Verhältnis Patrilinearer zu sich selbst und der Bedeutung des jüdischen Hintergrunds für ihre Identität erwachsen kann.[73]

Dennoch sollte in einem nächsten Schritt die Bedeutung des Vaters für das jüdische Selbstbild eingehend analysiert und Möglichkeiten für eine positive Identitätsentwicklung herausgearbeitet werden. Theorien, Sozialisationstheorien wie die der Geschlechterverhältnisse in Eltern-Kind-Beziehungen, der Bindung oder Übertragung etwa, müssten ebenso zur Entwicklung von Fragen und zur Auswertung herangezogen werden wie die der gesellschaftlichen Bedingungen.

6.2 Die nichtjüdische Mutter

Es ist auffallend, dass sich über die Einstiegsfrage nach dem Verhältnis Patrilinearer zum Judentum und Jüdischsein durchweg eine biographisch orientierte Narration entfaltet, die den jüdischen Vater thematisiert – wenig aber die Mutter. Die Verbindung Patrilinearer zum Judentum, so lässt sich aus dieser ersten Untersuchung ableiten, wird in der biografischen Narration oft nicht zentral mit der Mutter verbunden, was nicht bedeutet, dass diese keinen Einfluss hat.

Am deutlichsten lässt sich der Einfluss der Mutter in der Generation nachweisen, die den Nationalsozialismus erlebte. Die jüdischen Väter orientierten sich an der Religion und den Riten der nichtjüdischen Frauen. Frau Café, Herr Falkus und Frank beschreiben den kulturellen Einfluss der Mütter auf die Ausrichtung des Familienlebens (vgl. z.B. Kapitel 5.2.4.2 Übergreifend: Deutschland und Israel).

In den Folgegenerationen ist Religion nicht mehr in der Deutlichkeit für die Familien von Belang, wie sie es in der vorherigen war. Dennoch wird beschrieben, dass die Mütter das Bild des Judentums mitprägten. Bei

73 Lediglich bei Hannah, die eine Mutter mit jüdischem Selbstverständnis hat, wird dieses durch die Erziehung auf sie übertragen. Obwohl jüdische Religion und/oder Kultur nur in geringem Maße gelebt wird, ist Hannah dem Selbstverständnis nach jüdisch, bis sie vom Status der Mutter erfährt.

Hannah geschah dies durch eine Mutter, die sich selbst als Jüdin verstand und Hannah im jüdischen Selbstverständnis erzog; bei Frau Elsa durch jüdische Partner und Bezugspersonen, die deren Mutter in die Familie brachte (vgl. z.B. Kapitel 5.2.1.2 Sequenzanalyse: „wie soll ich etwas werden, was ich bin?").

Aus den wenigen Interview-Stellen, in denen die Mütter in Bezug auf die Verbindung Patrilinearer mit dem Jüdischsein und Judentum erwähnt werden, zeigt sich, *dass* es einen Einfluss derer gibt und ihre Meinungen und Handlungen ernst genommen werden. In der Auswertung dieser Studie lässt sich sogar die Hypothese aufstellen, dass das Wohlwollen der Mutter zum Judentum notwendig ist, um bei den Kindern ein jüdisches Selbstverständnis erwachsen zu lassen. In einer Folgestudie könnte eruiert werden, zu welchen Aspekten und in welchem Maße die Mutter tatsächlich auf das jüdische oder nichtjüdische Selbstverständnis Patrilinearer Einfluss haben kann.

6.3 Die Familien: Tradition und Tradierung kultureller Identität

Im Folgenden soll noch einmal speziell auf die Tradition und Tradierung der kulturellen Identität Patrilinearer eingegangen werden, die obigen Ausführungen zufolge einen zentralen Aspekt innerhalb der jüdischen Praxis Patrilinearer einnehmen kann, aber dadurch, dass sie im Konzept der jüdischen Identität in Kapitel 5 nicht untersucht wurde, im Einzelnen bisher unbearbeitet blieb.

Der Kulturbegriff ist generell nicht unumstritten oder einheitlich definiert. Er wandelt sich beispielsweise in den Epochen und Bedeutungszusammenhängen. Spezifiziere ich in meiner Arbeit auf „jüdische Kultur", eröffnet sich immer noch ein weites Feld aus Literatur („Volk des Buches") oder Gruppenzugehörigkeit. Im Folgenden verstehe ich *Kultur* als etwas, das der Mensch erschafft und gestaltet, geistig und greifbar, *das Jüdische* definiere ich als eine Tradition, erwachsen und erwachsend aus der Tora und den entstandenen mündlichen und schriftlichen Überlieferungen. Jüdisch kulturelle Identität ist somit das aus den religiösen Grundlagen und Lebensbedingungen Erschaffene und Gestaltete.

Ein Merkmal kultureller Identität ist ihre klare Abgrenzungsmöglichkeit zu anderen sozialen Gruppen mit deren kulturellen Identitäten (Keupp 2010). Kulturelle Identitäten, deren Eigenschaften und Zugehörigkeiten sind dabei, wie eingangs angedeutet, aber nicht unbedingt eindeutig zu fassen. So ist z.B. eine Differenzierung zwischen der jüdischen und der deutschen Kultur möglich. Man wird aber feststellen müssen, dass *innerhalb* einer Kultur die Differenzen in deren Praxis ebenso groß sein können, wie – auf anderer Ebene – *zwischen* den Kulturen. Möglichst polarisierend ausgedrückt: Ein Hamburger Fischer hat in Sprache, Esskultur und täglichem Schaffen mit einer bayrischen Dirndlträgerin wahrscheinlich ebenso wenig gemein wie eine junge israelisch-atheistische Soldatin mit einer ultraorthodoxen Siedlerin im Westjordanland. Der Blick in die Nachbarwohnung genügt, um die Unterschiede innerhalb einer Kultur zu verdeutlichen. Gerade bei Juden ist fraglich, wie sich in 2000 Jahren Diaspora eine einheitliche jüdisch kulturelle Identität bewahrt und ausgebildet haben soll. Vielmehr gibt es verschiedene ältere Traditionen, z.B. Jiddisch als Sprache, aber auch neue Traditionen, die u.a. Gemeinden in der Diaspora entwickelten und entwickeln, die heute, nicht zuletzt über Medien, die Unterschiedlichkeit, aber auch die Einheitlichkeit der „Judenheiten" repräsentieren (Diner 2003). Jüdische Kultur, so möchte ich subsumieren, basiert heute auf der Lehre, der Gemeinschaft und den Individuen - aber ebenso auf dem Austausch mit den nichtjüdischen Mehrheitsgesellschaften der Diaspora.

Auch die Familien, das Umfeld Patrilinearer und sie selbst zeigen die Diversität in ihren individuellen Zuordnungen kulturell jüdischer Identität und über gemeinsame Schnittmengen eine Einigkeit im Verständnis jüdischer Kultur. Im Folgenden wird aufgezeigt, über welche Aspekte kulturell-jüdischer und jüdisch-deutscher Identität Patrilineare in den Interviews sprechen. Sie beschreiben dabei wieder die jüdische Kultur sowohl als die eigene Kultur als auch die Kultur „anderer".

6.3.1 Tradition und Tradieren: Begriffsklärung

Um kulturelle Identität wiederum als dynamischen Prozess greifbar zu beschreiben, verwende ich im Folgenden die Begriffe der „Tradierung" und der „Tradition". Die „Tradition" umfasst dabei die Gestalt, das „Tradieren" steht für den Akt der Weitergabe.

Kultur wird in Gruppen und in Generationen tradiert. Die im Folgenden relevanten Gruppen sind die „der Juden" sowie die nichtjüdische, deutsche Mehrheitsgesellschaft und die nichtjüdische, mütterliche Familie. Als Generationen sind jene der Großeltern, Eltern und der Kinder mitgedacht, ebenso wie die vorherigen und nachkommenden.

„Tradition" soll im Folgenden verstanden werden als (a) (ursprünglich) religiös determiniert und (b) in der Moderne verändert. Es werden Gegenstände, Geschichten und Gewohnheiten tradiert (Dittmann 2004). Im Vorgang der Tradition gibt es stets drei Mitwirkende: Den Tradierenden, das Tradierte und den Empfangenden. Dittmann nennt sie Tradenten, Tradendum und Accipient. Der Accipient spricht nach Dittmann dem Tradenten Autorität zu, das zu Tradierende übermitteln zu können, der Tradent wiederum vertraut dem Accipient, die Tradition bewahren und weitergeben zu können.

Der Charakter einer Tradierung und Tradition liegt im Umgang mit dem weitergegebenen Wissen und Können. Tradiertes wird nicht vom Informationsempfänger geprüft, sondern in seinem Inhalt akzeptiert und zur

Kenntnis genommen. Im für seine „Jüdischkeit" berühmten Musical *Anatevka* besingt Tewje, der Milchmann, was Tradition bedeutet und beinhaltet:[74]

> „Und wegen unserer Tradition haben wir bisher unser Gleichgewicht seit vielen Jahren gehalten. Hier in Anatevka haben wir Traditionen für alles – wie man isst, wie man schläft, wie man arbeitet und wie man sich kleidet. Zum Beispiel haben wir immer unseren Kopf bedeckt und tragen immer einen kleinen Gebetsschal als Zeichen unserer Ergebenheit zu G'tt. Nun werdet ihr fragen, wie es mit diesen Traditionen angefangen hat.
> Ich werd's euch sagen: [ ] Ich weiß es nicht – das ist eben Tradition. Und aufgrund dieser Traditionen weiß hier jeder von uns, wer er ist und was G'tt von ihm erwartet."[75]

Die Ausübung wiederum variiert, angepasst an die aktuellen Möglichkeiten und Bedürfnisse. Im Judentum ist dies wiederum Tradition und wird vor allem im liberalen Judentum praktiziert (vgl. Kapitel 4.3 Herleitung und Handhabe des matrilinearen Prinzips/Patrilinearer).

Das Traditionsverständnis hat sich von einem religiösen zu einem modernen gewandelt. Im religiösen Traditionsverständnis wird die „heilige Überlieferung" als Kern tradiert. In der Moderne ist das Traditionsverständnis zunehmend von einer göttlichen Norm losgelöst. Hier werden z.B. ein regionales Brauchtum oder zweckorientierte Handlungsgewohnheiten in den Mittelpunkt gerückt.

Der Accipient kann sich heute, im Gegensatz zum normativ ganzheitlich bindenden religiösen Traditionsverständnis, selbst entscheiden, ob er die jeweilige Tradition übernehmen möchte. Ein Beispiel: Möchte man Ostern in die Kirche gehen oder lediglich Ostereier suchen? Hierbei wandelte sich eine religiöse Tradition zu einer eher konsum- und spielgerichteten Tradition mit religiösem Ursprung.

> „Zum Tradent wiederum wird man nur, wenn man einen geschenkten Stein weiterverschenke in der Absicht, dieser möge wiederum weitergeschenkt werden – von Generation zu Generation." (Dittmann 2004)

6.3.2 Die Kultur des Vaters

Patrilineare beschreiben in den Interviews die kulturelle Verbundenheit des Vaters zum Judentum sowie ganz konkret das, was er in die Familie trägt. Agnes nennt religiös jüdische und rituelle Gegenstände:

74 Nach Scholem Alejchems „Tewje, der Milchmann" (Fiddler on the Roof bzw. Anatevka), uraufgeführt im Jahr 1964.

75 Fiddler on the Roof. German Song Lyrics: Tradition! http://blackmii.jimdo.com/german-movie-song-lyrics/fiddler-on-the-roof/, Stand 8.4.2014.

> „Mein Vater, der hatte so einen Schrank mit Glastüren und dahinter waren [...] so eine in Silber eingefasste Thora, nicht Thora, aber Altes Testament, zwei, vielleicht auch noch irgendwie ein oder zwei silbern geschmückte Sachen."[76]

Rebecca, die des Vaters Folklore, also seine musikalische Tradition über Gegenstände und Handlungen z.B. als Teil dessen, was er als seine jüdische Identität der Familie zeigte, genau erinnert:

> „Wir hatten Platten [...] Zuhause und das konnte ich dann: ‚Jiruschaajim schel Sahaw' und so [lacht]. Das war mir geläufig. Dann hat mein Vater jiddische Lieder gesungen, der hat jiddisch getanzt, also so chassidisch, ne? So, dieses ‚Oioioioioi'. Das hat er so spontan gemacht, aber mit guter Laune verbunden natürlich. Also das alles nicht traurig, sondern fröhlich, und dann gab es eine Schallplatte, auf der war, die Singleplatten damals noch, da war der *Exodus* drauf. Das ist ein Musikstück und das ist [...] 'ne sehr tragische Musik und handelt eben von dem Auszug [...]."

Sie nennt einige der Titel der jiddischen Lieder, die ihr Vater gesungen hat: *Alz der Rebbe Elimeylekh iz gevorn zeyer freylekh* [dazwischen sagt Rebecca: „oder, ach Gott, die ganzen ollen Dinger"] *Sha, shtil, macht nicht kein Geruder, der Rebe geyt shoyn tantsn vider.*

Sowohl jüdisch kulturelle Gegenstände, religiöser und künstlerischer Art etwa als auch ein Habitus können erinnert werden. Diese werden den Vätern zugeschrieben, finden aber oft (zunächst) keinen Eingang in die Praxis der Familien oder des/der Patrilinearen. Sie sind vorhanden, werden aber nicht tradiert und können, im Sinne einer Einbeziehung Patrilinearer in die jüdische Tradition, somit keine Traditionsträger werden.

6.3.3 Väterliche Familie

Teilweise wird in den Interviews auf die kulturellen Gewohnheiten der väterlichen Herkunftsfamilien eingegangen. Schließlich ist der Vater Teil der Tradierungskette des Judentums und wurde somit (zumeist) auch *irgendwie* jüdisch sozialisiert. Daraus wiederum entwickelt er teilweise sein Verständnis und seine Praxis des Judentums und Jüdischseins.

Max beschreibt, dass es grundlegend leichter ist, in einer jüdischen Gesellschaft jüdisch zu leben. Gleichzeitig sagt er, dass das praktizierte Judentum weniger ernst genommen wird, als würden Entscheidungen bewusst gegen die Mehrheitsgesellschaft für die eigene Kultur getroffen werden. Max' Großeltern emigrierten nach Israel. Er spricht über den Rahmen der großelterlichen Religionsausübung nach deren Emigration:

> „Ich meine, in Israel waren dann irgendwie alle Juden. Und alle

76 Die Bezeichnung „Sachen" weist darauf hin, dass diese Gegenstände nicht besprochen wurden. Sie bleiben namenlos.

> haben auch irgendwie ihre Bar Mizwa gemacht, und vielleicht ja auch an Jom Kipur ein bisschen weniger gegessen, aber sich im Prinzip an nichts gehalten.“

Hier gilt es zu ergründen, inwieweit die Kombination aus familiärer und gesellschaftlicher Sozialisation die kulturelle Vermittlung im Gegensatz zu einer Herkunftsfamilie in der Diaspora verändert.

Auch Rebecca erwähnt den religiösen Bezug der praktizierten jüdischen Kultur: Ihre Großeltern feierten die jüdischen Feste. Die Urgroßeltern aßen koscher und gingen in die Synagoge. Darüber, dass ihr Vater das tat, berichtet sie nicht.

Frau Elsa beschreibt, dass es etwas „sehr Jüdisches“ geben kann, was nicht im Feiern der jüdischen Feste besteht:

> „Die Großeltern väterlicherseits hatten ein Gasthaus und waren, soweit ich das sehe, sehr jüdisch. Das kann ich so sagen von verschiedenen Dingen, die mein Vater mir erzählt hat. Also, dieser Großvater, der, also, sie kamen ursprünglich aus Polen, aber sie lebten in Deutschland. Sie sind Ende des 19. Jahrhunderts nach Deutschland gekommen, aus [Stadt in Polen]. Und es gab einfach viele Reste von diesem Ostjüdischen. Aber sie haben keine Feste mehr gefeiert, außer Purim, interessanterweise außer Purim. Sie waren assimiliert.“

Möglicherweise feierten die Großeltern in Polen mehrere jüdisch-religiöse Feste. Dennoch verdeutlicht Frau Elsa, dass es etwas gibt, das als – über religiöse Zusammenhänge hinaus – „sehr jüdisch“ an Personen wahrgenommen werden kann. Ihr Vater wiederum lebte aus seiner Erziehung und den gesellschaftlichen Umständen seines Lebens heraus lange als überzeugter Agnostiker.

Patrilineare wissen möglicherweise um die jüdisch-religiöse Praxis der Familie des Vaters. Diese scheint in der Regel ein *Mehr* an jüdischer Kultur beinhaltet zu haben, als die Väter es später leben. Judith:

> „[...] mein Opa so früh gestorben ist und beide, ein Stückweit so damit gebrochen haben, mit ihrer jüdischen Identität. Und zwar sind die irgendwie in [deutsche Stadt] aufgewachsen und haben halt, so wie ich das eben sehe, als mein Opa gestorben ist, so diese beengte Welt [lacht] der wenigen Juden dort verlassen. Und konnten dann halt machen, was sie wollten. Mitten in der Pubertät, ja? Konnten sich mit irgendwie Leuten treffen, wie sie Lust hatten und haben das danach so ein bisschen hinter sich gelassen.“

Hier wird am deutlichsten verbalisiert, dass das Judentum als Regelwerk empfunden wurde. Die Großelterngeneration wird dabei als eine Generation beschrieben, die die jüdischen Riten stärker befolgte als die Elterngeneration. Es äußert sich implizit eine Diskrepanz für nicht stark religiöse Juden zwischen *religionsgesetzlich* notwendiger Handlung (der

Großelterngeneration) und *eigener* Notwendigkeit (der Elterngeneration). Möglicherweise zeigt sich hier auch der Bruch zwischen einem religiösen und einem modernen, selbstbestimmten und eher kulturell geprägten jüdischen Selbstverständnis.

6.3.4 Familiäre Praxis

Innerhalb der Familien Patrilinearer wurde zumeist über die jüdische oder christlich-jüdische Praxis berichtet. Judith beispielsweise berichtet, dass ihre Familie Weihnachten mit gutem Essen und Geschenken feierte, aber nicht in die Kirche ging. Sie beschreibt schmunzelnd, dass sie darin durchaus eine Differenz zu anderen „Nichtchristen" feststellte. Ob Weihnachten wegen der mütterlichen oder der gesellschaftlichen Tradition gefeiert wurde, sagt sie nicht.

Hannah sagt, ihre Familie habe beides gefeiert: Chanukka und Weihnachten, Ostern und Pessach. Da Hannah, bis sie Anfang 20 war, davon ausging, sowohl eine jüdische Mutter als auch einen jüdischen Vater zu haben, ist hier davon auszugehen, dass die christlichen Feste aufgrund des gesellschaftlichen Zusammenhangs in die familiäre Praxis integriert wurden.[77] Frau Elsa fasst schließlich zusammen, was viele Kulturen vielleicht doch heute eint:

> „Also, ich stelle zum Beispiel fest, dass da wir, wir feiern die jüdischen Feste alle und wir feiern aber auch Weihnachten zumindest. Es gibt einen Baum und es gibt was Gutes zu Essen. Ja, so? Mehr nicht. Aber, es gibt auch sonst was Gutes zu essen. Also es ist nicht, es ist nicht extrem herausgehoben, aber es ist, es wird begangen gewissermaßen."

Es geht um Essen, Zusammensein zu vorgegebenen Daten, um Familie. Olga Mannheimer beschrieb– als einzige übrigens – die (religiöse) Liturgie. Sie beschreibt eine Diskussionskultur und die alttestamentarische und aktuelle Bedeutung und erzählt in einer bezaubernd jüdischen Anekdote, wie ihre Tochter einem Freund erzählt, was man an Pessach in diesem Haushalt tut:[78]

77 Besonders Kinder werden bzw. wurden in staatlichen oder christlichen Schulen und Kindergärten über christliches Kulturgut, wie Lieder, Gebete, Basteleien, sehr in christliche Zusammenhänge integriert, die sie selbstverständlich mit in die Elternhäuser tragen.

78 Als Hintergrund für das Beschriebene: Zu Pessach wird das Haus besonders gründlich gereinigt und vor allem von allen gesäuerten Nahrungsmitteln befreit. Am *Seder*, dem Abend, der Pessach einleitet, wird das Festmahl nach einer bestimmten Liturgie eingenommen. Dazu wird stets aus der Haggada, dem Buch mit den Anweisungen, vorgelesen und jeweils symbolische Speisen gegessen. Darunter sind die erwähnte Petersilie, der Knochen und das *Charosset*. Die Petersilie erinnert, in Salzwasser getaucht, an die Tränen der Israeliten in Ägypten, der Knochen steht für das zur Zeit des Tempels geopferte Pessach-Lamm, und *Charosset* symbolisiert den Lehm, den die Israeliten in Ägypten zum Ziegelbau verwendeten. Dass es auch hier zahlreiche innerkulturelle Unterschiede in den Feinheiten gibt, wird

> „Dann sage ich: ‚Jetzt erklär doch bitte, was das [Pessach feiern] bedeutet.' Und [Name der Tochter] [Alter der Tochter]: ‚Also das geht in der Früh mit dem Geschrei los, weil meine Mama keine einzige große Tischdecke findet, die ohne Flecken ist, und dann muss man waschen, bügeln, das Silber polieren. Den ganzen Tag gibt es nur Stress, und es wird wahnsinnig viel gekocht, aufgeräumt und irgendwelche Flecken werden entfernt. Dann kommen die Gäste, man setzt sich an den Tisch und dann stellt sich heraus, dass Papa die Kippas vergessen hat und man weiß nicht mehr, wo man sie hin geräumt hat. Dann läuft Papa durch das ganze Haus herum, während Mama von unten schreiend Anweisungen gibt, wo er die Kippas finden konnte. Dann kommt Papa mit den Kippas und es stellt sich heraus, es fehlen immer ein oder zwei und [Name] muss nach Hause gehen, um die Ecke, und seine eigene Kippa holen. Bis dahin hat man immer noch nichts gegessen. Dann kommt [Name] zurück, alle setzen die Kippas auf, nehmen sie sofort wieder ab, drehen sie um, fangen an, darüber zu reden, wer inzwischen schon wieder geschieden ist. Kippas haben ja oft die Aufschriften von „Heini und Ronnie", „Juli 97".' Auch schon wieder geschieden. ‚Wer gestorben, wer geschieden ist und wer Kinder hat. Dann setzen wir die Kippas wieder auf, dann dürfen wir ein Stück Petersilie essen. Dann streiten wir alle darüber, ob man den Knochen anbraten oder nicht anbraten soll. Und dann streiten sie darüber, ob der *Charosset* mit Dörrfrüchten oder mit frischen Äpfeln. Weil, wenn die Sephardischen dabei sind und fragen: Was ist das? Dann erklärt Mama, dass das das einzige richtige Charoset ist, der mit Äpfel und Nüssen […].' Und dann hat sie [die Tochter] also den ganzen Abend leider sehr wahrheitsgetreu geschildert, ohne ein einziges Mal zu sagen, dass es um den Auszug aus Ägypten und um die zentrale Botschaft: ‚Wir sind Befreite.', nicht *frei*, sondern *befreit*, geht. Und die daraus erfolgenden Verpflichtungen anderen Unterdrückten gegenüber. Also dass, sie weiß ganz genau, also eigentlich feiern wir aus diesem Grund, dass die Kinder begreifen, was es bedeutet, die Erfahrung gemacht zu haben, in einem fremden Land als Unterdrückte gelebt zu haben, weil die gibt es immer noch. Jedes Jahr wird es ihnen ausdrücklich gesagt und sie tun alles, um uns in dem Glauben zu lassen, sie haben es immer noch nicht kapiert, so dass man wieder den Seder feiern muss."

Ist auch die jüdische Praxis der anderen Interviewpartner/innen nicht so ausgeprägt jüdisch wie die Olga Mannheimers beschrieben, berichten Patrilineare bezüglich ihrer kulturellen Identität dennoch über jüdische

über die Geschichte deutlich.

soziale Netzwerke, Essen und Religion, Reflexion und die Aufarbeitung der väterlichen Geschichte.

Avshalom beschreibt dabei als einziger neben Olga Mannheimer ausdrücklich die religiös jüdische Bedeutung. Er beschreibt das Glück, das er durch die Beschneidung empfand, und die Bedeutsamkeit des Schabbats für sein Leben. Frau Elsa hingegen nennt ebenfalls die jüdischen Feste als in den Familienalltag integriert, zeigt sich aber persönlich möglicherweise ein wenig mehr über die (frühere) Jugendarbeit und das Kennen der Gemeindemitglieder (soziales Netzwerk) als in eine jüdische Praxis involviert.

In diesem Zusammenhang reflektiert Hannah über ihre Möglichkeiten. Sie habe Wissen über die Feste, aber ohne ein soziales Netz, mit dem man Jüdisches leben könne, bleibe man ausgeschlossen. Ihre eigene Hochzeit aber weiß sie so zu gestalten, dass jüdische und christliche Traditionen integriert werden konnte. Trotzdem die Hochzeitsteilnehmer überwiegend nicht jüdisch waren, konnte sie hier in und über eine Gemeinschaft (auch) jüdische Tradition leben.

6.3.5 Eigeninitiative Sozialisation

Patrilineare zeigen darüber hinaus Eigeninitiative. Sie übernehmen die Verantwortung, sich jüdisch zu sozialisieren und begeben sich in jüdische Kontexte. Agnes und Judith beispielsweise nehmen bereits als recht kleine Kinder den Weg auf sich, alleine mit einer Straßenbahn durch eine Stadt zum Hebräischunterricht zu fahren. Sie bemühen sich darum, die Sprache und Kultur zu lernen und Teil der Gemeinde zu sein. Rebecca lernt in ihrer Kindheit bereits über die Namen und Bedeutungen der Feste, besucht später Tanz- und Musikunterricht, aber auch politische Veranstaltungen, und bildet sich mit allem, „was über Israel erscheint", weiter.

Auch hier werden verschiedenste kulturelle Ebenen angesprochen. Patrilineare, so zeigt sich, suchen über Kurse, individuelle Weiterbildung, institutionelle oder rituelle Begegnungen und über Reflexion, ihre kulturelle jüdische Identität beizubehalten und auszubauen. Dabei knüpfen sie häufig an jüdisch kulturelle Aspekte an, die ihnen die Väter übermittelten. Der Wunsch nach Ausweitung des Wissens steht dabei oft für eine Stärkung ihres Gefühls einer jüdischen Identität. Hier zeigt sich erneut, dass möglicherweise keine ausreichende Weitergabe einer Tradition von den Vätern auf Patrilineare erfolgte. Denn Tradition bedeutet bereits die identitätsrelevante Weitergabe eines Wissens oder einer Handlung. Diese könnte zwar ggf. ausgearbeitet, müsste aber in ihrer Basis nicht über Kurse erarbeitet oder ausgeübt werden. So weiß man z.B. über die Tradition, dass zu Pessach *Charosset* gegessen wird, und man hat gar eine geschmackliche Vorstellung davon, wie es die Großmutter zuzubereiten pflegte. Die eigene Interpretation des Charosset liegt nun in den Variationsmöglichkeiten, die neben der Tradition bestehen. Möglicherweise schmeckte sie einem nie oder man versucht eben genau den Geschmack von damals zu treffen. Man möchte sie vielleicht immer in einem bestimmten Gefäß serviert sehen oder ein bestimmter Segensspruch gehört dazu usw. Die Tradition bildet in der Regel die Grundlage, auf der aufbauend variiert wird. Vielen Patrilinearen fehlt diese Tradition und/oder der Rahmen einer eigenen Praxis, in dem diese Variationen ausgetauscht werden könnten.

6.3.6 Tradierung an eigene Kinder

Viele Interviewpartner/innen haben eigene Kinder. Da keiner der patrilinearen Elternteile sein Judentum legalisieren ließ, haben alle Kinder keinen jüdischen Status. Rebeccas „Kinder sind stolz darauf, dass sie ‚Achteljuden' sind, und das erzählen sie auch [lacht]", und auch Frau Elsa drückt aus, wie ihre Kinder ihre Position sehen. Frau Elsa:

> „Für die Kinder denk ich eigentlich, und das zeigt sich bei meinen auf eine ganz interessante Weise, wenn man das alles offen legt, können die ganz gut damit leben, dass die Verhältnisse genau so sind, wie sie sind."

Patrilineare geben ihren Kindern also auch einen (teil)jüdischen Hintergrund mit.[79] Die Beschneidung ist ein Ritual, das angewendet wird. Agnes lässt ihren Sohn nicht beschneiden, weil er kein jüdisches Kind sei. Frau Elsa hingegen lässt, begründet mit dem Wunsch des Kindsvaters, nur einen ihrer Söhne beschneiden.

Auch die Namenswahl wird unter den Partnern besprochen. In einigen Fällen geben Patrilineare ihren Kindern Namen, die jüdisch assoziiert sein können, in anderen Fällen christliche oder auch nicht-religiöse Namen. In der Generation, die heute Kinder bekommt, kehren die Namen der Großeltern häufiger wieder (vgl. Kapitel 8.1 Jüdische Namen bei nichtjüdischer und jüdischer Herkunft).

In der Generation Patrilinearer, die bereits erwachsene Kinder hat, wird deutlich, dass diese ihre patrilineare Mutter als jüdisch wahrnehmen. Frau Elsa:

> „[Dass mein Sohn], wie ich neulich mal hörte, jemand anderem gegenüber von seiner ‚jüdischen Mutter' sprach."

In diesem Zusammenhang drücken die Kinder Patrilinearer auch das Bedauern aus, dass die Mutter nicht übergetreten ist. Die Tochter von Frau BL

79 Die Kriegsgeneration ist hier eine Ausnahme. Frau Café und Herr Falkus berichten davon, ihre Kinder so weit als möglich von „den Zusammenhängen" fernzuhalten. Frank hingegen sieht sich zwar auch nicht als Jude, lässt aber (auch) für seine Kinder eine Autobiographie niederschreiben. In dieser geht es u.a. viel um seine Eltern, die Emigration und das Schicksal, dass die Familie aufgrund der jüdischen Herkunft des Vaters ereilte.

verbindet unter anderem dies mit dem eigenen Wunsch eines Übertritts. Frau BL:

> „Und [Name der Tochter] wartet sehr dringend drauf, dass ich konvertiere, weil sie möchte konvertieren und sie denkt, sie kann leichter konvertieren, wenn ich konvertiere."

Auch Frau Elsas Sohn würde gern den jüdischen Initiationsritus durchlaufen und den jüdischen Status erhalten. Frau Elsa:

> „Obwohl es immer auch mal so Phasen gab, also zumindest bei dem einen [Sohn], der dann sagte, er möchte das alles legalisieren und er hätte […] gerne eine Bar Mizwa gehabt zum Beispiel, die [er] nicht hatte."

Welche Aspekte jüdischer Identität und Verbundenheit Patrilineare ihren Kindern weitergeben, ist dabei ebenso wie bei den Vätern, stark von ihrer eigenen Persönlichkeit abhängig. So beschreibt Frau Elsa z.B., durch das Essen und die Feiertage Jüdisches zu leben und in die Familie zu integrieren, Frau BL hingegen erklärt die stärkere Involviertheit der Tochter in jüdische Zusammenhänge über ihren Entwicklungsstand:

> „Also das fängt an damit, dass sie miterlebt hat, wie ich angefangen hab, nach der Familie zu recherchieren. Dass ich angefangen habe, mich mit diesem Gedanken ‚Konvertier ich oder konvertier ich nicht?' zu beschäftigen. Dass sie diesen Freundeskreis miterlebt. Insofern ist es bei ihr völlig anders, als es bei meinem Sohn war. Da habe ich dies, diese Fragen nicht gestellt und da habe ich noch ganz anders gelebt."

Bewusst und unbewusst also übermitteln auch Patrilineare ihren Kindern ein wenig, manche ein wenig mehr jüdische Identität. Es beginnt aktiv bei der Namensvergabe und führt sich fort in Feierlichkeiten oder transparenten Auseinandersetzungen, die die Kinder wahrnehmen können. Die meisten Interviewpartner/innen erzählten hier von Kindern, die ebenfalls eine Affinität entwickelten. Wahrscheinlich würden hier andere Ergebnisse erreicht, wäre das Interviewsetting mehr mit der Frage der Kinder Patrilinearer befasst. Deutlich wurde, dass Patrilineare nicht das als Eigenes tradieren, was sie als von den Vätern erfahren erzählten. So liegt ein wesentlicher Bestandteil von Frau BLs jüdischer Kindheitserinnerung in der Literatur des Vaters und dessen Kommunismusverständnis. Frau BL hingegen beschreibt, wie sie ihrem Kind u.a. die innere Auseinandersetzung und die Suche nach der verschwiegenen Familie als zentrale jüdische Momente weitergibt.

6.3.7 „Kriegsgeneration"

Auffallend ist, dass die Patrilinearen der Kriegsgeneration das kulturelle Judentum und Jüdische eher als etwas beschreiben, das sie von außen betrachten. Herr Falkus nimmt zwar wahr, dass der Vater jüdische Praktiken kannte, kritisiert aus eigener Perspektive aber z.B. die Talmudschulen in Israel als ähnlich gefährlich wie islamistische Ausbildungsstätten. Er reagierte ebenso wie Frank, der die matrilineare Determiniertheit als quasi ähnlich der Apartheit, gewissermaßen rassistisch bewertet. Frau Café dreht hier die Erzählungen um und berichtet vermehrt über einen christlichen Alltag in ihrer Familie. Sie erwähnt ihre jüdische Kultur schließlich über ein jüdisches Hochzeitsfest, zu dem sie als Bekannte eingeladen wurde. Das Judentum wird in der Erzählung als eine Religion beschrieben, der sie als Außenstehende zuschaut, der sie aber mit warmem Herzen wohlwollend gegenübersteht:

> **Frau Café:** „Da war ich einmal zu einer jüdischen Hochzeit eingeladen. Aber sowas Lebensfrohes. Das gibt's nur bei den Juden."
> **RZ:** „Ja?"
> **Frau Café:** „Ja! So eine aufschäumende Lebensfreude bei einer Hochzeit, das müssen Sie mal erleben. Unvergesslich. Unvergesslich. Unvergesslich."
> **RZ:** „Und wer war das? War das noch Verwandtschaft?"
> Frau Café: „Kunden von uns. Kunden. Und da, ich war dann alleine, die kannten sich alle, und da war so ein kleines Mädchen, die hat mich so goldig unterhalten, ja? Die hat da getanzt und gespielt da unten in dem Warteraum, wo wir da warten mussten in der Jüdischen Gemeinde. Und da musst ich auf einmal so furchtbar heulen, weil ich dachte: ‚Mein Gott, sowas hat ja der Hitler auch umgebracht, Kinder.' Und das hat mich da so übermannt, wo ich da, und dann diese Lebensfreude, diese Hochzeit zu erleben, also das waren unheimliche Gefühle."

6.3.8 Resümee und Konklusion

Wie eingangs beschrieben, zeigt sich auch bei Patrilinearen eine kulturell (jüdische) Diversität in der Herkunft, Sozialisation und Praxis. Die Familie des Vaters wird häufig als kulturell involvierter beschrieben als der Vater selbst. Die Väter werden aber zumeist auch mit verschiedenen jüdisch kulturellen Merkmalen in Verbindung gebracht, die nicht unbedingt denen der Großeltern entsprechen. Möglicherweise drückt sich hierin der Bruch zwischen einer eher religiösen und einer eher modernen Tradition aus.

Es wird wenig darüber berichtet, dass die Väter Patrilineare in eine (kulturell) jüdische Tradition eingebunden hätten. So berichtet Rebecca z.B., wie ihr Vater chassidisch tanzte, aber nicht, wie sie es gemeinsam taten. Agnes erzählt von den Gegenständen, die für sie inaktiv hinter der Glastür des Vaters ruhten. Es ist augenfällig, dass Patrilineare generell zunächst wenig eigene jüdisch kulturelle Involviertheit ausdrücken. Dennoch nehmen sie geregelt am kulturellen Leben des Vaters und dessen Familie in dieser Zeit teil, bzw. nehmen dieses – teilweise – in ihr Bewusstsein auf. Später können sich Patrilineare darüber hinaus aktiv um den Erhalt oder das Aneignen einer jüdisch kulturellen Identität bemühen. Sie sozialisieren, reflektieren und integrieren sich. Aus der familiären Kultur und/oder den eigenen Aneignungen entwickeln alle Interviewpartner/innen kulturelle Bezugspunkte. Oft sind die Bezugspunkte eng verbunden mit dem, was der Vater als Jüdisches in die Familie einbrachte und zeigte.

6.3.9 Hypothesen und Fragen

(1) Es wäre zu untersuchen, ob sich tatsächlich ein Unterschied zwischen der Erziehung, der Lebenswirklichkeit der Väter, deren späterer kultureller Praxis, der Erziehung und den innerfamiliär jüdischen Vorbildern sowie der späteren Praxis und den Eigensozialisationsschwerpunkten Patrilinearer erkennen lässt. Es zeigt sich hier, dass die Väter sich – entwicklungspsychologisch und durch die gesellschaftlich zunehmende Säkularisierung (evtl. durch Modernisierung) unterstützt – gegen Praktiken der jüdischen, zumeist in höherem Maße Jüdisches praktizierenden Großeltern abgrenzten. Patrilineare hingegen greifen just die Praktiken ihrer Väter auf. Die zu untersuchende Frage ist hier m.E., ob die spezifischen Umstände Patrilinearer, keinen jüdischen Status zu haben, in den Gemeinden weitestgehend nicht akzeptiert zu sein usw., (a) dazu führen, einen Generationenkonflikt auf kultureller Ebene auszusparen und (b) dennoch diese kulturelle Aufarbeitung nicht ausreichen muss, um ein jüdisches Selbstbild im Inneren zu erlangen.

(2) Es bleibt allgemein festzuhalten, dass jüdische Kultur weit mehr ist, als es über abfragbare Fertigkeiten oder Wissen abbildbar wäre. Niemand ist (alleinig) aufgrund jüdisch kultureller Fertigkeiten ein Jude und es gibt auch keine kulturellen Fertigkeiten, die dem Individuum das Jüdischsein aufzwingen könnten, wenn dieses kein jüdisches Selbstverständnis hat. Das heißt z.B.: Nur weil ich Jiddisch spreche, bin ich kein Jude. Ebenso wenig, wie ich gebürtig den jüdischen Status haben kann und Jiddisch spreche, gefillten Fisch esse, aber jegliches Selbstverständnis fehlen kann.

M.E. zeigt sich durch die kulturelle Identität der Väter, Großeltern und Patrilinearer, dass es kein einheitlich legitimierendes jüdisch Kulturelles gibt. Die Möglichkeiten sind zu verschieden und deren Ausübung ist nicht zwingende Bedingung für die Zugehörigkeit. Es gibt also nur ein jüdisches Selbstverständnis, das sich in kulturell jüdischen Gesten zeigen kann. Manche Patrilineare haben dieses Selbstverständnis, manche nicht.

(3) Dass dieses Selbstverständnis wiederum nicht vorhanden sein kann, liegt möglicherweise darin begründet, dass der Vater das patrilineare Kind nicht zum *Tradenten* macht. D.h. der Vater vermittelt dem/der Patrilinearen nicht, dass er ihm/ihr eine Traditionsaufgabe überträgt.

Dittmann (2004) beschreibt, dass es die Annahme einer „eigentümlichen Verbindung von Kern, Peripherie, Inhalt und Form" gäbe, in deren Zusammenspiel sich Tradierung ausdrücke.[80] Binden die Väter und ein jüdisches Umfeld Patrilineare nicht ein, können diese sich wenig als Tradenten wahrnehmen. Ausnahmen stellen hier etwa Frau Elsa, die ohne jüdischen Vater aufwuchs und ein quasi eigenes jüdisches Selbstverständnis ausbilden konnte, oder Olga Mannheimer, die mit einem ausgeprägten jüdischen Selbstverständnis aufwuchs und dieses so auch weitergeben kann.[81]

Eine kulturell jüdische Identität zu haben, bedeutet (auch), und dies sei als letzte Hypothese aufgeführt, in einer Traditionskette verankert zu sein, die dem direkten jüdischen Großvater und Vater entspringt, aber (in der Regel) von Patrilinearen nur sehr reduziert an eigene Kinder weitergegeben werden kann.

6.4 Lebenslaufschematische Wendepunkte

In autobiographischen Erzählungen ist es typisch, dass zeitlich fixierbare und *lebenslaufschematisch* relevante Wende- und Übergangspunkte abgearbeitet werden (Lucius-Hoene 2004: S. 121). Aus den Interviews sind solche Wende- und Übergangspunkte für die identitätsrelevante Auseinandersetzung Patrilinearer mit dem Judentum und Jüdischsein abzuleiten. Einige Wenige beziffern dabei konkrete relevante Lebensalter, also etwa „mit drei Jahren" im Gegensatz zu „als ich mit der Schule fertig war", mit denen sie einen jüdisch relevanten Wende- oder Ausgangspunkt verbinden. Obschon eine große Verschiedenheit der individuellen Lebensläufe bei einer gleichzeitig überschaubaren Untersuchtengruppe keinen allzu großen Einblick möglich macht, werden im Folgenden jene konkreten verfügbaren Daten kurz dargestellt.

80 Er selbst schließt die Möglichkeit der Verbindung von Kern, Peripherie, Inhalt und Form u.a. deshalb aus, weil er die mündliche Überlieferung als nicht haltbar in ihrer inhaltlichen Konsistenz versteht.

81 Gerade diese wären komplementäre Beispiele dafür, dass eine Lücke in der Tradierung ausschlaggebend für ein fehlendes Selbstbild sein kann, eine fehlende Tradierung hingegen sogar ein jüdisches Selbstbild eher ermöglicht, da Patrilineare hier die Freiheit besitzen, die Ansprüche an das eigene Jüdische selbst zu füllen, als im Gegensatz dazu einem schwer erreichbaren Vorbild nachzueifern.

6.4.1 „Kriegsgeneration"

Die Kriegsgeneration beschreibt hierin, wie meist, eine besondere Ausnahme. Als alles verändernder, das bisherige Leben geradezu sprengender Wendepunkt wird der Nationalsozialismus angeführt. Dabei werden häufig Daten genannt, die über den Nationalsozialismus zu individuell bedeutsamen Daten werden: Alter beim Erfahren, jüdischer Herkunft zu sein, Transportbefehl, Ausreise, Inhaftierung oder Tod von Familienmitgliedern usw. Frau Café:

> „Dann kamen ja die Nazis 33, und die Kinder, die BDM waren und in der HJ, die mussten samstags nicht zur Schule gehen. Und wir, meine Schwester und ich, wir durften da nicht rein. Meine Eltern wollten das nicht und mein Bruder durfte nicht zur HJ und da haben wir gesagt: ‚Wir wollen auch samstags nicht in die Schule gehen, wir wollen auch da gerne Mitglied werden, da haben wir samstags schulfrei.' Und dann haben wir erklärt bekommen: ‚Das geht nicht, ihr habt einen jüdischen Großvater, einen jüdischen Vater, der konvertiert ist zum evangelischen Glauben.' Und da wurde ich das erste Mal damit bekannt, ich glaube, da war ich zwölf Jahre alt. Und da war ich ganz erstaunt."

Oder Herr Falkus:

> „Dann hat mein Vater nach und nach das gesamte Juwelenvermögen, was er hatte, verkauft, um die Gestapo zu bestechen und von der Transportliste runterzukommen. Das klappte bis zum Dezember/Januar 1944/45, und da hat er den letzten Brillanten verkauft, weit unter Preis, um von der Transportliste gestrichen zu werden, die nach Erzählungen meiner Mutter bis am 28.02., glaube ich, hätte erfolgen müssen."

Weiterhin werden Erlebnisse und relevante Wendepunkte auch an gesellschaftsweiten Orientierungspunkten (Reichspogromnacht, Ankunft der Amerikaner usw.), die aber dennoch im individuellen Erfahrungsmoment beschrieben werden, festgemacht. Frau Café:

> „[...] wie die sogenannte Kristallnacht – warum das ‚Kristallnacht' heißt, weiß ich nicht, denn es ist am Tage passiert. Am 09. November 39 glaube ich, war es. [...] Ich wollte zu meinem Vater und Großvater, mein Vater wohnte ja dann bei meinem Großvater [...]. Mit Stöcken die Scheiben eingeschlagen haben. Die Leute rausgejagt, die Sachen rausgeschmissen auf die Straße. Es hat keiner gejubelt. Die Leute haben sich glaube ich alle geschämt, dass sowas passiert, und keiner konnte sich wehren. Verstehen Sie? Keiner. Ich gehe ein Stück weiter, brennt die Synagoge. Die Leute haben sich so geschämt. [...] Ich hab geheult. Also ich geh zu meinem Großvater und gucken,

> wie's da [ist], und er macht die Tür auf und ich sag: ‚Wo ist mein Vater? Dein Vater? Den haben sie abgeholt.'"[82]

Über den Nationalsozialismus hinaus wurden in dieser Generation jedoch keine relevanten lebensgeschichtlichen Wendepunkte bezüglich eines eigenen Jüdischseins oder Verhältnisses zum Judentum angeführt. Sowohl die lebenslaufschematischen Orientierungspunkte vor als auch nach dem Nationalsozialismus orientieren sich an allgemeinen biographisch relevanten Wendepunkten wie z.B. der Ausbildung oder Familiengründung.[83]

6.4.2 Frühe Kindheit

In der Generation nach dem Nationalsozialismus (geboren zwischen 1953 und 1960) ist bereits ein mögliches Schema zu erkennen. Zunächst ist auffällig, dass zwei der vier Interviewpartner/innen dieser Generation erst spät erfuhren, dass sie einen jüdischen Vater haben (als junger Teenager und als Erwachsener).

Die zwei anderen Interviewpartner/innen dieser Generation beschreiben, als drei- bzw. vier-/fünfjähriges Kind eine erste eigene Erkenntnis und Handlung aus dieser Erkenntnis gewonnen zu haben. Frau BL berichtet von ihren Fragen als Dreijährige. Rebecca hingegen beschreibt, mit vier/fünf gewusst zu haben, dass die Familie des Vaters umgekommen und dieser mit 16/17 Jahren nach Israel emigriert war. Es zeichnen sich hier erste Erfahrungen eines jüdischen Bewusstseins ab. Die frühen Erfahrungen fallen entwicklungspsychologisch in eine Phase, in der Sicherheit und Geborgenheit durch die engen Bezugspersonen zentral sind (vgl. Eriksons (1994) 2. Stadium „Autonomie"). Der Hintergrund des Vaters aber wird als einer wahrgenommen, der Fragen aufwirft oder durch den sich selbst in den Augen eines Kindes eine sehr schwere und besondere Erfahrung zeigt. Dieser Hintergrund ist daher bereits in dieser Entwicklungsphase ein besonderer, der das Verhältnis von Vater und Kind ebenso wie die identitäre Entwicklung beeinflussen kann.

6.4.3 Adoleszenz

Die nächsten relevanten lebensgeschichtlichen Momente liegen für Rebecca und Frau Elsa in der späten Kindheit und beginnenden Adoleszenz (12 bis 15 Jahre). Rebecca fixiert eine Situation ungefähr in ihrem zwölften Lebensjahr, in der sie Antisemitismus erfährt (siehe Kapitel 5.2.3). Im Nachgang, mit etwa 14/15, beschreibt sie, ein „jüdisches" Äußeres an sich

82 Die heute weithin als „Novemberpogrom" bezeichnete „Kristallnacht" war 1938.

83 Dass es nach dem Nationalsozialismus Erfahrungen, Gedanken oder Handlungen aufgrund des eigenen jüdischen Hintergrunds gab, ist selbstverständlich die Regel. Diese waren lediglich im Zusammenhang mit konkret bezifferten lebenslaufschematischen Wendepunkten nicht aufgeführt.

festzustellen. Frau BL wiederum beschreibt für dieses Alter (etwa 13 bis 14 Jahre) erneut eine Auseinandersetzung mit ihrem Vater. Während der Pubertät lassen sich hier sowohl über Eltern-Kind-Interaktionen als auch einen außerfamiliären Entwicklungskontext, und die Integration physiologischer als herkunftsspezifischer Eigenschaften als für die Ich-Entwicklung relevante Orientierungspunkte für die Bearbeitung einer jüdischen Identität identifizieren (vgl. z.B. Eriksons Entwicklungsstufen). Augenfällig ist hierbei, dass Frau BL die identitätsrelevanten festdatierten Einflüsse an den Diskussionen mit ihrem Vater festmacht. Rebecca hingegen beschreibt auch außerfamiliäre Kommunikation mit Gruppen/Individuen und einen Abgleich ihrer Erwartungen an eine jüdische Identität mit sich selbst. King und Koller (2006: S. 9) beschreiben anhand von Bildungsprozessen die besondere Herausforderung an Adoleszente mit Migrationshintergrund. Zum einen reproduzierte sich in der modernen Gesellschaft – auch während der eigentlich chancengleichen Bildungszeit – eine soziale Ungleichheit, zum anderen würde gerade in der Adoleszenz die Arbeit an und die Loslösung von bisherigen Lebensentwürfen und Banden zu bewältigen sein. Die Reibung an Gesellschaft versus Familie zeigt sich bei Frau BL und Rebecca deutlich. Zentral ist aber, dass das, was King und Koller (ebd.: S. 13) spezifisch für Adoleszente mit Migrationshintergrund problematisieren, auch für Patrilineare thematisiert werden muss. Auf die Adoleszierenden wirken gesellschaftliche Bedingungen als Strukturen sozialer Ungleichheit. So spielt beispielsweise die Verarbeitung von Diskriminierungserfahrungen mit Gleichaltrigen eine Rolle innerhalb der Entwicklung. Wie oben beschrieben, gibt es im Leben Patrilinearer hier differierende Momente, die das Verhältnis zur deutschen Mehrheitsgesellschaft beeinflussen. Die Erfahrungen der Differenz in den Familiengeschichten –und diese ist in allen Familien Patrilinearer präsent und beruht auf der deutsch-jüdischen Geschichte – wird über Generationen weitergegeben und beeinflusst in Historie (Ressource also) und somit auch Zukunftsstrukturen die Identitätsbildung Patrilinearer. In dieser Untersuchung zeigt sich die Adoleszenz als eine Phase, die für Patrilineare nicht über die Maße einen zentralen identitätsstiftenden Moment darstellt.[84] Die Chance aber – und das sollte in Folgestudien betrachtet werden – für eine in die Mehrheitsgesellschaft integrierende Persönlichkeitsentwicklung wäre in der Adoleszenz am größten.

84 Dass es während der Adoleszenz eine starke Zuwendung zur Religion geben kann, stellt Inowlocki (2006) heraus. Warum dies bei Patrilinearen nicht so ist bzw. ob es lediglich bei den Interviewpartner/innen dieser Studie nicht relevant wurde, müsste in einer weiteren Untersuchung bearbeitet werden. Deutlich wird, dass Patrilineare häufiger beschreiben in ihrer Kindheit, den Wunsch nach einer Zugehörigkeit zur Gruppe der Juden gehabt zu haben und dafür „rights, duties and loyalities“ (Inowlocki 2006: S. 480) angenommen hätten. Der Wunsch ist vielfach aus ihrer differierenden Herkunft erwachsen, jedoch nicht spezifisch in der Adoleszenz.

6.4.4 Der Wunsch, abzuschließen

In den Lebensläufen dieser Generation variieren nun die Lebenswege und die darin aufgeführten möglichen, relevanten, lebensgeschichtlichen Bearbeitungsmomente für die eigene jüdische Identität. In diesen Jahren liegt der Fokus auf Ausbildung, Familiengründung und Problematiken bzw. Um-/Orientierungen in Zusammenhängen mit außerjüdischem Fokus. Andere Momente, die jüdisch bedeutsam oder identitätsstiftend waren, werden i.d.R. nicht an konkret bezifferten biographischen Eckdaten geäußert. Avshalom z.B. lebte einige Zeit in einer Jeschiwa in Jerusalem und Rebecca bewarb sich als Lehrerin in einer jüdischen Schule. Frau Elsa beschreibt, dass das Jüdische immer wieder relevant wurde, Rebecca sagt, dass es zeitweise verdeckt blieb. Beide erwähnen einen weiteren biographisch relevanten Bezugspunkt: Den, zu dem man sich die Frage stellte, ob man es nun „stehenlassen" (Rebecca) könne oder es jetzt doch mal „genug" sei (Frau Elsa) mit der Auseinandersetzung um das eigene Jüdischsein. Frau Elsa beschreibt sich zu diesem Zeitpunkt als Mitte 20, Rebecca hingegen datiert diesen Punkt in ihre 50er Jahre. Der Wunsch des Abschließens bleibt und wiederholt sich rückblickend. Zumindest bei Frau Elsa und Rebecca.

6.4.5 Dritte Generation

Auch in der letzten untersuchten Generation, der der 1973 bis 1984 Geborenen, zeigen sich Unterschiede, die eine interviewübergreifende Darstellung, durch die ein Schema erkennbar wäre, erschweren. Auffallend ist, dass bei Max ebenso wie bei Avshalom keine bezifferten Daten, welche Bezugspunkte für eine lebenslaufrelevante Auseinandersetzung mit dem jüdischen Hintergrund setzen, genannt wurden. Ob dies Ausdruck einer Genderspezifik ist, wäre zu eruieren. Implizit werden hier, wie bei Frau BL z.B. auch, über generelle biographische Bezugspunkte wie der Ausbildung, längeren Aufenthalten in Israel usw. die Verbindungen zum Judentum und zum Jüdischsein genannt und eingeordnet.

Hannah stellt ebenfalls eine besondere Ausnahme dar. Erfuhren Frau Elsa und Avshalom erst „spät" von ihrem jüdischen Hintergrund, ging Hannah, bis sie Anfang 20 war, davon aus, dass sie jüdisch ist. Für sie relevante Daten orientieren sich somit vor einem zu den anderen Interviewpartner/innen völlig verschiedenen Selbstbild.

Judith zeigt in dieser Generation jedoch eine deutliche Ähnlichkeit zu den in der vorherigen Generation beschriebenen lebensgeschichtlich relevanten Daten und Lebensaltern. Sie beschreibt, mit etwa vier oder fünf Jahren, motiviert durch ihre Schwester, in einer Gemeinde Unterricht genommen zu haben. Die zwei Jahre ältere Schwester Agnes gab den Anstoß für diesen außerfamiliären Entwicklungskontext. Judith gibt an, sich in der Pubertät für ihre Familiengeschichte zu interessieren und dieses in schulischen Anforderungen (einem Austausch nach Polen mit 16 Jahren) erneut im Außen manifestiert gesehen zu haben.

6.4.6 Resümee und Konklusion

Sowohl in der zweiten als auch in der dritten Generation gibt es Bespiele für markante Wendepunkte von der Pubertät bis zum jungen Erwachsenenalter. Aufgrund der lediglich geringen Zahl von Interviews sind aber keine Überschneidungen abbildbar, über die tiefer fundierte Annahmen formuliert werden könnten. Dafür müssten entweder die bestehenden Interviews biographieanalytisch, etwa mit Schütze oder Deppermann, analysiert oder eine größere Stichprobe erhoben werden.

Festzuhalten ist: In „Normalbiographien" Patrilinearer könnte ein Erkennen bzw. Bewusstsein im frühen Kindesalter verankert sein. Mit der späten Kindheit und beginnenden Adoleszenz werden weitere Daten verknüpft, die für die jüdische Identitätsentwicklung möglicherweise wichtig sind. Die Kommunikation mit Gruppen, der Familie und die Eigenpositionierung sind hierfür kennzeichnend. Für das Erwachsenenalter lassen sich durch die vorliegende Studie keine Daten abbilden. Möglicherweise gibt es im Leben Patrilinearer aber den wiederkehrenden Wunsch, die innere und möglicherweise äußere Auseinandersetzung um die eigene Verortung abzuschließen.

7. Ausblick

Dieses Kapitel ist in drei abschließende Abschnitte eingeteilt. Zum ersten in Überlegungen zu Begrifflichkeiten, die in den Sprachgebrauch Patrilinearer, Juden und Nichtjuden eingehen sollten. Zum zweiten in konkrete Handlungsmöglichkeiten für Institutionen und Patrilineare, um die jüdische Identität Patrilinearer zu festigen, und zum dritten in eine „Bedingungsmatrix", die die in dieser Arbeit ausgearbeiteten Hintergründe, Beobachtungen und Schlussfolgerungen in Beziehung zueinander setzt und ein Gesamtbild des Phänomens, väterlich jüdischer Herkunft zu sein, darstellt.

7.1 Begrifflichkeiten – eine Sprache für Vaterjuden

Ein Anliegen dieser Arbeit war es, eine „Sprache" für „Kinder jüdischer Väter und nichtjüdischer Mütter" zu entwickeln. Ein Vokabular, das ihnen Worte für bisher nur Umschriebenes an die Hand geben soll. Ein solches Vokabular sollte nicht nur Patrilinearen ein Werkzeug zur besseren Artikulation an die Hand geben, sondern auch der oftmals als individuell empfundenen Herkunftszusammenstellung die Vorstellung einer größeren Gruppe gleicher Herkunft ermöglichen. Es zeigt sich aber, dass nur wenige

Umschreibungen auf den Punkt gebracht werden können und offenbar lediglich wenige Worte fehlen.

Zunächst wird auf die Bezeichnungen für „Kinder jüdischer Väter und nichtjüdischer Mütter“ eingegangen, danach wird der Begriff „Jüdischsein“ erläutert und schließlich Alternativen zur „Konversion“ vorgestellt.

7.1.1 Von „Halbjuden“ und „Patrilinearen“

In Deutschland gab es bereits Begriffe für „Kinder jüdischer Väter und nichtjüdischer Mütter“. „Kinder jüdischer Väter und nichtjüdischer Mütter“ wurden während des Nationalsozialismus über die Nürnberger Gesetze als „Halbjuden“, „jüdische Mischlinge“ und ggf. „Geltungsjuden“ namentlich klassifiziert (Schmitz-Berning: S. 293). Die Interviewpartner/innen der Kriegsgeneration – und auch einige der nachfolgenden Generationen – verwenden diese Begriffe teilweise sogar heute noch in ihrer Selbstbezeichnung. Herr Falkus:

> „So, das war also die Fliegerei gewesen, die an und für sich mit Juden und mit [mir,] dem ‚jüdischen Mischling‘ nichts zu tun hat.“

Fraglich ist, ob die Begriffe aus Mangel an Alternativen, als ironisches Zitat oder als Identifikation mit ihnen verwendet wurden. Für die Kriegsgeneration stammen sie aus einer Lebenswirklichkeit. Sie wurden zu „Halbjuden“ gemacht und als solche unter anderem zu Kindern, die einen lebensentscheidend anderen Status als beide Elternteile – also sowohl einen anderen als die nichtjüdische Mutter als auch einen anderen als der jüdische Vater – innehatten.[85] Der Begriff „Halbjude“ steht somit immer für eine (mindestens) doppelte Ausgrenzung: Das Anderssein zur (a) nichtjüdischen Mehrheitsgesellschaft sowie (b) zu allen Verwandtschaftsbeziehungen – den jüdischen und den nichtjüdischen, außer zu eigenen Geschwistern mit gleichem Status. „Halbjude“ zu sein machte Patrilineare zu Einzelnen oder forderte Solidarisierung bzw. Positionierung. Für die Interviewpartner/innen der Kriegsgeneration hatte die Einordnung als „Halbjude“ während des Nationalsozialismus in jedem Fall eine Konsequenz, die das Leben prägte. Verwenden Patrilineare diese nationalsozialistisch geprägten und somit unwiderruflich vorbelasteten Begriffe wie „Halbjude“ oder „jüdischer Mischling“ heute, werden sie durchweg mittels einer hervorhebenden sprachlichen Betonung quasi in Anführungszeichen gesetzt. Es sind Begriffe, die sie nicht unbedacht aussprechen, obwohl sie, geht es um die spezifische Herkunftskonstellation, im Vokabular bleiben. Denn auch heute sind diese Begriffe der Bevölkerung oft bekannt, scheinen selbsterklärend verstehbar und umfassen dabei deutlich Individuen und auch eine Personengruppe. Viele Menschen, die sie heute noch verwenden, setzen sich offensichtlich

85 Die Interviewpartner/innen der Kriegsgeneration waren während des Nationalsozialismus Kinder bzw. junge Erwachsene.

nicht speziell mit dem Nationalsozialismus und den Spätfolgen der Shoah auseinander. Sie verwenden die Begriffe gegenüber Patrilinearen vermutlich arglos. Frank:

> „Was soll ich denn jetzt sagen, wenn jemand mich anspricht: ‚Sie sind doch Jude?' Oder dergleichen oder ‚Halbjude'."

Patrilineare der Nachkriegsgenerationen, die sich eher jüdisch fühlen, akzeptieren dabei häufig eine Bezeichnung als „Halbjude". Sie kennen das Dilemma um die Bezeichnung ihres Status. Rebecca:

> „Man ist nicht Jude, man ist nicht ‚Halbjude', man ist nichts und hat kein Wort dafür."

Manche empfinden es auch als positive Zuschreibung, gewissermaßen doch irgendwie jüdisch zu sein. In jedem Fall aber scheinen Patrilineare häufig von einer Richtigstellung bzw. Belehrung zur historischen Bedeutung des Begriffs abzusehen und schlicht auf den Inhalt dessen, was das Gegenüber ansprechen möchte, zu reagieren – zumindest, wenn das Gegenüber emotional als positiv oder neutral empfunden wird.

Jenen, die sich mit der Shoah und deren Folgen befassen, ist dies nicht möglich. Die Begriffe „Halbjuden" und „jüdische Mischlinge" werden nicht außerhalb des historischen Kontextes verwendet. Sie stehen in der Öffentlichkeit für die wertfrei gemeinte Bezeichnung ein „jüdischer Mischmasch" (Frau Elsa) zu sein, aufgrund des Nationalsozialismus schlicht nicht zur Verfügung.[86] In den Interviews finden sich wenig andere Begriffe als Selbst- und auch als Fremdbezeichnungen. Frau BL thematisiert etwa die Differenzierung von „Täter-" und „Opferkindern".[87]

In der Literatur gibt es mittlerweile einige deutsch- und englischsprachige, „politisch" korrektere, den Sachverhalt mehr oder minder fassende, aber auch recht konstruierte Bezeichnungen, Spezifizierungen und Umschreibungen. Bei der Recherche zu meiner Dissertation begegnete ich den Begriffen: „teiljüdischer Herkunft", „jüdischer Abstammung", „nicht-halachische Juden", „Vaterjuden", „Patrilineare", „Wahljuden" (Broder 2007), „freiwillige Juden" (Pinto o. J.) und „lost jews" (Klein 1996). „Ethnic jews" ist ein gängiger Begriff in Amerika (sowohl für nicht religiöse als auch für halachisch nichtjüdische, aber nicht matrilinearer Herkunft jüdische Personen), und sogar dem Begriff der „hybriden Identität" (siehe Kapitel 5.1.7.1). Diese die Herkunftskonstellation erklärenden Beschreibungen sind jedoch

86 Der „jüdische Mischmasch" von Frau Elsa wurde in dieser Arbeit nahezu durchgängig zitiert, wenn es um eine liebevolle, persönliche und das Dilemma beschreibende Eigenbezeichnung Patrilinearer geht.

87 Problematisiert werden könnte hier, dass Patrilineare möglicherweise gleichzeitig Kinder von Tätern und Opfern des Nationalsozialismus sind, also auch nicht nur *einen* der Begriffe für sich verwenden können bzw. könnten.

durchweg aus der Sicht über Patrilineare und nicht in den Selbstbezeichnungen zu finden.

Erstaunlicherweise ist bei dem Begriff „Vaterjuden" genau bekannt, wer ihn wann kreierte. Die in den Niederlanden bekannte Feministin Catharina Dessaur – bekannt auch unter dem Pseudonym Andreas Burnier – verwendete ihn am 26. Mai 1995 auf einem Kongress über Juden der Nachkriegsgeneration zum ersten Mal. In der Lesung „Jodendom voor nieuwe Joden" sprach sie an, dass diese „Vaderjoden" noch ab und an auf Probleme stoßen, möchten sie als Juden anerkannt werden (Sanders 2005). Der Begriff verbreitete sich in Holland, wo Diskussionen über die Thematik nicht alleinig Betroffenen oder der jüdischen Gemeinschaft vorbehalten sind, schnell. Ewoud Sanders (2005) prophezeite 2005 in der niederländischen Tageszeitung *NRC*, dass dieses „nützliche" Wort zeitnah Eingang in die Wörterbücher finden werde.

2006 hörte ich, nach gut 30 Jahren persönlicher Involviertheit, „Vaderjoden" im Zusammenhang mit den Recherchen für dieses Promotionsvorhaben zum ersten Mal. Auf dem „Vaderjoden"-Seminar in Amsterdam beschrieb Tamarah Benima (2006), dass der Begriff in Holland wie eine „Bombe" eingeschlagen sei. Einleuchtend sagte sie, dass die Umschreibung „Kind eines jüdischen Vaters und einer nichtjüdischen Mutter", nicht nur „een mond vol" (ein Mund voll) sei, sondern gerade auch etwas „neben" dem liege, was „Vaterjuden" sind. Wie auch bei dem Begriff „Halbjude" wird hier die Frage aufgeworfen, ob der Begriff den Sachverhalt in Selbst- oder Fremdbeschreibung trifft.[88]

Zunächst einmal aber stellte ich fest, dass der Begriff eine bisher noch nicht da gewesene, leicht verstehbare Verbalisierung darstellte, die auch im deutschen Sprachraum schnell aufgenommen und verbreitet wurde.

Auf der einen Seite zeigte sich, dass über bzw. mit den „Vaterjuden" geredet wird, sobald es ein griffiges Wort für sie gab. So führten Forenbeiträge, ein Artikel in der *Jüdischen Allgemeinen* oder Beiträge auf Tagungen immer zu Rezipienten, die den Begriff der „Vaterjuden" aufnahmen, selbst verwendeten und wahrscheinlich auch weiter verbreiteten. Auf der anderen Seite schafft die Auseinandersetzung mit diesem Thema auch die Notwendigkeit, dem *Kind einen Namen* zu geben. Der Begriff „Halbjuden" stand bzw. steht hierfür nicht zur Verfügung.

Da mir der Begriff „Vaterjude" frühzeitig in meinen Recherchen begegnete, konnte ich ihn einigen Interviewpartner/innen vorstellen. Dabei reagierten besonders die Interviewpartner/innen gut auf den Begriff, die sich jüdisch fühlen. Frau Elsa beispielsweise sprach die besondere Bedeutung von Namen im Judentum an und äußerte sich diesem Begriff gegenüber

88 Wenn eindeutig wäre, was „der Sachverhalt" genau ist, wäre ein Name möglicherweise leichter zu finden.

sehr zugetan. Andere Interviewpartner/innen empfanden es ebenfalls als wichtig oder „schön", einen Namen für ihren Status zu finden, der erklärt und „klingt" sowie ohne historische Vorbelastung daherkommt.

> **RZ:** „Und dann gibt es noch diesen Begriff, ich glaube, den hatte ich schon mal bei Dir vorgestellt. ‚Vaterjuden'. Was würdest Du dazu sagen, wenn man Menschen mit einem jüdischen Vater so nennen würde?"
>
> **Avshalom:** „Stimmt. [...] Ich denke, der Begriff ist gut, er zeigt das Problem. Er zeigt das Problem. Es sind, wir sind Vaterjuden. Das heißt, es ist ja nichts, was wir uns einbilden. Sondern es ist ja, was wir sind, Juden, weil wir einen jüdischen Vater haben."

Oder Rebecca:

> „Ja, ‚Vaterjuden', also ich find ihn treffend, weil, weil sie eben genau die jüdische Verbindung zwischen Kind und Vater, hm, jetzt fehlt mir ein Wort ..."
>
> **RZ:** „Benennt?"
>
> **Rebecca:** „Benennt, ja, genau. Also nicht definiert, aber eben, dass es auch, es geht ja nicht nur darum, dass der Vater Jude ist. Sondern es geht ja auch um die Beziehung des Kindes zu dem Vater. Zu diesem Vater. Und dass diese Beziehung eine besondere ist und dass sie einen Aspekt vielleicht mehr hat, als manch andere Vaterbeziehung. Von daher find ich den Begriff gut und es gibt sonst keinen Begriff."

Gleich, ob man sich selbst also als Jude oder als „gemischt jüdisch" wahrnimmt, der Begriff „Vaterjude" sagt Patrilinearen zunächst durchaus zu. Jene allerdings, die sich nichtjüdisch fühlen, fragten, warum sie nun plötzlich doch zu Juden gemacht würden:

> **RZ:** „Was hältst Du denn von dem Begriff ‚Vaterjuden'?"
>
> **Frank:** „Den Begriff habe ich noch nie gehört ... hm. Ich weiß nicht, was das bedeuten soll, ehrlich gesagt [lacht]. Ich bin kein Jude, also ist dieser Begriff meines Erachtens also nicht richtig. Impliziert sofort, dass man Jude ist."

Auch die Bezeichnung „nicht-halachische Juden" ist in diese Argumentation mit eingeschlossen. Man ist Jude – mit Einschränkung. Darüber hinaus ist in diesem Terminus die Halacha einer zu geringen In-Group bekannt und daher häufig erklärungsbedürftig. „Teiljüdischer Herkunft" und „jüdischer Abstammung" zu sein ist hingegen vielfach zu vage. Es könnten damit weit weniger nahe Verwandtschaftsverhältnisse bezeichnet werden, und somit drückt sich für jene, die sich „eher" jüdisch „fühlen" zu wenig Verbindung bzw. Zugehörigkeit aus. „Ethnische Juden" ist im amerikanischen Diskurs eine gängige Bezeichnung für Patrilineare. Auch dieser Begriff beinhaltet den Abstammungsgedanken. In meinen Augen ist die Bezeichnung „ethnisch jüdisch" möglicherweise jene, die Patrilineare in einer

Selbstbezeichnung am besten verwenden könnten. Obgleich ich allgemein davon absehe, dass Juden als Ethnie funktionieren (vgl. Kapitel 5.1.6 „Biologisch“ determinierte Ethnie?), kann in dieser Bezeichnung subsumiert werden, was Patrilinearen an ihrer Verbindung und Selbstdefinition relevant ist. So kann ein „ethnischer Jude“ sowohl die kulturelle als auch die „biologische“ Herkunft mit dieser Bezeichnung beschreiben, ebenso aber auch die Mixtur verschiedener Implikationen ausdrücken.

Ein spannender Begriff ist die französische Bezeichnung *nouveaux-israelites*. Dominique Schnapper (1980) fasst in dieser Bezeichnung die Strömung der neuen Juden, säkular, selbstbewusst und vor dem Hintergrund des Selbstbewusstseins eines existierenden jüdischen Staates. Patrilineare könnten unter diese Bezeichnung fallen.

Schlussendlich thematisiere ich den Begriff „patrilinear“. Dieser klingt auch durch die lateinische Sprache pathologisierend nach Wissenschaftssprache und bedarf stets einer Spezifizierung. Denn alle Menschen haben eine „patrilineare“ Herkunft. Meine Arbeit befasst sich speziell mit Menschen patrilinear *jüdischer* Herkunft.

Für die Selbst- und Fremdbeschreibung Patrilinearer gibt es also mittlerweile einige Begriffe. Aus wissenschaftlicher Perspektive fühle ich mich mit dem Begriff der „Patrilinearen“ nunmehr sicher und richtig. Aber auch die anderen Begriffe und Umschreibungen finden bei mir ihre Verwendung. Bei Themen um das jüdische Umfeld herum werden Menschen „teiljüdischer Herkunft“ zunehmend berücksichtigt und daher auch, wie oben aufgezeigt, benannt. Die Unterschiede zeigen sich in Nuancen und vertiefen die Möglichkeit der Auseinandersetzung mit dem Thema.

Es bleibt festzuhalten, dass eine Entwicklung angestoßen wurde. Die wissenschaftliche Auseinandersetzung mit sowie selbsterfahrende Zusammenkünfte von Patrilinearen nehmen seit den letzten Jahren etwas zu. Es bilden sich kleine Gruppen, die durch ihre Zusammenkünfte auch eine Identität für eine Gruppe Patrilinearer schaffen. Nun muss man diese neuen Formulierungen ausprobieren. Was wird verstanden? Womit kann man sich identifizieren? Wie kann man sich selbst präsentieren und beschreiben und wie findet eine Gruppe der Patrilinearen Eingang in ein gesellschaftliches Verständnis?

7.1.2 Konvertieren, legalisieren und Statusklärung

„Konvertieren“ ist ein Begriff, dessen Inhaltsschwere für Patrilineare, die sich jüdisch fühlen, verändert werden könnte. Frau Elsa beschreibt:

> „Ich hab dann irgendwann damals natürlich auch, wie einige andere in meinem Umfeld, zum Beispiel über diese Frage nachgedacht, das Ganze zu legalisieren und überzutreten, das hab ich damals rigoros von mir gewiesen mit so einer gewissen Arroganz, im Sinne von: ‚Wie

> soll ich etwas werden, was ich bin?' So, ja? Ich hab das später in der Tat bereut, was ich ein ehrlich gesagt schwieriges Eingeständnis finde, weil es eigentlich mit meinem aufgeklärten Bewusstsein nicht so wirklich vereinbar ist. Aber ich habe es tatsächlich bereut, weil es sich dann doch sehr viel später und im Zusammenhang mit den Kindern, die ich bekommen habe, irgendwie als ein Problem erwiesen hat. Also es hätte dann mir doch stärker entsprochen, ich hätte das irgendwann mal legalisiert."

Magonet (1995) beschreibt das „Judesein", das die Personen jüdischer Herkunft neu entdecken oder neu bekräftigen wollen, ebenfalls mit dem Verb *legalisieren*. Auch Barner (2008) berichtet über die Bitte israelischer Männer, den Status ihrer Frauen zu „legalisieren".

Gängiger noch ist im institutionellen jüdischen Umfeld mittlerweile der Begriff der „Statusklärung". Dieser wird von einem Interviewpartner, der sich auf diese „Statusklärung" gerade vorbereitet, verwendet. In manchen progressiven Gemeinden ist dies der Begriff, der für Vaterjuden den Schritt des Übertritts vertretbar(er) macht. Rabbiner Kučera unterstreicht allerdings, dass es sich hier nicht allein um einen Begriff handelt, sondern auch das Verständnis und der Akt unterschiedlich in ihrer Handhabung zu dem der Konversion sind. Das reformierte Judentum erkenne Patrilineare allgemein bereits als Juden an und sieht die „Statusklärung" als einen quasi bürokratischer Akt an.

Durch Frau Elsas Zitat wird deutlich, dass die Problematik der „Konversion" gerade in der Diskrepanz zwischen Selbstverständnis und Formalität zu suchen ist. Frau Elsa lebt ihr Jüdischsein. Sie ist beispielsweise kulturell und sozial jüdisch aktiv. Der „Gijur" verlangt nun, das von jedem gebürtigen Juden individuell zu füllende Judentum und Jüdischsein durch einen langwierigen Prozess mit einer Prüfung abzuschließen, durch die eine quasi standardisierte Definition des zu erfüllenden Jude- bzw. Jüdischseins abgefragt und akzeptiert werden soll.

Die Begrifflichkeiten und der Umgang schließlich mit „Vaterjuden" in der gemeinschaftlichen Praxis könnten eine emotionale Öffnung Patrilinearer ermöglichen. Denn die Annahme, die Frau Elsa äußert, ist heute offenbar lediglich in orthodoxen Gemeinden notwendig. Eine liberale Gemeinde, die Patrilineare, wie Rabbiner Kučera, so offen und akzeptierend empfangen hätte, gab es zu dem Zeitpunkt, als sie den Wunsch zur Legalisierung hatte, wahrscheinlich noch nicht. Heute aber werden vielmehr die einzelnen Biografien vermehrt in einem immer recht komplexen Prozess berücksichtigt. Zudem unterliegen dieser Prozess und die Anerkennung immer auch den gesellschaftlichen Bedingungen und deren Wandel.

„Konversion" verbalisiert den „Übertritt" (Lat. conversio, „Umkehr") und meint den Übertritt von der einen zu einer anderen Religion. Patrilineare aber, so zeigt sich an vielen Stellen dieser Dissertation, treten nicht *irgendwann* bei, sondern werden in Fremd- und Selbstbild bereits teilweise ihr Leben lang jüdisch assoziiert. Den Weg eines Nichtjuden zum Judentum zu gehen, entspricht oft nicht ihrem Selbstverständnis, somit ist der Begriff der „Konversion" unpassend.

„Legalisieren" bedeutet nun, etwas rechtsgültig zu machen. Es bezeichnet eine Formalie. Gleichzeitig geht der Legalisierung eine Unrechtmäßigkeit, evtl. eine Gesetzeswidrigkeit voraus. „Legalisierung" beschreibt demnach möglicherweise eine die Gruppe der Patrilinearen umfassende Möglichkeit, aus dem gesetzlichen Dunkel in einen halachisch und rechtmäßig anerkannten Status zu finden. Zum einen zeigt der Begriff die Anerkennung, dass Patrilineare bereits vor der Legalisierung jüdisch lebten (im Gegensatz zu Konvertiten, die zuvor etwas „anderes" lebten), zum anderen betrifft es nicht nur ein Individuum, sondern die Anerkennung eines Sachverhaltes, der gruppenübergreifend geltend gemacht werden könnte.

Der Begriff der „Statusklärung" hingegen kann verstärkt auch individuell wirken. Der Status eines/einer Patrilinearen muss geklärt werden. Auch beschreibt er dadurch, dass Gemeinden dieses Wort verwenden, einen für viele Individuen möglichen Weg. Der Status beschreibt die Stellung einer Person, z.B. rechtlich oder sozial. Eine Statusklärung kann für Patrilineare dem formell durchzuführenden Initiationsritus eine positive Bedeutung geben, denn die bereits vorhandene Stellung muss „nur" formalisiert werden: *Legalisierung* und *Statusklärung* beinhalten einen (auch bisherigen) jüdischen Lebensentwurf und die lediglich formelle Weltlichmachung dessen.

Patrilineare stellen, unter anderem durch die positiven Bewertungen der *Legalisierung* und *Statusklärung*, immer wieder dar, dass ein Ritual zum rechtlichen jüdischen Status möglicherweise akzeptiert werden könnte. Es besteht aber darüber hinaus der Wunsch an die Gemeinden und Rabbiner/innen, über ein Verfahren initiiert zu werden, dass ihre besondere und bereits bestehende jüdische Identität wertschätzend berücksichtigt. Im Gegensatz zur Orthodoxie können konservative oder liberale Gemeinden dem heute offener gegenüber stehen.

7.1.3 Das „Jüdische" und „Jüdischsein"

Durch die Interviews zeigte sich zum einen, dass „Jüdischsein" ein Konstrukt ist, zum anderen, dass dieses Konstrukt etwas für die Selbstbeschreibung Patrilinearer bewirken könnte. Ich führte diesen Begriff im Arbeitstitel der Dissertation und in der Einstiegsfrage des Interviews ein. Er sollte eine Alternative zur Frage nach der Verbindung zum Judentum darstellen. Denn das „Judentum" ist meines Erachtens ein Begriff, der stark die religiöse Verbindung beinhaltet. „Jüdischsein" hingegen kann auch sozial oder kulturell gefüllt sein. Da sich zeigte, dass „Jüdischsein" eine Formulierung ist, die selten aufgegriffen wird, bot ich sie nicht an.[89] Es ist eine schwierig einzubindende Formulierung. Als Konzept bekannt, könnte „Jüdischsein" eine semantische Differenzierung zu „Judentum" und „Judesein" ermöglichen. Durch diese würde sich die Verbundenheit Patrilinearer etwa zu der jüdischen Familiengeschichte, einem jüdischen Namen und z.B. einem ausgeprägten Falafelkonsum bei gleichzeitigem Aussparen z.B. einer (rein) religiösen Praxis oder Legalität beschreiben lassen.

7.2 Wünsche

In den Interviews formulieren Patrilineare Wünsche, deren Erfüllung das Spannungsfeld der Identitätskonstruktion ihrer spezifischen Herkunftskonstellation möglicherweise nicht beheben, aber glätten könnte. Grundlegend betreffen diese Wünsche die Bereiche ihres individuellen Könnens, der Integration und Akzeptanz eine jüdischen Umfelds und den Umgang von deutscher Seite.

7.2.1 Distanz verkleinern

Am wohl diffizilsten lässt sich der Wunsch im Zusammenhang mit der deutschen Mehrheitsgesellschaft als Empfehlung formulieren. An verschiedenen Stellen zeigt sich, dass man als Person jüdischer Herkunft eine Berücksichtigung im Umgang erfahren müsste, um nicht eine Distanz zum Gegenüber aufzubauen. Frau Elsa beschreibt dies in ihrem Verhältnis zur deutschen Linken und Sarah, indem sie ausführt, dass sie zu Äußerern einer bestimmten israel- und judenkritischen Haltung Distanz aufbauen muss. Durch das Beispiel der nichtjüdischen Deutschen, die jüdische Namen vergeben, wird deutlich, dass auch Zusammenhänge, die zunächst wenig jüdisch scheinen, zu einer empfundenen zwischenmenschlichen Politisierung, zumindest auf jüdischer Seite, führen können. Demgegenüber beschreiben Judith und Frau BL gar speziell bezüglich der Täter/Opferunterscheidung anhand der Vermittlung des Nationalsozialismus im Lernzusammenhang (Schule und Gedenkstättenbesuch) den Wunsch, auf die Unterschiede z.B. in der Trauer oder dem Betroffensein einzugehen. Geschieht dies nicht, so zeigt es sich bei Judith und Frau BL, führt es unweigerlich zu einem „distanzierenden Moment" gegenüber den nichtjüdischen Deutschen und somit auch zu der Identifizierung mit der jüdischen Herkunft.

Die Handlungsempfehlung, die sich hieraus ableiten lässt, ist eine, die sich an die deutsche Gesellschaft und ihre Individuen richtet. Konkret in

89 Zur gleichen Zeit arbeiteten Sonja Grabowsky, Dani Kranz und Meron Mendel empirisch mit Juden und/oder Menschen jüdischer Herkunft. Auf meine Rückfrage bestätigte sich, dass in allen drei Studien der Begriff des „Jüdischseins" von Interviewpartner/innen nicht verwendet wird.

der Vermittlung der deutsch-jüdischen Geschichte, abstrakt in einer stetigen Reflexion der Begegnungen und Ansichten, die sie über Jüdisches ins jüdische und nichtjüdische Außen tragen. Dabei könnte eine Verbesserung für Patrilineare möglicherweise bereits dadurch erfüllt werden, dass, von deutscher Seite ausgesprochen, wahrgenommen wird, dass – wie im Beispiel Judith und Frau BL – Personen jüdischer Herkunft anwesend sind bzw. sein können, oder dadurch, dass die eigene Haltung der nichtjüdischen Deutschen, wie im Beispiel von Frau Elsa, eine verhandelbare ist. Im Gegensatz zu einer gesamtgesellschaftlichen Verhaltens- und Einstellungsänderung ist die Anpassung von Unterrichtsmaterialien und die Vorbereitung von Pädagogen auf die Anwesenheit von Nachfahren der „Opfer" z.B. ein Ziel, das umsetzbar wäre.

7.2.2 Kursangebote und lernen

Auch in der Erwachsenenbildung zeigt sich deutlich der Bedarf Patrilinearer, einem spezifischer zugespitzten Angebot zu begegnen. Dieses Bedürfnis ist weniger politisch motiviert als eben Beschriebenes, zeigt sich aber ebenfalls durch Distanz und Positionierungsfragen (vgl. Kapitel 5.2.1 Religion: Konfessionslos bleiben, sich jüdisch fühlen). Zunächst besteht grundlegend das Bedürfnis, sich jüdisches Wissen anzueignen, um eine empfundene „Lücke" in der noch unvollständigen jüdischen Identität zu füllen (vgl. Kapitel 6.3.5 Eigeninitiative Sozialisation). Hier entwickeln Patrilineare stets Eigeninitiative. Sie finden sich dann aber oft in Kursen wieder, in denen sie gemeinsam mit nichtjüdischen Deutschen etwas Jüdisches lernen. Die wahrgenommene Differenzierung in den Intentionen und der Ausübung führt bei Patrilinearen häufig dazu, sich in diesen Kursen fremd zu fühlen und ggf. an diesen nicht mehr teilzunehmen.

Eine integrierende und unterstützende Maßnahme könnte hier in Kursangeboten liegen, die weitestgehend auf die Zielgruppe von Personen jüdischer Herkunft begrenzt wären. Ähnlich den Kursen, die Hannah in amerikanischen Gemeinden als etabliert beschreibt.

Explizit und häufig wurde das Interesse an Kursen genannt, die das Wissen über jüdische Zusammenhänge aus der eigenen Familien vertiefen oder ein „jüdisches Allgemeinwissen" aufbauen. Folgende Kurse würden den Wünschen entsprechen: Sprachkurse, vornehmlich Hebräisch, aber auch Jiddisch; Kurse über die Riten und das jüdische Jahr mit seinen Feiertagen, Kochkurse, Reisen nach Israel, Tänze und Musik sowie eine Diskussionskultur, politische Debatten und Literaturstudien. Böten Jüdische Gemeinden solche Kurse an, wäre es m.E. über eine initiative Einladung an Patrilineare ein Leichtes, diesen eine Tür zum aktiven jüdischen Leben und gegebenenfalls in eine Gemeinde zu eröffnen. Auch wenn dies nicht die Intention der Gemeinden ist bzw. wäre, würde es Patrilinearen zumindest einen sicheren Raum unter Gleichen bieten, in dem sie Teile ihrer identitären Fragen bearbeiten könnten.

7.2.3 Verbindende Praxis, gelebte Gemeinschaft

Wurde „etwas Jüdisches" gelernt, fehlt Patrilinearen oft ein Anwendungsgebiet.[90] Man nimmt beispielsweise nicht an jüdischen Festen teil oder hat kein jüdisches Umfeld. So behält „das Jüdische" Hobbystatus und bleibt kalte Theorie. Es wird der Wunsch geäußert, in jüdischen Zusammenhängen, z.B. in Gemeinden, trotz ihres Status und trotz eines zumeist säkularen Selbstverständnisses und einer zumeist säkularen Lebensweise aufgenommen zu sein. Dass dies zunehmend möglich wird, berichtet Rabbiner Kučera am Beispiel seiner Gemeinde. Er macht deutlich, dass Patrilineare in der Gemeinde willkommen sind, dass sie (Förder-)Mitglieder werden können – aber nicht müssen. Auch die Teilnahme am jüdischen Leben ist hier den individuellen Möglichkeiten angepasst, die auf gesellschaftliche Entwicklungen wie z.B. die stetig steigende Zahl von „Mischehen" genauso reagiert wie auf individuelle Prozesse. Ein solcher Umgang holt Patrilineare m.E. bei ihren Bedürfnissen und Möglichkeiten ab. Dieser Umgang ist den meisten Interviewpartner/innen zum Zeitpunkt des Interviews allerdings nicht bekannt gewesen, was sich heute, zehn Jahre später, bereits anders darstellen könnte.

Am zielführendsten wäre jedoch die Einbindung in eine jüdische Gemeinschaft, was die Integration in die Gemeinde als Institution aber nur teilweise leisten kann. Jüdisches Leben ist m.E. durch familiäre, freundschaftliche oder nachbarliche Gemeinschaft in jüdisch kulturellen Belangen für Patrilineare am natürlichsten erfahrbar und unaufgeregt in das eigene Leben integrierbar.

7.2.4 Eindeutigkeit, Zugehörigkeit und Doppelstatus

Alle Patrilinearen haben den Wunsch nach der Anerkennung ihres Status. Teilweise besteht der Wunsch nach Anerkennung ihres jüdischen Status von deutscher Seite, aber auch von jüdischer Seite. Darüber hinaus wird vielfach der Wunsch nach Anerkennung ihres Doppelstatus geäußert. Es ist der Wunsch nach Eindeutigkeit, Anerkennung und somit Bestätigung der Identität als existent.

Generell ist eine Eindeutigkeit nur teilweise möglich und zielführend. So zeigt sich die Realisierung des Wunsches nach Anerkennung von nichtjüdischen Deutschen als möglich. Seit der Nachkriegszeit ist Antisemitismus nicht mehr salonfähig und durchaus der Wille zu einem gleichberechtigten Miteinander vorhanden. Die Praxis ist dennoch, wie sich zeigt, schwierig.

90 Frau Elsa und Avshalom bieten hierzu eine Ausnahme.

Und doch sind Patrilineare oftmals in deutschen Gruppen selbstverständlich zugehörig. Sie nehmen nur eine jüdische Rolle innerhalb der Gruppe, etwa einer Klasse oder des Bekanntenkreises ein. Zur „Gruppe der Juden“ hingegen werden sie außerhalb der Kindheit nicht als selbstverständlich zugehörig wahrgenommen, können sich ihnen aber aus den dargelegten Gründen zugehörig *fühlen*. Für Patrilineare erwies sich dann der Wunsch nach Anerkennung ihres jüdischen Status als zentral. Durch diese Anerkennung würde die empfundene „Lücke“, etwas im Gegensatz zu halachischen Juden *nicht* zu haben, möglicherweise geschlossen. Der Status als „Jude“ könnte zu innerer Ruhe führen und gleichzeitig die Bemühung, ein jüdisches bzw. jüdischeres Leben zu führen, fördern. Ob eine Statusklärung eine Selbstverständlichkeit in der Zugehörigkeit mit sich brächte, ist hier nicht zu beantworten.

Wie vielfach dokumentiert, ist diese Anerkennung von orthodoxer Seite ausgeschlossen. So formulieren dann auch manche Patrilineare, dass sie den spezifischen Status gerne anerkannt sehen würden oder zumindest eine deutliche Erleichterung im Übertritt als Wunsch formulieren. Auch vertrauen Patrilineare nicht (mehr) auf die Anerkennung, möchten keine der beiden Seiten aufgeben oder haben den Eindruck, sich nach den vielen Jahren der Ablehnung nicht mehr zugehörig fühlen zu wollen.

Letztendlich bleibt aus den Wünschen nach Eindeutigkeit abzuleiten, dass die Eltern ihren Kindern eine Zugehörigkeit und deren Bedeutung vermitteln sollten. Durch Namen, durch die Praxis in der eigenen Familie oder durch deutlich nachvollziehbare Gründe, weshalb der Status nicht nur nicht vorhanden, sondern auch nicht erwünscht - oder doch erwünscht ist. Im späteren Leben Patrilinearer zeigt sich, dass nur das *Selbstverständnis* von Bedeutung für die innere Zugehörigkeit ist und der äußere Staus bei genauerer Betrachtung bei innerer Sicherheit zur zweitrangigen Formalie wird.

7.3 Analyse nach Regel-, Dialog- und Subjektebenen

Die Hintergründe und Untersuchungsergebnisse über Patrilineare werden im Folgenden abschließend in einen Gesamtzusammenhang gestellt, um die strukturellen Verhältnisse und Bedingungen als Ganzes zu erfassen. Hierbei dienen die Bedingungsmatrix der Grounded Theory (Strauss/Corbin 1996: S. 132) und die Ebenen kultureller Zugehörigkeit nach Mecheril (1994: S. 19) als Einordnungssysteme.

Den globalsten Einfluss auf die Frage der Zugehörigkeit, sowohl der objektiven als auch der subjektiven, hat die Halacha. Das Gesetz, sowohl in einer zeitlichen als auch in einer räumlichen Dimension, geht weit zurück und bildet die Grundlage jedweder Argumentation.[91] Auf einer nächsten

91 Deren Vertreter und Ausleger bilden eine weitere strukturelle Ebene, da diese von einer Gerichtsbarkeit in Israel über landeseigene Beth Din etwa bis hin zu Einzelpersonen im

Ebene liegt das nationale Recht: die spezifischen Ausführungen innerhalb von Nationalstaaten und deren jeweilige Bedingungen. So etwa das Recht des Nationalsozialismus bezüglich „Halbjuden“ oder das Recht des Staates Israel.

Die nächste Ebene beschreibt die regionalen Bestimmungen und damit die Entwicklung der jeweiligen Gemeindestruktur. In manchen Ländern der Welt bleiben Juden als Gemeinschaften unter sich am Rande der Gesellschaft, in anderen Ländern werden sie gesellschaftlich integriert, was in der Regel zu innerjüdischen Entwicklungen führt. In Amerika etwa wird das Liberale bereits traditionell mitgedacht, in Deutschland hingegen setzte sich nach und aufgrund des Nationalsozialismus zunächst die Einheitsgemeinde konservativer Ausrichtung und somit formal die eindeutige Ausgrenzung Patrilinearer als Nichtjuden durch. Dies wurde aufgrund der sehr reduzierten jüdischen Population zum Erhalt des Judentums in Deutschland als nötig erachtet, um die jüdische Gemeinschaft genesen und erstarken zu lassen. In den letzten Jahrzehnten entwickelten sich in Deutschland neben diesen Einheitsgemeinden liberale Gemeinden, die, wie der Zentralrat der Juden, auch einen gemeinsamen Dachverband, die Union progressiver Juden, hat.

Auf diesen Ebenen, die die Zugehörigkeit *zum* und Teilhabe *am* Judentum bestimmen, können Patrilineare als Individuen keinen bzw. kaum Einfluss nehmen oder mit diesen in Dialog treten. Die zeitlichen und strukturellen Ebenen können durch einzelne Personen nicht in dessen Bedeutung für die jüdische Gemeinschaft infrage gestellt werden. Für Gesetzesänderungen müssen Autoritäten, Gruppen oder Gesetzesvertreter staatlicher oder religiöser Art, als Mittler oder Mitstreiter einen erheblichen zeitlichen und personenübergreifenden Apparat zur Diskussion und – in seiner Konsequenz – zum Umdenken bewegen.

An die bisher beschriebenen, die Richtlinien bestimmenden Ebenen schließen sich nun Ebenen an, in denen sich den Individuen ein realer Handlungsspielraum eröffnet. Die einzelnen Gemeinden bilden dabei eine Schnittstelle als eine Ebene, auf der Rahmenbedingungen für den Umgang mit Patrilinearen zwar existieren, diese aber individuell verhandelbarer werden. Patrilineare berichten Verschiedenes vom Umgang der Gemeinden. Die regionalen Besonderheiten schließen dennoch an die Ebenen eigener Handlungsmöglichkeiten an. Es gibt Gemeinden, die Akzeptanz zeigen und somit eine Wahlmöglichkeit für Patrilineare bieten, und darüber hinaus gibt es auf dieser Ebene die Möglichkeit des persönlichen Dialogs mit dem jeweiligen „Regelführer“.

Auf der persönlichen Ebene bringt das Individuum Voraussetzungen

Sinne des Verständnisses eines jüdischen Volkes, in dem jeder Prophet ist, gehen.

und Anknüpfungspunkte mit. Über die Familiengeschichten, eine Praxis in der Kindheit oder Fremdzuschreibungen etwa ist der jüdische Hintergrund nachweisbar.[92] Grundlage für diese „Aushandlungsebenen" bilden, zieht man die kulturellen Zugehörigkeitsebenen von Mecheril (1994, S. 19) heran, die Ebene der Subjektivität, über die sich etwa Werte, Verhaltensweisen und Gedanken der gemeinsamen Kultur ausdrücken, und die Ebene der Kodifizierung, in der die Subjektivität intersubjektiv ins Äußere getragen wird, z.B. über traditionelle Handlungsweisen, etwa das Feiern des Schabbats. Diese individuelle Ebene ist häufig Hintergrund und auch Auslöser von Interaktion.

Gefestigt wird der Grundstock in der Regel, so zeigt sich in vorliegender Studie, mit dem Vater, der Mutter, dem Partner, also generell mit Interaktionspartner/innen, die einen zeitlich langen oder zumindest grundlegenden Einfluss auf die innere Aushandlung Patrilinearer haben. Mit jüdischen Autoritäten wie Rabbiner/innen kann darüber hinaus persönlich interagiert und die individuelle Verortung ausgehandelt werden.

Parallel zu dieser Interaktion finden aber die zahlreichen kurzen Begegnungen der Ablehnung und Anerkennung statt, mit Klassenkamerad/innen, Kursteilnehmer/innen usw., wie auch die Wahrnehmung des gesellschaftlichen Dialogs etwa über „die Judenfrage". Diese Interaktion referiert häufig auf die eingangs erwähnten strukturellen Regelungen. Eine Aushandlung innerhalb dieser Interaktionen ist aufgrund deren Kürze oder Unverbindlichkeit oft nicht möglich oder gewünscht.

Unter den heutigen Voraussetzungen gibt es m.E. keine Möglichkeit, diese drei Ebenen – die Regelebene, die Dialogebene und die Subjektebene – zu einem übereinstimmenden Zugehörigkeitsverständnis Patrilinearer zu verbinden Es lässt sich subsumieren, dass die Widersprüchlichkeit der strukturellen Ebene, die Mecheril (1994: S. 19) auch als Kodifizierung der Ordnung der Gruppe beschreibt, mit der individuellen Interaktionsebene und der „personalen Identität" bzw. dem meadschen „I" (vgl. Kapitel 5.1.1 Patchwork: Subjekt und Gruppe) zu identitären „Frusterlebnissen" führen muss. Dem/der Patrilinearen bleibt, sein/ihr (überzeugtes) Selbstverständnis als entscheidende Selbstbeschreibung zu festigen.

7.4 „Was ist jemand mit einem jüdischen Vater (schon)?"[93]

> „I would reply that I was half-Protestant and half-Jewish. In a way, this fact rather pleased me: It made me feel different and special. It also made me a perpetual doubter, from a very early age."[94]

92 Unterschiede bzgl. der Bedeutung, Bewertung oder Handhabe des Hintergrundes sind in den Generationen wie beschrieben signifikant abbildbar.

93 Vgl. Kapitel 2 Fragestellung.

94 Nanca, zitiert nach Goodman-Malamuth und Margolis (1992: S. 7).

Und das bleibt schließlich, was Patrilinearität ausmacht: die Möglichkeit, von verschiedenen Seiten zu sehen. Die Frage um die eindeutige Zugehörigkeit wird sich trotz der vielen guten Argumente für und wider ebenso wenig lösen, wie über gesellschaftliche Veränderungen, in welchen zum einen kulturelle Pluralität innerhalb von Personen heute nahezu gewöhnlich ist, zum anderen die Position für Patrilineare auch innerhalb der jüdischen Gemeinschaften aktuell überarbeitet wird. Patrilineare sind Teil der jüdischen Familie, aber vornehmlich sind sie heute darauf angewiesen, aus den widersprüchlichen Fremd- und Selbstzuschreibungen eine selbstbewusste und für sie integre Identität zu erarbeiten, in der sie sich verorten und in der sie zufrieden sind, „marginal man" (vgl. Kapitel 5.1.7.1 Hybriditätstheorie und Begriff) zu sein: randständig sowohl in der jüdischen als auch in der nichtjüdischen, aber auch zugehörig in der jüdischen wie in der nichtjüdischen Tradition – und dazwischen.

8. Anhang

8.1 Jüdische Namen bei nichtjüdischer und jüdischer Herkunft

Rebecca, Avshalom, Hannah: Die selbstgewählten Pseudonyme einiger Interviewpartner/innen legen sofort nahe, dass über Namen eine Verbindung zum Judentum ausgedrückt wird und/oder werden soll. Auch im wirklichen Leben tragen einige Patrilineare jüdische Vornamen. Gängigerweise auch jüdische Nachnamen, da Nachnamen in Deutschland bislang meist über den Vater weitergegeben wurden. Entweder als Familienname bei verheirateten Paaren oder, bei unverheirateten Paaren, falls diese es so wünschten.

Sowohl im christlichen als auch im jüdischen Glauben ist es Tradition, den Kindern über den weltlichen Namen hinaus einen „Taufnamen" (christlich) bzw. einen hebräischen Namen (jüdisch) zu geben. Dieser ist gewissermaßen ein ideeller Pate. Tritt auch die religiöse Tradition heute seltener auf, muss davon ausgegangen werden, dass einem Vornamen bei seiner Vergabe eine Bedeutung beigemessen werden kann – sei es, um an Personen zu erinnern, um die Identität eines Namens zu transportieren oder um seine Bedeutung zu wünschen.

Im Folgenden wird zunächst anhand einer Glosse beschrieben, welche Bedeutung Patrilineare bei der Namensgebung ihrer Kinder mitdenken können. Hierin spiegeln sich erneut die Fragen der eigenen Verortung und jene des Verhältnisses von Personen jüdischer Herkunft zu Deutschland und den (potentiellen) Nachfahren der Täter und Mitläufer des Nationalsozialismus wider. Im zweiten Teil wird die Historie der jüdischen Namensgebung zusammengefasst, wie sie m.E. wissenschaftlich länger nicht betrachtet wurde. Im dritten Teil dieses Kapitels werden die Namen und

Pseudonyme der Interviewpartner/innen kurz analysiert, da dies aufgrund der Anonymisierung nicht ausführlich möglich ist.

8.1.1 Glosse: Levis hebräische Wurzeln[95]

Mit zwei kleinen Kindern bin ich derzeit häufig auf Münchner Spielplätzen unterwegs. Meine zweieinhalbjährige Tochter rufe ich Rahel. Mit meiner jüdischen Namenswahl liege ich hier voll im Trend. Wenn meine Rahel wieder einmal mit einem Samuel oder Jakob im Schlepptau zu mir kommt, lächelte ich bisher die Eltern oft an. „Geradezu biblisch", erklärte ich und nannte den Namen meiner Tochter. Nach und nach überkommt mich allerdings etwas Unmut wegen der inflationär anmutenden jüdischen Namensgebung meines Umfelds.

Vor Kurzem sprach ich, weil ich etwas mürrisch war, eine Mutter an, die ihren Fünfjährigen laut „Levi" rief. Ich fragte sie, wie sie denn auf diesen ungewöhnlichen Namen gekommen sei. Sie erklärte mir, sie habe eine „enge Verbindung zu hebräischen Wurzeln". Weil mir „hebräische Wurzeln" unklar waren, fragte ich nach: „jüdische Wurzeln"? oder „israelische Wurzeln"? Was sie meine ...? Es stellte sich heraus, dass sie ein Jahr in den USA bei einer jüdischen Familie gelebt hatte. Ich fragte mich, ob eine jüdische Gastfamilie hier zum vermeintlich verbindenden Pendant ähnlich dem vielzitierten deutschen Schäferhund geworden war.

Etwas später rief ich meine Tochter „Raheeel!" und nun sprach mich Levis Mutter mit ihren hebräischen Wurzeln auf meinen Beweggrund an. Siegessicher ob meiner tatsächlichen Wurzeln sagte ich, mein Vater sei Jude und stamme aus Israel.

Auch wenn ich die Frau damit überzeugen konnte, mich konnte ich damit plötzlich nicht mehr überzeugen. „Mein Vater ist Jude." Was macht das aus mir? Für die Frau vielleicht eine Jüdin. Ich aber weiß, ich bin halachisch nichtjüdisch. Und meine Kinder gleich gar nicht. Und trotzdem war es mir wichtig, ihnen jüdische Namen zu geben. Und nun stört es mich, dass ich den Hinweis auf ihre jüdische Abstammung durch eine Schwemme von Nichtjuden verschwommen sehe.

Es ist doch so: Jeder, der heute seinem Kind einen Namen gibt, wälzt Bücher mit Titeln wie „Die schönsten Vornamen und ihre Bedeutung" und/oder googelt nach langen Babyvornamenslisten. Im

95 Diese Glosse ist von mir verfasst. Ich schrieb sie aus der Perspektive der Betroffenen, nicht der Doktorandin. Zwar lasse ich in meiner Dissertation persönliche Erfahrungen weitestgehend aus, in Bezug auf die Namensgebung allerdings erschien mir dieser – sozusagen – nichtwissenschaftliche Seitensprung ein relevanter Ausgangspunkt.

Bekanntenkreis sehe ich immer wieder, wie lange hingebungsvoll nachgedacht und recherchiert wird, bis derzeit endlich, endlich häufig ein der Großelterngeneration zugehörig scheinender „Leopold" oder „August" wie auch eine „Frieda" oder „Charlotte" dem elterlichen Genie des möglichst individuell gewünschten Namens mit Tradition entsteigt. Oder aber eben Davids, Leas, Sarahs usw. aus dem Boden schießen. Die Begründung: „Du, der Name gefiel uns einfach" scheint mir ob der vielen Mühe, die man sich bei der Namensfindung hierzulande gibt, eher unzureichend. Ebenso wie die Begründung, es handele sich um ganz traditionelle, weil biblische Namen, die in Deutschland quasi schon immer vergeben wurden.

Ganz so ist es nämlich nicht. Auf einen „Josef" oder eine „Anna" mag das zutreffen. Wer aber hatte als Kind der 1970er schon – wie ich – einen „David" als Vater oder eine „Lea" als Tante? Nun, das waren schlicht – wenn überhaupt – Juden. In den nächsten Generationen wird sich das nun ändern. Unsere Enkel und Urenkel werden die bisher jüdischen Namen dann wohl als deutsche Tradition erinnern können. Was ich nicht wirklich kritisieren möchte, weil ich die jüdischen Namen und ihren biblischen Bezug schlicht mag. Außerdem freue ich mich bereits sehr auf die Renaissance von „Samson" und „Moses"!

Meine zweite Tochter rufen wir nun Golde. Wie Golda Meir. Oder eben wie meine 1933 aus Danzig nach Israel geflüchtete Großmutter Golde. Zwar kommt der ganzen Familie das etwas komisch vor – mein Vater hatte schließlich nur einen Witz gemacht –, aber das kam mir der altbackene Name meiner Nichte „Emma" auch. Nach nunmehr sechs Jahren empfinde ich den Namen „Emma" durchaus als zeitgemäß und sogar fast zeitlos.

Origineller ist allerdings die Weitergabe eines jiddischen Namens, wie ich an den Nachfragen sehe. „Golde? Wo kommt das denn her?" Ich übe noch die Antwort. Erst erklärte ich, dass es jiddisch ist, woraufhin ich meist gefragt wurde, ob wir Juden sind. Dann sagte ich, dass das der Name meiner Großmutter gewesen sei, was zu arg intimen Fragen führte und nichts erklärte. Schließlich belasse ich es gerade oft bei dem Bezug zu der recht bekannten Golda: Golda Meir. Wobei meine Tochter eine andere Form des Namens trägt: Golde. Aber das erkläre ich schon nicht mehr. Wenn der Name sie später stört, hat sie übrigens zwei weitere Vornamen zur Auswahl.

Nun bekam meine russisch-jüdische Freundin einen Sohn, den sie ebenfalls nach einem Großvater benannte. Etwas unsicher oder verlegen positionierten wir die Namen beide nicht an erster Stelle. Aber trotzdem gefällt mir der Gedanke. Jiddisch. Jiddische Vornamen als

> Verweis auf echte jüdische Wurzeln. Und ich freue mich auf Golde, die mit Itzik zwischen Levi und Naomi spielt.

Vornamen werden für jedes Neugeborene von dessen Eltern gewählt, ohne von einer höheren Instanz auf einen wie auch immer gearteten Bezug des Babys zum gewählten Namen geprüft zu werden. Restriktionen bei der Vornamensvergabe gibt es seitens der Regierung heute lediglich wenige. Und dennoch geben Vornamen deutlich sowohl über die individuellen Namensgeber/innen als auch über die Gesellschaft Aufschluss. Sie sind eine mehr oder minder bewusste Eigenpositionierung: gewählt etwa nach der aktuellen Mode, einem vielgeschätzten Vorbild oder einer Familientradition. Im gesamtdeutschen Blick wiederum lassen sich durch die Vornamen Rückschlüsse auf die jeweilige Familie und auf die Zusammensetzung der Gesellschaft, beispielsweise bezüglich eines Geschichtsverhältnisses oder Gruppenzusammensetzungen, ziehen. Obwohl es, wie unten beschrieben wird, keine objektive Trennlinie zwischen jüdischen und nichtjüdischen Vornamen gibt, soll im Folgenden geklärt werden, ob es deutlich jüdische und deutlich nichtjüdische Vornamen gab und gibt und wie deren Vergabe zustande kam und kommt. Im Zusammenhang mit der Forschungsfrage dieser Dissertation soll somit hergeleitet werden, inwieweit das Verwenden oder die Weitergabe jüdischer Namen im Sinne der Glosse auch die Weitergabe eines „Stückchens" jüdischer Identität bedeuten kann. Darüber hinaus deckt diese zunächst persönliche Empfindlichkeit einen soziologischen Aspekt der Nachwirkung der Shoah auf jüdische Identität in Deutschland auf.

8.1.2 Entwicklungen jüdischer Namensgebung

Verkürzt lassen sich Entwicklungen in der jüdischen Namensgebung wie folgt darstellen: Juden passten ihre Namen bereits zu Beginn der jüdischen Zeitrechnung der jeweils aktuellen Umgebung an und entwickelten bestehende Namen weiter. Leopold Zunz (1837) vollzieht dies an den Namen der Tora nach. So gab es während der persischen Epoche Namen wie „Elam" (Esra 2,7), welcher „Iran" bedeutet, oder „Serubabel", welcher übersetzt „die Zerstreuung nach Babylon" heißt (Zunz 1837: S.10). Der Brauch, die Namen der eigenen Vorfahren weiterzugeben, findet sich laut Zunz erst in der zweiten Hälfte des Mittelalters (1000–1492). Erst zu dieser Zeit wurden Namen zum Erbe einer Familie, für eine Gemeinde bezeichnend oder gar spezifisch für eine Region (Zunz 1837: S. 45 f.). Alttestamentarische Namen waren in dieser Zeit bei Juden nicht untypisch. Den Namen eines noch lebenden Verwandten weiterzugeben, war (und ist) hingegen nicht üblich (Simon 2003).

Der für diesen Zusammenhang nächste relevante Sprung der Geschichte jüdischer Namensgebung führt in die Moderne. Aufgrund der den Juden zunehmend ermöglichten Assimilation trugen diese im 19. und 20. Jahrhundert nun nahezu ausschließlich als nichtjüdisch geltende Vornamen. Aus Patriotismus nannten Juden ihre Kinder so häufig „Siegfried" und „Sigmund", dass diese Namen schließlich als jüdische Namen angesehen wurden (Beck-Gernsheim 2003a: S. 574). So wiederholt sich die Anpassungsfähigkeit in Namensfragen ebenso wie eine Bevölkerung, die jüdische Namen identifiziert – obgleich es offenbar keine objektiven Kriterien für die „Jüdischkeit" eines Namens gibt.

War lange Jahre der Bibelbezug ein Indiz, ist es in der Moderne die Häufigkeit eines Namens, die zum Rückschluss „jüdisch" bzw. „nichtjüdisch" führen konnte. Die Tabelle der beliebtesten Vornamen deutscher Jüdinnen und Juden von 1860–1938 (Wolffsohn/Brechenmacher 2008: S. 320) zeigt die eindrucksvoll nichtjüdische Namenswahl der deutschen Juden:

Platz	Weibliche Vornamen	Absolute Häufigkeit	Männliche Vornamen	Absolute Häufigkeit
1	Rosa/Rosi/Rose	5392	Max	5395
2	Bert(h)a	4307	Julius	2990
3	Johanna	3981	Her(r)mann	2923
4	Elsa/Else	3525	Alfred	2543
5	Frieda	3312	Josef/Joseph	2525
6	Mart(h)a	3213	Han(n)s	2420
7	Gertrud(e)/Gertraud	2952	Si(e)gfri(e)d	2380
8	Anna/Anni(e)/Anny	2824	Kurt/Curt	2312
9	Margaret(h)e/a	2819	Jakob/Jacob	2068
10	Hedwig	2718	Ernst	1948

(Tabelle 1: Die häufigsten Vornamen deutscher Jüdinnen und Juden im Zeitraum 1860–1938. In: Wolffsohn/Brechenmacher 2008: S. 320)

Durch ein durch den Darwinismus aufkommendes Rassendenken gewannen jüdische Namen als Erkennungsmerkmal innerhalb der nichtjüdischen Mehrheitsgesellschaft aber auch an Bedeutung. Jüdische Namen waren wegen des mit der Assimilation einhergehenden stetigen Wegfalls von jüdischer Kleidung und jüdischen Riten eines der wenigen Unterscheidungsmerkmale. Der Versuch jedoch, Juden an ihren Namen dingfest zu machen, scheiterte. 1887 veröffentliche Theodor Fritsch eine jüdische Namensliste *(Antisemiten-Katechismus)*. Die darauf gelisteten Vor- und Nachnamen mussten stets als nicht eindeutig jüdische eingeschränkt werden, bis klar wurde, „dass es rein als jüdische Namen zu identifizierende Namen nicht wirklich unmissverständlich gab" (Beck-Gernsheim 2003b: S. 70).

Bis zu dieser Zeit hatten die Versuche, jüdische Namen zu bestimmen, lediglich Auswirkungen auf Namensänderungen. Je nach Integrationsbereitschaft oder wiederbelebten antisemitischen Gedankengutes der Mehrheitsgesellschaft konnten nur Deutsche oder auch jüdische Deutsche ihre jüdisch klingenden Vor- und/oder Nachnamen in nichtjüdische ändern. Je antisemitischer die Gesellschaft wurde, desto schwieriger wurde es für Juden, einen jüdisch assoziierten Namen in einen nichtjüdischen zu ändern.

Eine Namensliste mit rechtlichen Auswirkungen erschien 1938 als „Runderlass des Reichsministers". Sie beinhaltete Vornamen, die Juden von nun an zu tragen hatten und die Nichtjuden verboten waren (Bielefeld o. J.). Trug ein Jude keinen dieser Vornamen, musste im Pass „Sara" bei jüdischen Frauen bzw. „Israel" bei jüdischen Männern als zweiter Vorname vermerkt werden. „Jüdische Mischlinge" unterlagen diesem Erlass nur, wenn sie sogenannte Geltungsjuden waren (Walk 1996).

Als assimilierte Juden hatten Juden ihren Kindern gerne die Vornamen der Umgebung, in der sie lebten, gegeben. Der Patriotismus und Anpassungswille der Juden hatte nach dem Nationalsozialismus in der Namensgebung ein jähes Ende gefunden. Die Liste der Vornamen, die deutsche Jüdinnen und Juden ihren Kindern zwischen 1945 und 1999 gaben, zeigt die häufige Rückkehr zu traditionell jüdischen Namen. Sie zeigt gleichzeitig, an wie wenige Kinder nun Namen zu vergeben waren.

Platz	Weibliche Vornamen	Absolute Häufigkeit	Männliche Vornamen	Absolute Häufigkeit
1	Miriam	68	David	166
2	Natalie	48	Daniel	156
3	Sarah	43	Michael	115
4	Ester	39	Benjamin	89
5	Rachel	37	Alexander	62
6	Anna, -e, Daniela, Rebekka, Sharon	36	Samuel	43
7	Nicola, Nicole	33	Rafael	40
8	Deborah, Judith	32	Mark	39
9	Ruth	31	Jonathan	35
10	Lea	29	Simon	33

Tabelle 2: Die häufigsten Vornamen in Deutschland geborener Jüdinnen und Juden im Zeitraum 1945–1999. In: Wolffsohn 2008: S. 64.

Juden in Deutschland kehren nach dem Nationalsozialismus zurück zu einer Namenstradition, durch die sie ihr Jüdischsein sichtbar machen. Bis dahin, so zeigte sich, war dies oftmals lediglich über Zuschreibungen oder Listen auferlegt worden. Nun nahmen Juden die ehemals als stigmatisierend geltenden Namen selbstbestimmt an und machten sich somit zum einen als Juden in Unterscheidung zur Mehrheitsgesellschaft (wieder)erkennbar und positionierten sich zum anderen auch deutlich innerhalb der deutschen Geschichte: als jene, die zwar Deutsch sind, aber auch als jene, die in diesem Land eine besondere persönliche Familien- und Minderheitengeschichte erfahren haben. Wolffsohn (2008) spricht hier von einem wiederkehrenden Phänomen. Es sei eine „verstärkte Rückbesinnung auf die Eigenidentität in Situationen der Bedrohung und Gewalt" (Wolffsohn 2008: S. 73).

8.1.3 Hypothesen zur Glosse

In der Glosse wurde die Frage aufgeworfen, was nichtjüdische Deutsche neuerlich bewegt, genau diese alttestamentarischen bzw. jüdischen Namen vermehrt für ihre Kinder zu wählen, trotz der „Epoche ihrer größten Nichtreligiosität" (Wolffsohn 2008: S. 291). Handelte ich, wie in der Glosse beschrieben, bei der Namenswahl meiner Kinder nach dem Muster, jüdische Tradition aufgrund der spezifisch deutschen Geschichte durch jüdische Namen (auch in den 2010er Jahren noch) weiterzugeben, stellt sich die Frage nach den Beweggründen Deutscher, ohne jüdischen Hintergrund ebendiese Namen zu wählen. Ziehe ich hier die Antworten aus den wenigen Gesprächen heran, sagten die Gesprächspartner/innen ausschließlich, der jeweilige Name gefalle ihnen bzw. entstamme der Bibel. Also ebenfalls Tradition und Mode als Beweggründe. Nach obigen Ausführungen sind m.E. dreierlei Deutungsmöglichkeiten für die Entwicklung der letzten Jahre möglich:

(1) Zum einen könnte die Aufarbeitung des Nationalsozialismus in den Folgegenerationen dazu geführt haben, dass Juden entstigmatisiert wurden, also als vollständig integriert gelten, so dass keine Berührungsängste mit jüdisch konnotierten Namen (mehr) bestehen. „Der Jude" wäre so gesehen ein „Gleicher" – in Deutschlands Geschichte und Gegenwart.

(2) Zum zweiten könnte den Namensgeber/innen in einer Gesellschaft, in der Religion nur noch eine sehr zurückgenommene Bedeutung hat, durch mangelnde Kenntnis über das Alte Testament und dessen Herkunft nicht bewusst sein, dass es sich hier gewissermaßen um traditionell eher als jüdisch geltende Namen handelt. Auf der Suche nach Namen, die gefallen, nicht zu fremd klingen, aber selten scheinen, fallen nun alttestamentarische quasi hintergrundsfrei ins Auge oder,

(3) drittens, es handelt sich um eine – wahrscheinlich unbewusste – Strategie, die Gräuel, die die eigenen Vorfahren an den Juden vor und während des Holocaust vollzogen haben, zu verdrängen und zu verschütten. Wobei

hierin sowohl die positive Interpretation möglich ist, dass die Weitergabe der jüdischen Namen durch Deutsche einer „Wiedergutmachung" für die Opfer des Nationalsozialismus gleichkommen könnte, als auch, dass die Weitergabe jüdischer Namen durch nichtjüdische Deutsche als vereinnahmend oder die Geschichte verdeckend gedeutet werden könnte.

Keiner derer, die ich über die Beweggründe für die jüdischen Namen fragte, sagte bisher, er habe einen solchen Namen aus Erinnerung an die Geschichte oder vor dessen spezifischer Bedeutung vergeben. Im jüdischen Umfeld werden aber alttestamentarische und jiddische Vornamen mit eben jenem Bezug zur Tradition vergeben („Elias" und „Jonathan" etwa).

Ob bewusst oder nicht, so muss in jedem Fall festgehalten werden: Die einst stigmatisierenden alttestamentarischen Namen, die Juden (a) vor dem Nationalsozialismus in der deutschen Gesellschaft übergestülpt wurden und (b) nach dem Nationalsozialismus von Juden vermehrt selbstbestimmt ihren Kindern gegeben wurden, um ihre Identität neu zu benennen und bekennen, werden heute von nichtjüdischen Deutschen so häufig verwendet, dass die Identifikation eines zur Gruppe der Juden Zugehörigen über einen ebensolchen alttestamentarischen bzw. jüdischen Namen für diese jüdische Generation zunehmend verunmöglicht wird – und für die nächsten Jahrzehnte bleiben wird.

8.1.4 Alttestamentarische, jiddische und zionistische Vornamen

Außer den alttestamentarischen Vornamen werden mit Juden jiddische und israelische Vornamen verbunden. Die jiddischen Namen wurden häufig von den Juden Europas, besonders Osteuropas, getragen. Heute wirken sie veraltet und sind wenig gebräuchlich. Aizik, Lazer, Zeitel – im täglichen Geschehen gibt es sie nahezu nicht mehr. Sporadisch sind aus Amerika, Israel und Deutschland dennoch einige Berühmtheiten mit jiddischen Vornamen bekannt. Die Namen Mo(i)she beispielsweise, wie der des Geschichtsprofessors Moishe Postone oder des israelischen Soziologen Moshe Zuckermann, oder Golda, wie der der amerikanischen Schauspielerin Goldie Hawn. Jiddische Namen sind dabei stets Varianten der alttestamentarischen Namen („Moses" ist „Mo(i)she", „Rahel" ist „Rochele", „Sarah" ist „Surle" usw.), Begriffe der Umgebung (Hirsch, Blume usw.) oder etwa Eigenschaften („S/Zelig" ist selig, „Shaina" ist schön, „Mendel" ist trösten usw.).

Neue hebräische Vornamen kamen während des beginnenden Zionismus, vermehrt noch während des Nationalsozialismus auf. Es sind Namen, die zwar der Bibel entnommen wurden, aber den göttlichen Bezug nicht suchen. So wurden beispielsweise neue Namen aus der Tier- und Pflanzenwelt häufig vergeben, wie „Alon" für Eiche und „Or" für Licht. Und es wurden im entstehenden Israel jiddische Namen angepasst, um den Beigeschmack der Diaspora abzulösen. Geller (o. J.) beruft sich auf Prof. Meir Bar Ilan, der als Beispiel den jiddischen Namen „Faigeh“ angibt, welcher Vogel bedeutet, und bei den Einwanderern schließlich zu Hebräisch „Zipora“ wurde.

Die ursprünglichsten jüdischen Namen stammen jedoch zahlreich aus dem Alten Testament. Wobei nicht immer deutlich ist, warum einige jüdischer verbunden sind als andere. Die alttestamentarischen Eigennahmen stehen in jedem Fall überwiegend für das, was den Namensträger ausmacht. „Adam“ ist der Erdling, „Eva“ ist die Mutter der Lebendigen, „Saul“ ist der Erbetene, „David“ ist der Liebling Gottes, „Rachel“ die Mutterschaft usw.

Jiddische Vornamen sind in Deutschland aktuell eher unüblich, könnten aber, wie bereits mehrfach ausgeführt, aus zweierlei Gründen wieder erstarken: Zum einen wegen der aktuellen Mode, die Namen der Groß- und Urgroßelterngeneration wieder zu verwenden, zum anderen als Verweis auf „echte“ jüdische Wurzeln. Zionistische Namen hingegen sind für Deutsche wahrscheinlich auch auf lange Sicht zu exotisch. Sie entstammen einer anderen Nation und nicht der gleichen kulturellen Grundlage. Gleichwohl sie von Israelis in Deutschland oder israelischstämmigen Deutschen in meinem Umfeld aktuell durchaus ihren Kindern gegeben werden.

8.1.5 Bedeutung und religiöser Zusammenhang

Am achten Tag nach der Geburt wird bei jüdischen Söhnen die Beschneidung durchgeführt. Die sogenannte Brit Mila hat eine zentrale Bedeutung für Juden. Bei der Brit Mila, dem „Bund mit Gott“, wird der Sohn nicht nur beschnitten, sondern erhält darüber hinaus seinen hebräischen bzw. jüdischen Namen, den er parallel zu einem bürgerlichen Namen tragen kann. Mit seinem jüdischen Namen wird der spätere junge Mann ab seiner Bar Mizwa als mündiger Jude in der Synagoge zur Tora aufgerufen (Simon 2003). Bei Mädchen sind das Zeremoniell der Namensvergabe und eine jüdische bzw. hebräische Namenswahl nicht dem männlichen Kind gleich. Da es für Mädchen kein mit der Beschneidung vergleichbares Ritual gibt, noch diese traditionell zur Tora aufgerufen werden, müssen sie nicht zwangsweise einen jüdischen Namen erhalten. Die Aufnahme des Mädchens erfolgt lediglich über die Nennung des Namens. Der Vater liest in der Regel am ersten Schabbatgottesdienst nach der Geburt aus der Tora und nennt schließlich den Namen des neugeborenen Mädchens. Mittlerweile werden für Töchter allerdings Riten, die in ihrer emotionalen Intention der Brit-Mila-Feier ähneln, etabliert.

Grundlegend ist seit biblischen Zeiten die Überlieferung, dass der Name für das Wesen des Menschen stehen soll, der ihn trägt. So erhielt Avram bei seiner Beschneidung von Gott den Namen Avraham, weil er nun die Aufgabe als Vater seines Volkes erfüllen sollte (o. A. o. J.: Brit Mila – der ewige Bund).

Namen, so kann man sagen, haben im (religiösen) Judentum eine große Bedeutung. Für den/die Namensgeber/in möglicherweise als Omen, für den/die Namensträger/in möglicherweise als Erfüller/in des Omens.

8.1.6 Namen und Pseudonyme der Interviewpartner/innen

Da die Namen der Interviewpartner/innen anonymisiert wurden, können diese lediglich abstrakt analysiert werden. Die selbstgewählten Pseudonyme hingegen können etwas genauer betrachtet werden. Einige Interviewpartner/innen tragen jüdische Vornamen, sowohl als tatsächliche Vornamen als auch als Pseudonyme, andere nicht. Diese Verteilung entspricht somit den oben geschilderten historischen Gegebenheiten jüdischer Namensgebung, wonach Juden ihren Kindern seit alttestamentarischen Zeiten immer sowohl jüdische als auch nichtjüdische Namen gaben.

Kriegsgeneration

Die Interviewten der Kriegsgeneration tragen durchweg deutsche Vornamen. Dies entspricht obiger Darstellung (s. Tabelle 1). Als Pseudonyme gab sich keine/r aus dieser Generation einen tatsächlichen Vornamen. Frau Café und Herr Falkus wählten Bezeichnungen, die etwas mit ihrem Leben zu tun haben.

Für jene also, die den Nationalsozialismus erlebt haben, ist es nicht wichtig oder richtig, sich einen jüdischen bzw. nichtjüdischen Namen zu geben. Möglicherweise, weil Namen auch das Bild der gewünschten eigenen Identität widerspiegeln können. Ein jüdischer Name kann für den Wunsch nach Zugehörigkeit stehen oder ein spezifischer Vorname die Eigenschaften einer spezifischen Person benennen. Die Interviewpartner/innen der Kriegsgeneration aber haben in ihren Leben eine bzw. mehrere Identität/en entwickelt und geben sich nun entsprechend der tatsächlichen, etwa zentralen Eigenschaften oder Leidenschaften, einen Namen. Einen Namen, der die Krux des eigenen Lebens widerzuspiegeln vermag, welche in beiden Beispielen keinen Bezug zur jüdischen Herkunftslinie beinhaltet.

Nachkriegsgenerationen

Bei den jüngeren Interviewpartner/innen gibt es eine größere Variationsbreite. Die Interviewpartner/innen tragen überwiegend nichtjüdische Namen. Dennoch sehen zwei den jüdischen Ursprung in dem ihnen gegebenen Namen. Avshalom:

> „Ich hab ihn [den Vater] auch mal gefragt: ‚Warum haben alle Deine Kinder jüdische Namen? [Avshaloms tatsächlicher Name] ist [jüdische Entsprechung], [tatsächlicher Name des Bruders] ist [jüdische Entsprechung],[tatsächlicher Name der Schwester] ist [jüdische

> Entsprechung], warum haben wir alle diese Namen?‘ Er hat dann sehr ausweichend reagiert.“

Avshalom zieht hier den Rückschluss der „tatsächlichen“ Namen auf die jüdischen Pendants und vermutet, dass der Vater die Namen entsprechend seiner jüdischen Herkunft gewählt hat. Auch in einem weiteren Fall vermutet der/die Patrilineare, dass die Eltern indirekt einen jüdischen Namen vergeben haben, obgleich dieser es lediglich darüber ist, dass ein einst alttestamentarisch jüdischer Name dem Umfeld angeglichen wurde.

Manche Eltern wiederum sagen ihren patrilinearen Kindern, dass ein jüdischer Name bei der Vornamenswahl mit „im Spiel“ war. Dieser ist den Patrilinearen in der Folge deutlich bewusst als Name, den er/sie hätte tragen können. Rebecca beispielsweise gibt sich ihr Pseudonym, weil es ihr Name hätte sein können:

> „Und dann hat mir meine Mutter erzählt, ich sollte eigentlich ‚Rebecca‘ heißen und nicht [tatsächlicher Name]. Ich denke: ‚Wieso hat die mich nicht Rebecca genannt, das wäre doch auch noch mal was gewesen.‘“

Sowohl Rebecca als auch Avshalom wissen um den von der Familie gewählten jüdischen Vornamen. Der nicht gegebene jüdische Vorname scheint „irgendwie“ zu ihnen zu gehören und bewegt sie, auch wenn sie sich mit dem eigenen Vornamen identifizieren. Avshalom führt übrigens seinen jüdischen Namen innerhalb bestimmter Zusammenhänge. Rebecca hingegen vermutet lediglich, dass sie ein anderes, jüdisch legitimierteres Selbstverständnis hätte haben können, wenn der Name als äußerliches Zeichen die innere Entsprechung unterstützt hätte. Hier steht das jüdische Pseudonym für den Teil des Eigenen, der eine jüdische Identität hat.

Agnes und Judith haben tatsächlich jüdische Namen. Beide thematisieren ihre jüdischen Vornamen nicht. Wohl aber sprechen beide ihren Nachnamen als deutlich, für jedermann sofort erkennbar jüdischen an – obwohl dieser wiederum in mir keine ausdrücklich jüdischen Assoziationen weckt. Der Name zeigt somit auch hier sowohl das jüdische Selbstverständnis aufgrund der Weitergabe bzw. der Vergabe eines jüdischen Namens als auch die Vermutung der Interviewpartner/innen, das Gegenüber könnte den eigenen Namen eindeutig als jüdischen identifizieren. Der jüdische Nachname zeigt für sie ein Stück weit die jüdische Tradition in der Familie.

Als Pseudonyme können also Namen gewählt werden, die wenig offensichtlich jüdisch sind, aber beispielsweise über enge jüdische Bezugspersonen eine Verbindung mit dem Jüdischen darstellen bzw. auf diese anspielen. Auch Frau Elsa wählte so ihr Pseudonym: über eine ihr wichtige Person, die für sie im Zusammenhang mit dem Thema des Interviews eine wichtige, evtl. zentrale oder emotionale Verbindung darstellt.

Dabei tragen Frau Elsa und Hannah wiederum untypische Vornamen für

Deutschland, die auch nicht jüdisch sind. Beide haben ein gesundes Selbstbewusstsein ob ihres individuellen Namens, aber auch ob ihrer besonderen Herkunftskonstellation und der Verortung darin.

Kinder Patrilinearer

Einige Interviewpartner/innen haben nun wiederum selbst Kinder. Oft wurden die Namen der Kinder in den Interviews nicht genannt. Agnes beschreibt, wie es zu den Vornamen ihres Sohnes kam:

> „Mein Sohn heißt mit zweitem Namen nach seinem jüdischen Großvater. Also [Name des Großvaters] ist ja die holländische Form von [Name], weil ich irgendwie dachte, [Name des Großvaters] kann man einem Kind heute in Deutschland nicht mehr antun, auch nicht als zweiten Namen. Und ich habe ihn sehr bewusst [erster Vorname des Sohnes] genannt, weil ich keinen christlichen und keinen jüdischen Namen für ihn haben wollte, weil ich dacht', so entscheide ich mich sozusagen für ihn auch zwischen zwei Seiten, die mir beide wichtig sind und auch für mich so ein bisschen und dem wollte ich ein bisschen aus dem Weg gehen und mein Freund fand das okay."

Wie in der Glosse bereits in zwei Beispielen vorgestellt, wird der Name eines Großelternteils auch von Agnes als zweiter Vorname gewählt. Sie modernisiert die Form allerdings, damit dem Sohn aus einem nach aktuellem Geschmack widerstrebenden Vornamen keine Nachteile entstehen. Tradition steht für Agnes an erster Stelle der Namenswahl. Sie passt sich dennoch der Mode an.

Erst im zweiten Absatz ihrer Ausführungen nennt sie den ersten Vornamen und Rufnamen ihres Sohnes. In der Erklärung zur Namenswahl sagt sie, dass der Name keinen Bezug zum jüdischen und christlichen Hintergrund haben sollte. Beide Herkünfte waren so wichtig, dass sie keiner der beiden den Vortritt lassen konnte. Der von ihr gewählte Name ist ungewöhnlich, d.h. nicht deutschen Ursprungs und nicht häufig. Warum es genau dieser Name mit einem türkischen bzw. russischen Ursprung wurde, erklärt sie nicht.

Zum Schluss weist Agnes darauf hin, dass sie den Namen gewählt hat. Sie schlägt ihn dem Kindsvater vor, der ihn annimmt. Frau BL dazu:

> „Die Eltern [des Kindsvaters] meines Sohnes kommentierten diese Schwangerschaft mit den Worten: ‚Unser armer Sohn'. Und, ehm, der werdende Vater verschwand mehr oder weniger und meine hilflosen Bemühungen, ihn doch als aktiven Vater für dieses Kind zu gewinnen, drückten sich dann unter anderem darin aus, dass ich ihm gesagt habe, ich möchte mit ihm zusammen einen Namen für dieses Kind finden. Es wäre mir wichtig, dass das von uns beiden käme. Und dazu kam es nicht und kam es nicht und kam es nicht und dann

> kamen die Wehen und ich musste ins Krankenhaus und zufällig war er gerade da und brachte mich dann ins Krankenhaus. Dann hab ich ihn aufm Weg ins Krankenhaus gefragt: ‚Was wünschst Du Dir, wie unser Kind heißen soll?‘ Und da sagte er [christlicher Name]. Und so nannte ich mein erstgeborenes Kind [christlicher Name]. Mit dem Ergebnis, dass die [Familienname eines befreundeten jüdischen Ehepaares von Frau BLs Eltern] ihren Kontakt zu mir abbrachen.“

Etwas später:

> „Als wir [Frau BL mit dem befreundeten jüdischen Ehepaar von Frau BLs Eltern] uns 1975, nach der Geburt meines Sohnes, in [deutsche Großstadt] noch einmal getroffen haben, da haben sie sich eigentlich nur noch mit mir getroffen, um mir ins Gesicht zu sagen, was sie davon halten, dass ich mein Kind [christlicher Name des Kindes] genannt habe. Und um mir zu sagen, was sie von mir erwartet haben. Und [Name der Frau] sagte zu mir: ‚Das mindeste, was Du hättest tun müssen, war, wäre gewesen, Dein Kind nach Deinem Großvater [jüdischer Vorname] zu nennen.‘ Und ich höre mich noch sagen, mit kläglicher Stimme: ‚[Vorname der Frau], ich wusste nicht mal, dass mein Großvater [jüdischer Vorname] heißt.‘ Also da, da war sozusagen eine Aufgabe, und da war ein aufgerissenes Feld, ein emotional aufgerissenes Feld.“

Frau BL beschreibt, dass die Beschäftigung des Kindsvaters mit dem Kind ihr am wichtigsten war. Es bestätigt sich in mehreren Interviews, dass der Austausch mit dem Partner ausschlaggebend für die Namenswahl war. Aber auch dass, wolle der/die Patrilineare einen jüdischen Namen für das Kind, dieser schließlich gemeinsam gewählt wurde.

Was Frau BL hier aufzeigt, wird in keinem der anderen Interviews so deutlich: Der Name des Kindes spielt nicht nur für dessen Eltern eine Rolle, sondern auch für das Umfeld, also Familie und Freunde. Sie können die Namenswahl bewerten: nach den Auswahlkriterien ihrer Generation oder Tradition, z.B. die Weitergabe des Namens des Großvaters. Die Fremdsicht, so könnte weiterführend untersucht werden, spielt bei der Namenswahl wahrscheinlich vor und nach der Vergabe über die eigene Beschäftigung und Reflexion hinaus eine Rolle.

8.1.7 Resümee und Konklusion

Die Anonymisierung erschwert eine tiefere Analyse der Namen und ihres Bezugs zu den Pseudonymen. Deutlich wurde: Die gewählten Pseudonyme und die Namen ihrer Kinder haben für Patrilineare in der Regel eine Bedeutung. Dies ist der Blick auf die gewählten, nicht auf die erhaltenen Namen.

Bei den Patrilinearen der Kriegsgeneration sind sie bezeichnend für deren Leben, bei allen Nachfolgegenerationen haben sie zumeist Verbindungen zu jüdischen Namen oder Namen von familiären und außerfamiliären Bezugspersonen mit jüdischem Hintergrund. Dass diese auch aufgrund des Forschungsthemas einen jüdischen Bezug haben, ist wahrscheinlich und belegt lediglich, dass ein Bezug zur jüdischen Identität über Namen hergestellt werden kann.

Auffällig ist dabei, dass der „jüdische Name“ für mich oft nicht ebenso offensichtlich jüdisch konnotiert war wie für manche Gesprächspartner/innen. Ich sehe dies als Beleg dafür, dass jüdische Vornamen und auch Nachnamen, wie in der geschichtlichen Herleitung beschrieben, nicht wirklich eindeutig zugeordnet werden können. Die Zuordnung, so scheint mir, erfolgt durch das Wissen der Personen über historische Zusammenhänge und über individuelle Verbindungen. So zeigt es sich bei Agnes und Frau Elsa durch eine m.E. nichtjüdische Namenswahl, die dennoch die Bezüge der Interviewpartner/innen zum Jüdischen darstellt. Und so muss ich nun schlussfolgern, dass sich im Levi der Glosse mutmaßlich doch lediglich eine in jüdischer Hinsicht historisch und religiös unbedarfte Namenswahl ausdrückt, die wohl nach wenig traditionellen, sondern vielmehr spezifisch individuellen und gesellschaftlichen Zusammenhängen und Geschmäckern der Eltern getroffen wurde.

Dank

Zunächst möchte ich der Heinrich Böll Stiftung Saar, namentlich Erich Später und dem Reiseleiter Yoram Ehrlich, für die durch sie organisierten Solidaritätsreisen nach Israel danken. Eine dieser Reisen inspirierte mich, meinen Beruf zu Gunsten der Erforschung von „Vaterjuden“ aufzugeben, was mich bis heute zu keinem Moment reut.

Ich danke allen Interview- und Gesprächspartner/innen für ihre Zeit und ihre Bereitschaft, an dieser Studie teilzunehmen. Und ich möchte mich bei jenen entschuldigen, die ich doch nicht gesprochen, nicht ausreichend erwähnt oder auch einmal fehlinterpretiert habe.

Ausdrücklich muss ich Lena Inowlocki, Micha Brumlik und dem evangelischen Studienwerk Villigst[96] danken, die mich und meine Idee inhaltlich, finanziell oder strukturell in all den Jahren förderten. Ursula Apitzsch danke ich herzlich dafür, dass sie sich unkompliziert als Gutachterin zur Verfügung stellte, als mich fachbereichsinterne Veränderungen in Not brachten. Den Stiftungen Axel Springer und Irène Bollag-Herzheimer danke ich für ihre großzügige finanzielle Unterstützung der Drucklegung.

Uli (Ulrike) Krahn danke ich nach Sydney, woher sie mir den Tipp gab, einen Monat unbezahlten Urlaub zu nehmen, um ein Exposé für meine Idee auszuarbeiten. Ich danke meinem ehemaligen Chef Klaus-Dieter Weiß dafür, dass er mir diesen gegeben hat.

Vielen Dank an Andrea Livnat als Vertreterin von hagalil.com, dem jüdischen online-Magazin, und persönlich. Andrea hat mich z.B. mit Hinweisen auf thematisch relevante Veröffentlichungen immer wieder unterstützt.

Den Wohl-Schwestern, Sarah und Lea, danke ich für ihr Engagement, ihre Liebenswürdigkeit und unsere Zusammenarbeit. Für den Glauben an die Relevanz „meines“ Themas möchte ich außerdem Hannah Dannel vom Zentralrat der Juden in Deutschland herzlich danken.

Hier auch noch einmal der Dank an alle Mitglieder der Arbeitsgruppen, die sich die Zeit genommen haben, Texte mit zu analysieren und ihre Ideen einfließen zu lassen. In Kapitel 3.3.1 Ankersequenzen sind sie namentlich aufgeführt. Andrea Neugebauer möchte ich an dieser Stelle exponiert erwähnen: Sie ließ an den meisten besprochenen Stellen nicht locker und brachte mich mit ihrem Scharfsinn, ihrem Wissen und ihren ungemein kritischen Fragen öfter als jeder andere an Grenzen.

Gegen Ende der Forschung stellten sich religiöse Fragen, die durch Literaturstudien nicht hätten beantwortet werden können. Für ihre Gesprächsbereitschaft und Zeit danke ich Rabbiner Tom Kučera und Rabbiner Arie Folger.

96 Sonja Grabowski, danke für Herberge, Mut und Empfehlung.

Mit der größte Dank geht an Ursula Saekel und Uli (Ulrike) Sanwald. Beide arbeiteten dieses Buch gegen Ende aus Freundschaft auf Rechtschreibung, Stil und Inhalt hin durch. Vielen, vielen Dank für euren Einsatz!

Darüber hinaus danke ich den drei Großmüttern, Elke Giesecke, Sybille Sturm und Dorothea Zeifert, die mich sehr unterstützen, indem sie Rahel durch München schoben und mir dadurch immer wieder ein wenig Zeit zum Schreiben gaben. Auch ein Dank an Sophie Kölbl, die mit Rahel selbstlos durch Wind und Wetter spazierte.

Eric Rietzschel danke ich dafür, mein Vorhaben für möglich zu halten. Ein quasi grundlegender Dank geht hier dann natürlich auch an Wolfgang Büchs. Wolfgang war, ob als Reisebegleiter, als professioneller Grafiker für meine „vaterjüdischen" Visitenkarten oder als Freund von der eingangs erwähnten Böll-Reise bis zur Disputation mit Geduld, stilvollen Pausen und Interesse für mich da.

Ich danke meinem Bruder, David M. Zeifert, für den Titel des Buches und z.B. einige korrigierte Texte. Ich danke meinem Mann, Philip Bauer, für seine vorbehaltlose Loyalität gegenüber „den Juden" und Israel und dafür, dass er es mir ermöglichte, meine Forschung zu beenden. Zu guter Letzt danke ich von ganzem Herzen meinen Eltern, David und Dorothea Zeifert. Mit ihrer Beständigkeit haben sie mir den Rücken gestärkt, mit ihrem Humor und jungem Geist nie einen Gedanken oder eine Tat für zu abwegig gehalten.

Literatur

Abels, Heinz 2010: Identität (2. Aufl.). Wiesbaden: VS Verlag für Sozialwissenschaften.

Abram, Ido 2005: Joodse Identiteit. Lelystad: AO Actuele Onderwerpen.

Adorno, Theodor W. 1997 [1954]: Schuld und Abwehr. In: ders.: Soziologische Schriften II. GS (20 Bände), Band 9.2. Frankfurt am Main: Suhrkamp.

Anthias, Floya 2013: Identity of belonging: conceptualisations and political framings. Working Paper No. 8. Köln: Kompetenznetz Lateinamerika.

Assmann, Aleida 1999: Zeit und Tradition. Kulturelle Strategien der Dauer. Köln: Böhlau.

Avidan, Igal 2012: Zwischen den Kulturen. „Vater-Juden" auf der Suche nach ihrer Identität (Radiobeitrag). URL: http://www.dradio.de/dkultur/sendungen/ausderjuedischenwelt/1923742/ (Stand 06.05.2013).

Baacke, Dieter 1985: Biographie: Soziale Handlung, Textstruktur und Geschichten über Identität. Zur Diskussion in der sozialwissenschaftlichen und pädagogischen Biographieforschung sowie ein Beitrag zu ihrer Weiterführung. In: Dieter Baacke, Theodor Schulze (Hrsg.): Pädagogische Biographieforschung: Orientierungen, Probleme, Beispiele. Weinheim, Basel: Beltz. S. 3–28.

Barner, Lida 2008: Von Irmgard zu Irith. Konversionen zum Judentum im Deutschland der 1950er und 1960er Jahre (Magisterarbeit). München: o.V.

Bar-On, Dan 1996: Die Last des Schweigens. Reinbek bei Hamburg: rororo.

Bar-On, Dan 1997: Furcht und Hoffnung. Von den Überlebenden zu den Enkeln. Hamburg: Europäische Verlagsanstalt.

Beck-Gernsheim, Elisabeth 2003a: Namenspolitik. Zwischen Assimilation und Antisemitismus – Zur Geschichte jüdischer Namen im 19. und 20. Jahrhundert. In: Armin Nassehi, Markus Schroer (Hrsg.): Der Begriff des Politischen. Soziale Welt, Sonderband 14. Baden-Baden: Nomos. S. 571–584.

Beck-Gernsheim, Elisabeth 2003b: Der Name als Zeichen. Jüdische Namen und jüdische Identität im Wandel. In: Ariane Huml, Monika Rappenecker (Hrsg.): Jüdische Intellektuelle im 20. Jahrhundert. Literatur- und kulturgeschichtliche Studien. Würzburg: Königshausen und Neumann. S. 63–76.

Benima, Tamarah 2006: De Context (Tagung: „Vaderjoden" Een seminar om te leren, te luisteren en na te denken am 09.04.2006 in Amsterdam). URL: http://www.levisson.nl/images/stories/VaderJoden/Benima_Vaderjoden.pdf (Stand 12.09.2013).

Benz, Wolfgang (Hrsg.) 2010: Handbuch des Antisemitismus. Judenfeindschaft in Geschichte und Gegenwart. Band 3: Begriffe, Theorien, Ideologien. Berlin, New York: de Gruyter SAUR.

Bergmann, Werner 2001: „Der Antisemitismus in Deutschland braucht gar nicht übertrieben zu werden..." Die Jahre 1945 bis 1953. In: Julius H. Schoeps (Hrsg.): Leben im Land der Täter. Juden im Nachkriegsdeutschland (1945–1952). Berlin: Jüdische Verlagsanstalt. S. 191–207.

Bernstein, Julia 2010: Food for Thought. Transnational Contested Identities and Food Practices of Russian-Speaking Jewish Migrants in Israel and Germany. Frankfurt am Main/New York: Campus Verlag, Chicago University Press.

Bhabha, Homi K. 2000: Die Verortung der Kultur. Tübingen: Stauffenburg.

Bielefeld, Knut o. J.: Liste vorgeschriebener jüdischer Vornamen von 1938. URL: http://www.beliebte-vornamen.de/3600-verzeichnis-juedischer-vornamen-1938.htm. (Stand 18.03.2014).

Bohnsack, Ralf 2003: Rekonstruktive Sozialforschung. Einführung in qualitative Methoden (5. Aufl.). Opladen: Leske + Budrich.

Bohnsack, Ralf 2007: Rekonstruktive Sozialforschung. Einführung in qualitative Methoden (6. überarbeitete und erweiterte Aufl.). Opladen, Farmington Hills: Barbara Budrich.

Blömer, Ursula 2004: „Im uebrigen wurde es still um mich“. Aberkennungsprozesse im nationalsozialistischen Deutschland. Oldenburgische Beiträge zu jüdischen Studien, Band 15. Oldenburg: BIS.

Brainin, Elisabeth 2003: Gibt es eine transgenerationelle Transmission von Traumata? In: Heidemarie Uhl (Hrsg.): Zivilisationsbruch und Gedächtniskultur. Das 20. Jahrhundert in der Erinnerung des beginnenden 21. Jahrhunderts. Innsbruck: StudienVerlag. S. 103-114.

Broder, Henryk M. 2006 [1986]: Der ewige Antisemit: über Sinn und Funktion eines beständigen Gefühls (2. Aufl.) Berlin: Berliner Taschenbuch-Verlag.

Broder, Henryk M. 2007: Zur Hölle mit den Konvertiten! URL: http://www.tagesspiegel.de/meinung/kommentare/religion-zur-hoelle-mit-den-konvertiten/1038280.html (Stand 23.03.2014).

Brumlik, Micha o. J.: Antiisraelismus und Antisemitismus: Die Linke und ihr „Judenknax“. http://hagalil.com/archiv/2008/10/brumlik.htm (Stand 20.02.2014).

Brumlik, Micha 1988: Jüdisches Leben in Deutschland seit 1945. Bodenheim: Athenaeum.

Brumlik, Micha 2000: Kein Weg als Deutscher und Jude: eine bundesrepublikanische Erfahrung. München: Luchterhand.

Buber, Martin 1984 [1922]: Ich und Du. In: ders.: Das dialogische Prinzip. Heidelberg: Lambert Schneider.

Bundesamt für Migration und Flüchtlinge 2005: Jüdische Zuwanderer in Deutschland 2005. URL: http://www.bamf.de/cln_118/SharedDocs/Anlagen/DE/Publikationen/WorkingPapers/wp3-juedische-zuwanderer.html (Stand 20.09.2011).

Bundeswehr o. J.: Einheit im Einsatz – Vielfalt im Glauben. http://www.bundeswehr.de/portal/a/bwde/!ut/p/c4/NYqxDoJAEET_6JajkGAHGBMptEToFljJRrgjyyoNH-9d4UzyinkDHYQ6_PKEyt7hDE9oBz73u-n3kcymQqxvQXopQRPfYR28I-41UcsqBk6B6MasXnaP5iARjelQ2sZfSZsk_9jjVWdXleZre7tcHrMtS_AAjjgok/. (Stand 22.07.2013).

Cohen, Shaye J. D. 1999: The beginnings of jewishness. Boundaries, Varieties, Uncertainties. London (England): University of California Press.

Cohn, Matthias 1998: „Damit das Wissen lebendig bleibt“. Zum Selbstverständnis der Zweiten Generation in der Bundesrepublik lebender Juden. In: Cathy Gelbin et al. (Hrsg.): Archiv der Erinnerung: Interviews mit Überlebenden der Shoah. Band 1: Videographierte Lebenserzählungen und ihre Interpretationen. Potsdam: Verlag für Berlin Brandenburg. S. 397–418.

Cornille, Catherine 2008: Mehrere Meister? Multiple Religionszugehörigkeit in Praxis und Theorie. In: Reinhold Bernhardt, Perry Schmidt-Leukel (Hrsg.): Multiple religiöse Identität. Aus verschiedenen religiösen Identitäten schöpfen. Beiträge zu einer Theologie der Religionen Band. 5. Zürich: Theologischer Verlag. S. 15–34.

Crowley, John (1999): The politics of belonging. Some theoretical considerations. S. 15–41 in The politics of belonging. Migrants and minorities in contemporary Europe. Aldershot: Ashgate.

Cuntze, Fabian 1999: Verantwortung versus Schande. Der Holocaust – Beispiel einer (un)menschlichen Normalität. In: Stiftung für die Rechte zukünftiger Generationen (Hrsg.): Was bleibt von der Vergangenheit? – Die junge Generation im Dialog über den Holocaust. Berlin: Ch. Links. S. 209–221.

Dencik, Lars 2009: Kosher and Christmas Tree: On marriages between Jews and non-Jews in Sweden, Finland and Norway. In: Shulamit Reinharz, Sergio Dellapergola (Hrsg.): Jewish Intermarriage Around the World. New Brunswick: Transaction Publishers. S. 75–88.

Diner, Dan 1988: Negative Symbiose – Deutsche und Juden nach Auschwitz. In: Micha Brumlik et al. (Hrsg.): Jüdisches Leben in Deutschland seit 1945. Frankfurt am Main: Athenäum. S. 243–257.

Diner, Dan 2003: Gedächtnis Zeiten. Über jüdische und andere Geschichten. München: Beck.

Dittmann, Karsten 2004: Tradition und Verfahren. Philosophische Untersuchungen zum Zusammenhang von kultureller Überlieferung und kommunikativer Moralität. Norderstedt: Books on Demand.

Dreyfus, Madeleine 2014: Mischehe oder Übertritt. Drei Lebensentwürfe. In: Jacques Picard, Daniel Gerson (Hrsg.): Schweizer Judentum im Wandel. Religion und Gemeinschaft zwischen Integration, Selbstbehauptung und Abgrenzung. Zürich: Chronos. S. 203–256.

Erikson, Erik H. 1973: Identität und Lebenszyklus. Drei Aufsätze. Frankfurt am Main: Suhrkamp.

Erikson, Erik H. 1994: Identität und Lebenszyklus. Drei Aufsätze (14. Aufl.). Frankfurt am Main: Suhrkamp.

Ernst, Wiebke et al. 2002: Wissenschaftliches Arbeiten für Soziologen. München: Oldenbourg.

Esser, Hartmut 2001: Soziologie, Spezielle Grundlagen. Band 6: Sinn und Kultur. Frankfurt am Main: Campus.

Figueiredo Notário, Sónia Maria 2001: Einführung in das jüdische Recht (Referat). URL: http://www.juedisches-recht.de/stu_hausarbeiten-einfuhrung.php (Stand 03.05.2013).

Finkelstain, Ariel 2014: The conversion crisis in Israel. Jerusalem: The Institute for Zionist Strategies.

Forum Interkultur. Portal für Austausch und Information o.J.: „Hybridität“. URL: http://www.forum-interkultur.net/hybridiaet.200.0.html (Stand 30.10.2013).

Fritsch, Theodor 1887: Antisemiten-Katechismus. Leipzig: Hermann Beyer.

Geller, Oren o. J.: URL: http://www.beliebte-vornamen.de/3965-moderne-vornamen-israel.htm (Stand 15.03.2012).

Geulen, Christian 2007: Geschichte des Rassismus. München: C.H. Beck.

Glenn, Susan A., Sokoloff, Naomi B. (Hrsg.) 2010: Boundaries of Jewish Identity. Seattle: University of Washington Press.

Goffman, Erving 1974: Stigma. Über Techniken der Bewältigung beschädigter Identität. Frankfurt am Main: Suhrkamp.

Goffman, Erving 2003 [1983]: Wir alle spielen Theater. Die Selbstdarstellung im Alltag (10.Aufl.). München: Piper.

Goodman-Malamuth, Leslie, Margolis, Robin 1992: Between two worlds: choices for grown children of Jewish-Christian parents. New York: Pocket Books.

Grabowsky, Sonja 2012: „Meine Identität ist die Zerrissenheit": „Halbjüdinnen" und „Halbjuden" im Nationalsozialismus. Gießen: Psychosozial-Verlag.

Grandsard, Catherine 2005: Juifs d'un côté: Portraits de descendants de mariages entre juifs et chrétiens. Paris: Les Empêcheurs de penser en rond.

Gross, Raphael 2010: Anständig geblieben. Nationalsozialistische Moral. Schriftenreihe des Fritz-Bauer-Instituts, Band 26. Frankfurt am Main: S. Fischer.

Grünberg, Kurt 2000: Liebe nach Auschwitz. Die Zweite Generation: Jüdische Nachkommen von Überlebenden der nationalsozialistischen Judenverfolgung in der Bundesrepublik Deutschland und das Erleben ihrer Paarbeziehungen. Psychoanalytische Beiträge aus dem Sigmund-Freud-Institut, Band. 5. Tübingen: edition diskord.

Grünberg, Kurt 2001: Vom Banalisieren des Traumas in Deutschland. In: Kurt Grünberg, Jürgen Straub (Hrsg.): Unverlierbare Zeit. Psychosoziale Spätfolgen des Nationalsozialismus bei Nachkommen von Opfern und Tätern. Psychoanalytische Beiträge aus dem Sigmund-Freud-Institut, Band. 6. Tübingen: edition diskord. S. 181–222.

Grünberg, Kurt et al. (Hrsg.) 2013: Antisemitismus/Erfahrungen – Spätfolgen der Shoah und Antisemitismus heute. Psychoanalyse. Texte zur Sozialforschung 17, Heft 2. Lengerich: Pabst Science Publishers.

Gruzen, Lee F. 1990: Raising Your Jewish/Christian Child: How Interfaith Parents Can Give the Best of Both Their Heritages. New York: Newmarket Press.

Ha, Kien Nghi 2005: Hype um Hybridität. Kultureller Differenzkonsum und postmoderne Verwertungstechniken im Spätkapitalismus. Bielefeld: transcript.

Hardtmann, Gertrud 2001: Lebensgeschichte und Identität. In: Kurt Grünberg und Jürgen Straub (Hrsg.): Unverlierbare Zeit. Psychosoziale Spätfolgen des Nationalsozialismus bei Nachkommen von Opfern und Tätern. Psychoanalytische Beiträge aus dem Sigmund-Freud-Institut, Band 6. Tübingen: Edition diskord. S. 39–56.

Haury, Thomas o.J.: Sekundärer Antisemitismus in Deutschland nach 1945. URL: http://www.d-a-s-h.org/dossier/07/06_sekundaererantisemitismus.html (Stand 05.02.2014).

Heckmann, Friedrich 1991: Ethnos, Demos und Nation, oder: Woher stammt die Intoleranz des Nationalstaats gegenüber ethnischen Minderheiten? In: Uli Bielefeld (Hrsg.): Das Eigene und das Fremde. Neuer Rassismus in der Alten Welt? Hamburg: Junius. S. 51–78.

Herweg, Dirk, Herweg Rachel Monika 1995: Über Land und Meer für einen Proselyten? Übertritt in Antike und talmudischer Zeit. In: Walter Homolka, Esther Seidel (Hrsg.): Nicht durch Geburt allein. Übertritt zum Judentum. Darmstadt: Wissenschaftliche Buchgesellschaft. S. 36–45.

Hobsbawm, Eric, Ranger, Terence O. 1992: The Invention of Tradition, Cambridge: Cambridge University Press.

Horkheimer, Max, Adorno, Theodor W. 1988: Elemente des Antisemitismus. Grenzen der Aufklärung. In: dieselb.: Dialektik der Aufklärung. Philosophische Fragmente. Frankfurt am Main: Fischer, S. 177–217.

van der Horst, Piet 2006: Het ontstaan van het matrilineaire principe (Tagung: „Vaderjoden" Een seminar om te leren, te luisteren en na te denken am 09.04.2006 in

Amsterdam). URL: http://www.levisson.nl/nl/archief/seminars/qvader-jodenq-dag/voordrachten-vader-joden.html (Stand 30.10.2013).

Huyser-Frijda, Aatje 2001: Ik Joods? Mensen met een Joodse vader en hun Joodse identiteit. Problemen en oplossingen. Utrecht: Imago (unveröffentlichtes Manuskript).

Huyser-Frijda, Aatje 2006: Mijn Verhaal (Tagung: „Vaderjoden“ Een seminar om te leren, te luisteren en na te denken am 09.04.2006 in Amsterdam). URL: http://www.levisson.nl/images/stories/VaderJoden/Huyser_Mijn_Verhaal.pdf (Stand 18.02.2013).

Inowlocki, Lena 1995: Traditionsbildung und intergenerationale Kommunikation zwischen Müttern und Töchtern in jüdischen Familien. In: Wolfram Fischer-Rosenthal, Peter Alheit (Hrsg.): Biographien in Deutschland: Soziologische Rekonstruktionen gelebter Gesellschaftsgeschichte. Opladen: Westdeutscher Verlag. S. 417–431.

Inowlocki, Lena 1999: Wenn Tradition auf einmal mehr bedeutet: Einige Beobachtungen zu biographischen Prozessen der Auseinandersetzung mit Religion. In: Ursula Apitzsch (Hrsg.). Migration und Traditionsbildung. Opladen: Westdeutscher Verlag. S. 76–90.

Inowlocki, Lena 2006: Stretching It So It Fits Real Well. Biographical, Gendered, and Intergenerational Dimensions of Turning to Religion. In: Geyer, Michael und Lucian Hölscher (Hrsg.): Die Gegenwart Gottes in der modernen Gesellschaft, Transzendenz und religiöse Vergemeinschaftung in Deutschland. Göttingen: Wallstein. S. 467–480.

Israel Ministry of Foreign Affairs o.J.: Law of Return 5710–1950. URL: http://www.mfa.gov.il/MFA/MFAArchive/1950_1959/Law%20of%20Return%205710-1950 (Stand 18.02.2013)

Jacob, Walter 1995: Von der Duldung zum aktiven Entgegenkommen. Übertritt in den Vereinigten Staaten. In: Walter Homolka, Esther Seidel (Hrsg.): Nicht durch Geburt allein. Übertritt zum Judentum. Darmstadt: Wissenschaftliche Buchgesellschaft. S. 142–154.

Katz, Ilan 2000: Rassenidentität in „gemischten“ Familien. In: Ellen Frieben-Blum et al. (Hrsg.): Wer ist fremd?: Ethnische Herkunft, Familie und Gesellschaft. Opladen: Leske + Budrich. S. 93–133.

Keupp, Heiner et al. 2006: Identitätskonstruktionen. Das Patchwork der Identitäten in der Spätmoderne. Reinbek: Rowohlt.

Keupp, Heiner 2010: Vom Ringen um Identität in der spätmodernen Gesellschaft. Eröffnungsvortrag bei den 60. Lindauer Psychotherapiewochen am 18.04.2010.

King, Vera und Koller, Hans-Christoph (2006): Adoleszenz – Migration – Bildung: Bildungsprozesse Jugendlicher und junger Erwachsener mit Migrationshintergrund. Wiesbaden: VS Verlag für Sozialwissenschaften.

Kistenmacher, Olaf 2012: Historische Weltbilder. URL: http://phase-zwei.org/hefte/artikel/historische-weltbilder-44/ (Stand 06.02.2014).

Klafke, Kathi-Gesa 1999: Also doch Erbsünde? In: Stiftung für die Rechte zukünftiger Generationen (Hrsg.): Was bleibt von der Vergangenheit? - Die junge Generation im Dialog über den Holocaust. Berlin: Ch. Links. S. 119–125.

Klein, Emma 1996: Lost Jews. The struggle for Identity today. New York: St Martin’s Press.

Kliner-Fruck, Martina 2001: Jüdische Frauen zwischen NS-Deutschland, Emigration nach Palästina und ihrer Rückkehr. In: Julius H. Schoeps (Hrsg.): Leben im Land der Täter. Juden im Nachkriegsdeutschland (1945–1952). Berlin: Jüdische Verlagsanstalt Berlin. S. 287–301.

König, Daniel 2012: Patriotismus in Deutschland. Hamburg: Diplomica.

Kolpatzik, Andrea 2009: „Die Waden der Nation". Fußballweltmeisterschaft als deutsch-deutscher Erinnerungsort. Berlin: LIT-Verlag.

Kühn, Tobias 2010: Bitte übertreten! URL: http://www.juedische-allgemeine.de/article/view/id/8978/highlight/%C3%BCbertritt (Stand 26.04.2013)

Kurz, Robert 2010: Israel und die Linke (Vortrag am 07.10.2010 in Erlangen). URL: http://bak-shalom.de/index.php/2010/10/10/heimspiel-fur-robert-kurz-in-erlangen/ (Stand 20.05.2015).

Krylov, Alexander N. 2012: Religiöse Identität: Individuelles und kollektives Selbstbewusstsein im postindustriellen Raum. Berlin: West-Ost-Verlag, Moskau: Ikar.

Krystal, Henry (Hrsg.) 1968: Massive psychic trauma. New York: International Universities Press.

Levinson, Pnina Navè 1986: Religiöse Richtungen und Entwicklungen in den Gemeinden. In: Micha Brumlik et al. (Hrsg.): Jüdisches Leben in Deutschland seit 1945. Frankfurt am Main: Jüdischer Verlag bei Athenäum. S.140–171.

Liss, Hanna 2005, 2008, 2011: Tanach. Lehrbuch der jüdischen Bibel (3. unveränderte Aufl.). In: Schriften der Hochschule für jüdische Studien Heidelberg, Band 8. Heidelberg: Universitätsverlag Winter.

Logemann, Niels 2001: Konfessionsverschiedene Familien: Eine empirische Untersuchung von unterschiedlichen Entscheidungsbereichen und ihre theoretische Erklärung unter Verwendung des Bourdieuschen Kapitalkonzepts. Würzburg: Ergon.

Lucius-Hoene, Gabriele, Deppermann, Arnulf 2004: Rekonstruktion narrativer Identität. Ein Arbeitsbuch zur Analyse narrativer Interviews. (2. Aufl.) Wiesbaden: VS Verlag für Sozialwissenschaften.

Luckmann, Thomas 1991 [engl. 1967]: Die unsichtbare Religion. Frankfurt am Main: Suhrkamp.

Magonet, Jonathan 1995: Wer ist Jude? Konversion und jüdische Identität heute. In: Walter Homolka, Esther Seidel (Hrsg.): Nicht durch Geburt allein. Übertritt zum Judentum. Darmstadt: Wissenschaftliche Buchgesellschaft. S. 115–142.

Marks, Stephan 2013: Die Scham und der Nationalsozialismus. In: Joachim Küchenhoff et al. (Hrsg.): Scham. Freiburger literaturpsychologische Gespräche, Band 32. Jahrbuch für Literatur und Psychoanalyse. Würzburg: Königshausen & Neumann S. 203–211.

Marks, Stephan, Mönnich-Marks, Heidi 2008: Nationalsozialismus und Schamabwehr. In: Psyche 62, 9/10 (Sonderheft ‚Beschämung, Ressentiment, Vergeltung). Stuttgart: Klett-Cotta. S. 1015–1038.

Marx, Karl: Zur Judenfrage, Berliner Ausgabe 2014, 3. Auflage. Erstdruck in: Deutsch-Französische Jahrbücher, Paris 1844.

Mathieu, Séverine 2009: La transmission du judaïsme dans les couples mixtes. Paris: Les Éditions de l'Atelier/Éditions Ouvrierès.

Mecheril, Paul 2004: Einführung in die Migrationspädagogik. Weinheim,Basel: Beltz.

Meyer, Beate 1999: „Jüdische Mischlinge" - Rassenpolitik und Verfolgungserfahrung 1933–1945. Hamburg: Dölling & Galitz.

Meyer, Semret o.J.: Die Halacha. Das jüdische Recht als säkulares Recht (Seminararbeit). URL: http://www.juedisches-recht.de/stu_hausarbeiten-halacha.php (Stand 03.05.2013).

Mischnajot. Die sechs Ordnungen der Mischna. Teil III. Ordnung Naschim. Übersetzt und erklärt von M. Petuchowski (bis Traktat Nasir, Abschnitt VIII incl.) und Simon Schlesinger (von Nasir, Abschnitt X bis Ende) (1968). Dritte Auflage. Basel, S. 424. Kidduschim III, 12; 64.)

Modrzejewski, Joseph Mélèze o.J.: „Mutilare Genitalia" Römisches Recht und jüdische Matrilinearität (Wissenschaftliche Veröffentlichung). URL: http://www.juedisches-recht.de/rec_matrilinearitaet.php (Stand 03.05.2013).

Müller, Jens Oliver 2002: Das kollektive Selbst als ein anderer. Geschichtsbild und Identitätsdiskurs in der Romantrilogie von Dieter Forte. In: Daniel Mollenhauer et al. (Hrsg.): Konstrukte nationaler Identität. Deutschland, Frankreich und Großbritannien (19. und 20. Jahrhundert). Würzburg: Ergon. S. 189–209.

Neher, André 1995: Einführung in den Judaismus. Hamburg: Europäische Verlagsanstalt.

o. A. o. J.: Brit Mila – der ewige Bund. URL: http://hamakor.de/lebenszyklus/brit-mila (Stand 18.03.2014).

Oberlaender, Franklin A. 1996: „Wir aber sind nicht Fisch und nicht Fleisch": christliche „Nichtarier" und ihre Kinder in Deutschland. Opladen: Leske + Budrich.

Olmer, Heinrich C. 2010: „Wer ist Jude?" Ein Beitrag zur Diskussion über die Zukunftssicherung der jüdischen Gemeinschaft (Judentum – Christentum – Islam, Band 8). Würzburg: Ergon.

Parsons, Talcott 1986: Aktor, Situation und normative Muster. Ein Essay zur Theorie sozialen Handelns. Frankfurt am Main: Suhrkamp.

Pfaff-Czarnecka, Joanna 2012: Zugehörigkeit in der mobilen Welt. Politiken der Verortung. Göttingen: Wallenstein.

Pieper, Josef 1958: Über den Begriff der Tradition. Veröffentlichungen der Arbeitsgemeinschaft für Forschung des Landes Nordrhein-Westfalen, Geisteswissenschaften, Heft 72. Köln, Opladen: Westdeutscher Verlag.

Pinto, Diana o. J.: Freiwilliges Jüdischsein (Übersetzt aus dem Englischen von Jessica Jacoby). URL: http://www.hagalil.com/bet-debora/journal/pinto.htm (Stand 23.03.2014).

Pollak, Michael 1988: Die Grenzen des Sagbaren. Lebensgeschichten von KZ-Überlebenden als Augenzeugenberichte und Identitätsarbeit. Studien zur historischen Sozialwissenschaft Band 12. Frankfurt am Main, New York: Campus.

Pollock, Friedrich 1955: Gruppenexperiment. Ein Studienbericht. Frankfurter Beiträge zur Soziologie Band 2. Frankfurt am Main: Europäische Verlagsanstalt.

Postone, Moishe 2005: Deutschland, die Linke und der Holocaust. Politische Interventionen. Freiburg: ça ira.

Rabbiner Folger, Arie 2014: Bibis Sohn und die Norwegerin. Partnerwahl: Eine nichtjüdische Schwiegertochter? Was ein Rabbiner Benjamin Netanjahu raten kann – und was nicht. URL: http://www.juedische-allgemeine.de/article/view/id/18353 (Stand 25.03.2014).

Rabbiner Reuben, Steven Carr 1987: But How Will You Raise the Children?: A Guide to Interfaith Marriage. New York: Pocket Books.

Rabinovici et al (Hrsg.) 2004: Neuer Antisemitismus. Eine Globale Debatte Frankfurt am Main: Suhrkamp.

van Rietschoten, Henk 1999: De variatiebreedte van de Joodse indentiteit. Een inventarisatie van meningen. Amsterdam: Thela Thesis.

Rigg, Bryan Mark 2002: Hitlers jüdische Soldaten. Paderborn: Schöningh.

Rose, John 2008: Karl Marx, Abraham Léon und die Jüdische Frage (Übersetzt aus dem Englischen von Rosemarie Nünning). URL: http://www.marxists.de/religion/rose/marx-leon.html#n1 (Stand 17.02.2014).

Rosenthal, Gabriele 1995: Erlebte und erzählte Lebensgeschichte. Gestalt und Struktur biographischer Selbstbeschreibungen. Frankfurt am Main: Campus.

Rosenthal, Gabriele (Hrsg.) 1997: Der Holocaust im Leben von drei Generationen. Familien von Überlebenden der Shoah und von Nazi-Tätern. Gießen: Psychosozial-Verlag.

Rosenthal, Gabriele 2005: Interpretative Sozialforschung. Eine Einführung. Weinheim, München: Juventa.

Rosenthal, Gabriele, Köttig, Michaela 2010: Biographische Fallrekonstruktionen. In: Karin Bock, Ingrid Miethe (Hrsg.): Qualitative Methoden in der Sozialen Arbeit. Opladen: Barbara Budrich S. 232-239.

Sahm, Ulrich W. 2003: Propaganda mit Ministatistiken und Vergeltung (Vortrag am 26.06.2003 in Berlin). URL: http://www.usahm.de/Artikel/Erbsenzaehler/Vortrag04070.htm (Stand 06.02.2014).

Sanders, Ewoud 2005: Pelgrims. URL: http://vorige.nrc.nl/krant/article1862688.ece/Pelgrims (Stand 23.03.2014).

Sebald, Gerd 2010: Die familiale Tradierung von nationalsozialistischen Identitätszuschreibungen. Eine Fallrekonstruktion. In: Brigitte Gensch, Sonja Grabowsky (Hrsg.): Der halbe Stern: Verfolgungsgeschichte und Identitätsproblematik von Personen und Familien teiljüdischer Herkunft. Gießen: Pschosozial-Verlag. S.181–204.

Sekuler, Todd 2014: Täuschung und Ent-Täuschung: zu Fragen der Selbstpräsentation in der ethnografischen Forschung. In: Hella von Unger, Petra Narimani, Rosaline M´Bayo (Hrsg.): Forschungsethik in der qualitativen Forschung. Wiesbaden: Springer. S. 77–96.

Schmitz-Berning, Cornelia 2007: Das Vokabular des Nationalsozialismus (2. Aufl.). Berlin: de Gruyter.

Schnapper, Dominique 1980: Juifs et Israélites Paris: Gallimard.

Schneider, Irmela 2000: Hybridisierung als Signatur der Zeit. In: Caroline Y. Robertson, Carsten Winter (Hrsg.): Kulturwandel und Globalisierung. Baden-Baden: Nomos. S.175–187.

Schoeps, Julius H. (Hrsg.) 2001: Leben im Land der Täter. Juden im Nachkriegsdeutschland (1945–1952). Berlin: Jüdische Verlagsanstalt.

Schütze, Fritz 1978: Die Technik des narrativen Interviews in Interaktionsfeldstudien – dargestellt an einem Projekt zur Erforschung von kommunalen Machtstrukturen. 2. Aufl. eines Manuskripts. Bielefeld: o. V.

Schütze, Fritz 1981: Prozeßstrukturen des Lebenslaufs. In: Joachim Matthes et al. (Hrsg.): Biographie in handlungswissenschaftlicher Perspektive. Nürnberg: Verlag der Nürnberger Forschungsvereinigung. S. 67–156.

Schütze, Fritz 1983: Biographieforschung und narratives Interview. In: Neue Praxis. Kritische Zeitschrift für Sozialarbeit und Sozialpädagogik, 13. Jg. Neuwied: Hermann Luchterhand. S. 283–293.

Schütze, Fritz 1984: Kognitive Figuren des autobiographischen Stegreiferzählens. In: Martin Kohli, Günther Robert (Hrsg.): Biographie und soziale Wirklichkeit. Neue Beiträge und Forschungsperspektiven. Stuttgart: Metzler. S. 78–117.

Schulze, Theodor 1997: Interpretation von autobiographischen Texten. In Barbara Friebertshäuser, Annedore Prengel: Handbuch Qualitative Sozialforschung in der Erziehungswissenschaft. München: Juventa. S. 323–340.

Simon, Heinrich 2003: Leben im Judentum. Berlin: Hentrich & Hentrich und Centrum Judaicum.

van Solinge, Hanna, de Vries, Marlene (Hrsg.) 2001: De joden in Nederland anno 2000. Demografisch profiel en binding aan het jodendom. Amsterdam: Aksant.

Strauss, Anselm L., Corbin, Juliet M. 1996: Grounded Theory: Grundlagen Qualitativer Sozialforschung. Weinheim: Beltz.

Stuttgarter Erklärungsbibel 1992. Die Heilige Schrift nach der Übersetzung Martin Luthers (2. Aufl.). Stuttgart: Deutsche Bibelgesellschaft.

Tajfel, Henri, Turner, John C. 1986: The social identity theory of intergroup behavior. In: Stephen Worchel, William G. Austin (Hrsg.): Psychology of intergroup relations. Chicago, IL: Nelson-Hall. S. 7–24.

Telushkin, Joseph 1991: Judaism: Patrilineal Descent. URL: http://www.jewishvirtuallibrary.org/jsource/Judaism/patrilineal.html (Stand 04.09.2013).

Todorov, Tzvetan 1998: Abenteuer des Zusammenlebens. Versuch einer allgemeinen Anthropologie. Berlin: Wagenbach.

Von Unger, Hella 2014: Forschungsethik in der qualitativen Forschung: Grundsätze, Debatten und offene Fragen. In: Hella von Unger, Petra Narimani, Rosaline M´-Bayo (Hrsg.): Forschungsethik in der qualitativen Forschung. Wiesbaden: Springer. S. 15–40.

Völter, Bettina et al. (Hrsg) 2005: Biographieforschung im Diskurs. Wiesbaden: VS Verlag für Sozialwissenschaften.

de Vries, Marlene 2004: Een blijvende Band? Niet-religieuze joden en hun binding aan het jodendom. Amsterdam: Het Spinhuis.

Walk, Joseph (Hrsg.) 1996: Das Sonderrecht für die Juden im NS-Staat. Heidelberg: C. F. Müller.

Weber, Max 1922: Die drei reinen Typen der legitimen Herrschaft. In: Preußische Jahrbücher 187 (1922), 1–12, GAW 475–488 (ab 3. Aufl. 1968).

Welzer, Harald et al. 2002: „Opa war kein Nazi". Nationalsozialismus und Holocaust im Familiengedächtnis. Frankfurt am Main: Fischer Taschenbuch Verlag.

Wolffsohn, Michael, Brechenmacher, Thomas 2008: Deutschland, jüdisch Heimatland. Die Geschichte der deutschen Juden vom Kaiserreich bis heute. München: Piper.

Zand, Atessa 2008: Doppelt anders. Die Situation und Identitätsentwicklung von Kindern und Jugendlichen in Deutschland mit einem deutschen und einem ausländischen Elternteil. München: Buch & media GmbH.

Zeifert, Ruth 2006: Irgendwie jüdisch. Identitätsdilemma: Wenn der Vater Jude ist und die Mutter nicht. URL: http://www.juedische-allgemeine.de/article/view/id/6317.

Zeifert, Ruth 2012: Spannungsfeld Identitätskonstruktion: Patrilinear jüdisch. Warum Patrilineare konfessionslos bleiben, obgleich sie sich jüdisch fühlen. In: Aleksandra Lewicki et al. (Hrsg.): Religiöse Gegenwartskultur. Zwischen Integration und Abgrenzung. Villigst-Profile, Band 14. Berlin: LIT-Verlag. S. 245–255.

Zeifert, Ruth 2017: Wege für das moderne deutsche Judentum. URL: http://www.hagalil.com/2017/01/vaterjuden-2/.
Zielinski, Andrea 2002: Die anderen Juden. Identitätenbildungen von Menschen jüdischer Herkunft im Nachkriegsdeutschland. Hamburg: LIT-Verlag.
Zunz, Leopold 1837: Namen der Juden: Eine geschichtliche Untersuchung. Leipzig: L. Fort.

Die Deutsche Nationalbibliothek verzeichnet diese Publikation in der Deutschen Nationalbibliografie; detaillierte Daten sind im Internet über https://portal.dnb.de/ abrufbar.

Siegelziffer D.30, Dissertation Goethe-Universität Frankfurt am Main, 2017

Inh. Dr. Nora Pester
Wilhelmstraße 118, 10963 Berlin
info@hentrichhentrich.de
http://www.hentrichhentrich.de

Lektorat: Sarah Pohl
Gestaltung: Michaela Weber, Leipzig
Gesamtherstellung: Thomas Schneider, Jesewitz
Druck: Winterwork, Borsdorf

1. Auflage 2017

Printed in Germany
ISBN 978-3-95565-208-1